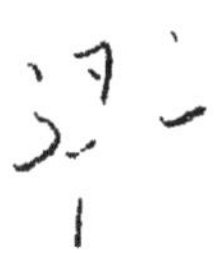

R. GAUTHIOT

DIRECTEUR D'ÉTUDES ADJOINT A L'ÉCOLE DES HAUTES ÉTUDES

LA FIN DE MOT

EN

INDO-EUROPÉEN

PARIS

LIBRAIRIE PAUL GEUTHNER

13, RUE JACOB, 13

—

1913

LA FIN DE MOT

EN

INDO-EUROPÉEN

R. GAUTHIOT

DIRECTEUR D'ÉTUDES ADJOINT A L'ÉCOLE DES HAUTES ÉTUDES

LA FIN DE MOT

EN

INDO-EUROPÉEN

PARIS

LIBRAIRIE PAUL GEUTHNER

13, RUE JACOB, 13

—

1913

INTRODUCTION

Dans sa thèse si originale sur *La Dissimilation consonantique dans les langues indo-européennes et dans les langues romanes* M. Grammont a établi qu'en dehors des lois dites historiques, des correspondances régulières sur lesquelles on a basé la grammaire comparée, il existe des lois phonétiques générales dont les effets sont parfois déconcertants de prime abord ; certains sont volontiers rejetés parmi les exceptions et les accidents. En effet, ces lois agissent beaucoup, peu ou point selon la constitution phonétique de chaque langue ; elles produisent des effets identiques en réalité, mais plus ou moins divers d'aspect selon le système de tel ou tel parler ; elles ne créent rien, mais elles provoquent des déviations variées ; enfin, elles sont indépendantes, pour ainsi dire, des changements historiques. Au premier exemple qu'il a étudié, la dissimilation, M. M. Grammont a, par la suite, ajouté l'onomatopée (*Onomatopées et mots expressifs,* dans la *Revue des langues romanes,* t. 44, p. 97 et s.) et surtout la métathèse (*La métathèse dans le parler de Bagnères de Luchon, M. S. L.,* t. 13, p. 73 et s. ; et la *Métatèse en Pāli,* dans les *Mélanges d'indianisme... M. S. Lévi,* p. 65 et s., avec la bibliographie).

D'autres linguistes, du même groupe que M. Grammont, se sont montrés animés du même désir que lui de retrouver et

1

de définir les lois générales de la phonétique et les changements possibles à côté des règles historiques et des faits accomplis. Ainsi M. Meillet a étudié tour à tour *Un effet de l'accent d'intensité* (*M. S. L.*, t. 11, p. 63 et s.), *La différenciation des phonèmes* (*M. S. L.*, t. 12, p. 14 et s.), les divers développements possibles d'un groupe consonantique tel que *le groupe -ns-* (*I. F.*, t. 10, p. 61 et s.). Dans sa leçon d'ouverture du cours de grammaire comparée au Collège de France (*Etat actuel des ét. de ling. gén.*, p. 14 et s.), et plus tard dans un article intitulé *Linguistique historique et linguistique générale* (*Scientia*, t. 4), il a essayé de définir la linguistique générale dans son ensemble et d'en préciser le rôle (cf. *Introduction*[3], p. 435). M. Vendryes a étudié *L'assimilation consonantique à distance* (*M. S. L.*, t. 16, p. 53 et s.). Enfin l'on trouvera des études de l'auteur même du présent ouvrage sur un effet du ton musical dans les *Mémoires de la Société de Linguistique de Paris* (t. 11, p. 193 et s.) et sur le degré zéro dans les *Mélanges linguistiques* offerts à M. Meillet (p. 49 et s.).

C'est du même ordre d'idées et de recherches que relève le travail qui suit. Parmi les tendances générales du langage, l'une des plus claires est celle qui entraîne les fins de mots vers des buts propres, à travers des évolutions particulières et un grand nombre de soi-disant exceptions et accidents. Il est vrai que l'on s'est efforcé longtemps de rendre compte des faits relatifs aux finales au moyen des règles applicables aux phonèmes intérieurs, et de quelques traitements que l'on attribuait à la fin de phrase seule. Mais le slave, le lituanien et le germanique ont fait voir à des observateurs plus attentifs que les finales présentaient des traitements particuliers. Grâce à Scherer, à Schleicher et surtout à M. Leskien on s'est accoutumé à tenir compte, dans certaines langues au moins, de finales, « Endsilben », et de traitements propres aux fins dé mots, « Auslautsgesetze ». Et peu à peu chez les savants qui sous les faits particuliers recherchent les lois générales, cette idée a pris corps de façon plus ou moins nette que les finales étaient soumises à un régime spécial en tant que finales : dans sa *Vergleichende Grammatik der keltischen Sprachen*, M. H. Pedersen a mis nettement les finales à part (t. 1, p. 243 et s.) et il a justifié sa manière de procéder par des raisons d'ordre général très fortes dans les *Göttingische gelehrte Anzeigen* (1912, p. 28-9). D'autre part, M. Meillet a cité le traitement particulier des finales comme un exemple de loi phonétique générale dans sa leçon d'Ouverture au Collège de France (*Etat actuel des études de linguistique générale*, p. 15) et, dans son *Introduction*, il a dressé un tableau succinct des effets de cette règle générale en indo-européen qui est comme une esquisse claire et sobre du présent travail (*Introduction*[3], p. 117 et s.).

Le régime propre des finales apparaît en définitive comme le résultat d'une tendance phonétique précise qui ne se réalise pas seulement au moyen de phénomènes *généraux*, connus par ailleurs, mais aussi de traitements *spéciaux*. Telles sont d'une part les généralisations analogues à celle qui a abouti à la chute des consonnes finales en français : là on a supprimé l'occlusive finale dans un groupe tel que *i(l) vien(t) à Paris* sous l'influence des groupes *i(l) vien(t)* et *i(l) vien(t) d(e) Paris* où la chute du -*t* résultait d'un phénomène général. Il y a des raisons de croire que les consonnes qui terminaient les mots étaient toutes implosives en indo-européen, quelle que fût leur position syntactique par suite d'une généralisation du même genre. Mais d'autres faits ne se retrouvent qu'en fin de mot. Il est vrai que les phénomènes sont complexes, et la diminution des finales se réalise en général, pour une part plus ou moins grande, au moyen de traitements locaux, qui ne se trouvent à l'origine que dans certaines positions, et qui, par la suite, sont étendus à tous les cas. Mais ces traitements ne sont pas nécessairement *généraux* ; comme on le verra par la suite, il y a des traitements qui sont propres aux finales, et n'atteignent qu'elles : ainsi celui de skr. -*as* devenant -*o*. Et si parfois, il est singulièrement difficile d'aboutir à des conclusions précises par suite de l'enchevêtrement des phénomènes, il reste que les traitements généraux et les phénomènes syntactiques, quel que soit le rôle qu'on leur attribue, ne suffisent pas à rendre compte du régime des finales : celui-ci comporte des faits *spéciaux*.

Il n'empêche que la plupart des grammairiens marquent de la défiance à l'égard des lois générales et du traitement des finales. On voit de purs comparatistes s'unir aux phonétistes aux dépens de la linguistique générale, c'est-à-dire, au fond, de la science du langage dans son ensemble. Un savant aussi averti, aussi épris de constructions systématiques et de nouveauté que M. Hirt a pu écrire (*Handb. d. gr. Laut- u. Formenlehre*, § 250) : " ce qui importe au point de vue des lois phonétiques, ce n'est pas tant la fin de syllabe, ni même la fin de mot que la finale d'un groupe accentuel „. Cette phrase est typique ; elle se retrouve chez M. Brugmann (*Abrégé de Gr. comp.*, § 351) d'une part et de l'autre chez MM. Sweet, Jespersen et Passy.

Chez ces derniers elle est vraie en tant qu'elle s'applique aux langues qu'ils observent. Les idiomes modernes qu'ils étudient comportent bien, en effet, des phrases faites de groupes de sens, et ces groupes de sens sont en même temps de façon normale des groupes accentuels, parce qu'il s'agit de langues à accent d'intensité. A l'intérieur des groupes il n'y a point de finales, les mots sont soudés de façon plus ou moins intime les uns aux autres, et seule la finale du dernier mot de chaque ensemble est une vraie finale. Il est d'ailleurs fort difficile de dire si de tels groupes ne sont pas des espèces de mots pourvus d'une initiale et d'une fin, séparées par des insertions plus ou moins longues et variables.

Mais, appliquée au sanskrit, au grec ou au lituanien, par exemple, une pareille formule est singulièrement trompeuse. Dans ces dialectes indo-européens, la phrase ne se brise pas en groupes mais en mots : ce qui s'exprime par un groupe en français, anglais ou allemand, s'y dit au moyen d'un seul mot qui, isolé, présente un début et une fin. Aux variations de l'intérieur et de l'initiale des groupes correspondent dans ces divers parlers des variations des intérieures et des finales de mots. On dirait, en réalité, quand on lit les formules rappelées ci-dessus, qu'il est singulièrement difficile de se débarrasser dans les interprétations et restitutions que l'on tente pour des langues mortes ou étrangères de la manière de voir qui s'impose à l'esprit avec la langue que l'on parle : MM. Hirt et Brugmann envisagent, somme toute, le grec ancien et l'indo-européen comme il convient de considérer l'allemand moderne. Or, rien n'est moins légitime, en l'espèce, puisqu'il est bien connu que le système phonétique de l'indo-européen et de ses dialectes les plus archaïques n'a presque rien de commun avec celui de nos langues modernes (cf. Meillet, *Introduction*[3], p. 116 et s.).

C'est à la fin des unités sémantiques, mots ou groupes, qu'apparaissent les finales et qu'elles se retrouvent sur tous les domaines. En indo-européen, ainsi qu'on vient de le voir, les finales sont en même temps des fins de mot, et les phénomènes sont donc particulièrement clairs. Aucun accent d'intensité n'y exerçait d'action sur la forme des mots ni sur leur groupement ; le ton y avait une valeur morphologique, mais aucun effet phonétique connu. Les mots y étaient libres puisqu'ils comportaient au moins tout ce que comporte un groupe de nos langues modernes, impénétrables et indépendants sauf le cas unique des enclitiques (v. Meillet, *Introduction*[3], p. 116 et s.).

Il est bien entendu cependant que si cette étude donne des

résultats clairs, c'est en sacrifiant des nuances qui ont dû exister
dans la langue parlée. Sans doute l'aspect systématique de
l'exposé qui suit ne répond pas à la souplesse de la réalité.
Mais il ne peut être question, si l'on veut mettre en relief
une tendance générale linguistique, de rendre l'aspect varié
des parlers étudiés. Le linguiste suit le mouvement qui entraîne
les langues elles-mêmes vers la simplification et la systématisation.

On a tâché par la suite d'illustrer d'exemples et de rendre
sensible la débilité générale des fins de mots ; mais on a
renoncé franchement à reproduire dans le détail l'aspect
multiple et divers que présentaient les finales dans les groupes
de mots, les expressions courantes et les phrases indo-européennes. Ainsi, M. Meillet fait remarquer, à juste titre, que
dans le vers d'Homère

Λ 82   εἰσορόων Τρώων τε πόλιν καὶ νῆας Ἀχαιῶν

la liaison des mots était sans doute plus étroite entre νῆας et
Ἀχαιῶν qu'entre εἰσορόων et Τρώων τε (*Introduction*[3], p. 116).
Et, à dire franc, il est probable que la position de la finale de
εἰσορόων n'était pas la même exactement que celle de νῆας,
mais que l'une et l'autre différaient à leur tour de celles de
Τρώωντε d'une part et de πόλιν de l'autre.

Quelle que fût la liberté des mots et leur indépendance
relative, des groupes, instables il est vrai, tendaient à se
former. Ainsi le Ṛgveda, sauf au dixième maṇḍala, ignore
en règle générale le passage de -ŭ -ĭ à -y et -v ; mais il fait
exception pour les mots invariables dissyllabiques tels que
práti, *ánu* qui y apparaissent déjà sous les formes *práty* et
ánv devant une voyelle initiale hétérogène (Oldenberg, *Die
Hymnen des Rigveda*, t. 1, p. 438 et s. ; Wackernagel, *Altind.
Gr.*, t. 1, p. 321 et s.) ; ainsi dans *práty adhattam* « (vous deux)
ajustiez », *ánv ihi* « vas à la suite ». Il est probable que cet

état de choses remonte à l'indo-européen (cfr. Brugmann, *Grundriss*[2], t. 1, p. 883 et s.) ; le traitement de ces formes à sonantes finales que l'on voit se propager en sanskrit semble partir d'un usage ancien. Il est vrai que les correspondants iraniens sont douteux ou sans portée : gâth. *yāhvā* à côté de *yāhu* " dans lesquels ", *vīsyā* à côté de *vīsi* " dans le village " qui sont faits au moyen de l'ancienne postposition -*ā* ajoutée au mot, présentent des traitements qui paraissent intérieurs et dialectaux ; *čy aṅhat* " comment est-ce " au lieu de *čī aṅhat* ne prouve rien, étant donnée la notation ancienne de l'Avesta où -*y* et -*ī* étaient écrits pareillement par un yod. Certaines des formes grecques que M. Brugmann rapproche de celles du sanskrit, s'expliquent mieux autrement : πτυχή " pli " est assez éloigné de skr. *pyúkṣṇa-* " revêtement de l'arc " et le rapprochement est assez pénible ; en revanche πτυχή et tous les mots du même groupe πτύξ, πτυχός, πτύσσω s'expliquent bien par la racine *bhuj-* " plier " (v. Meillet, *Notes d'étymologie grecque*, p. 8 et s.). Mais προς, arcad. cypr. πος sont sans doute pour *προτy, *ποτy, c'est-à-dire προτι ποτι devant initiales vocaliques hétérogènes (Brugmann, *Gr. Gr.*[2], p. 142), et non pour *προτς *ποτς (cf. Jacobsohn, *K. Z.*, p. 277 et s. ; Meillet, *M. S. L.*, t. 8, p. 242) ainsi que l'a montré M. Ehrlich (*Untersuchungen über d. Natur d. gr. Betonung*, p. 29-33). L'apparition précoce dans la langue des vieux hymnes de l'Inde du Nord-Ouest de ce sandhi particulier aux prépositions placées devant le verbe ou le nom qu'elles intéressent, donne donc une indication curieuse sur la formation de groupes transitoires mais souvent répétés en indo-européen. Le védique et le grec reflètent ici comme souvent ailleurs un trait de l'ancienne langue.

Dans toute cette étude il n'est fait état que du langage ; c'est du point de vue linguistique que les phénomènes relatifs à la fin de mot sont ordonnés et interprétés. Bien qu'il soit question d'unités sémantiques, il n'est fait aucune place au point de vue psychique : comme l'a fort bien dit et montré un phonéticien de bon renom, M. A. Grégoire (*Revue de l'Instr. Publ. en Belgique*, t. 48, fasc. 5, p. 275-301), il convient de ne jamais perdre de vue que la linguistique n'est ni la phonétique, ni la psychologie, ni la logique, bien qu'elle utilise ces trois disciplines.

Surtout, il ne faut jamais oublier que les linguistes ont l'avantage d'opérer avec des faits typiques, des données sélectionnées par l'évolution même du langage. Les observateurs, qui restent noyés dans le flot continu des apparences ondoyantes et diverses, n'arrivent qu'à grand peine et dans des conditions particulièrement favorables à distinguer le fait caractéristique, au moins s'ils sont réduits à leurs propres ressources. Les langues au contraire tendent à éliminer d'elles-mêmes les faits secondaires, à dégager du fouillis des données accessoires et inutilisables les phénomènes essentiels et qui ont une valeur en matière scientifique.

On reconnaîtra sans peine dans cette thèse l'empreinte de l'enseignement de M. A. Meillet ; c'est, en effet, de là qu'elle est sortie. Par la suite cette empreinte n'a pu que s'accentuer : car ce sont mes deux amis MM. A. Meillet et J. Vendryes qui ont lu et revu cette étude.

CHAPITRE PREMIER.

Autonomie du mot indo-européen.
Comparaison avec les autres groupes de langues.

Dans l'introduction il a été indiqué déjà pourquoi l'indo-européen a été choisi de préférence à toute autre langue moderne ou ancienne pour y étudier le caractère propre des fins de mots. On y a énuméré de façon succincte les raisons pour lesquelles l'observation des finales et de leurs variations est plus facile en indo-européen qu'ailleurs : l'absence d'accent d'intensité et de groupes accentuels dans la phrase, l'existence d'une flexion tant nominale que verbale assez riche et assez souple pour exclure l'emploi de toute espèce de prépositions ou de postpositions, la forte unité des mots.

Mais l'essentiel est que les mots sont autonomes. Ils se suffisent à eux-mêmes et ils équivalent, ainsi qu'il a été dit, à des groupes entiers dans d'autres langues. Seuls, isolés, ils disent ce qui ne peut s'exprimer ailleurs qu'au moyen de mots groupés ; ils portent chacun en eux autant de nuances que des séries de mots le font par ailleurs. C'est à juste titre que M. A. Meillet a fait une place importante à ce trait original dans la caractéristique du système phonétique indo-européen qui figure dans son *Introduction à l'étude comparative des langues indo-européennes* (3ᵉ éd., p. 125). Ici, il doit être mis au tout premier rang ; c'est grâce à ce fait que la fin de mot est en indo-européen une finale constante (sauf l'addition d'un

enclitique), nette et claire ; c'est à cette autonomie qu'est due
la limitation des mots, plus précise en indo-européen que
partout ailleurs.

Il n'y a rien à ajouter à ce qui a été dit sur ce point par
M. Meillet (*Introduction*³, p. 339 et s.), surtout en ce qui
regarde l'opposition entre les langues modernes et l'indo-
européen au point de vue de l'unité du mot, de son indépendance et de sa liberté. Il suffit d'étudier quelque peu l'emploi
des formes et la phrase de l'indo-européen pour être frappé
sans cesse à nouveau de ces caractères si originaux et pour
en relever un grand nombre d'exemples lumineux. Mais ce
qu'il faut ajouter, c'est que l'indo-européen ne s'oppose pas
seulement au point de vue de l'autonomie des mots, de leur
limitation précise et de la clarté de leurs finales aux dialectes
modernes qui sont issus de lui, mais à toutes les autres
langues. Il est vraiment seul de son espèce, pour autant que
l'on sache.

D'autres langues ont eu ou bien possèdent à l'heure actuelle
un système flexionnel plus ou moins riche et des règles d'accord
pareilles à celles que présentent le sanskrit védique, le grec
ancien, le latin, les langues baltiques et slaves ; dans aucune
le mot ne se suffit à lui-même. En sémitique et en bantou le
rôle de chaque mot est marqué dans une large mesure par sa
forme propre, ses préfixes et ses désinences ; mais il n'est pas
autonome, sa position est déterminée de façon plus ou moins
rigoureuse, il n'est pas libre par rapport à son entourage. Il
l'est moins encore dans des langues telles que le turc, qui ne
répètent pas les indices morphologiques, qui réunissent les
mots de façon définie et n'affectent de marques grammaticales distinctives que l'un des éléments dans chaque groupe.

En sémitique commun, l'une des langues anciennes que l'on
restitue avec le plus de sûreté, l'adjectif qualificatif s'accordait

en genre, en nombre et en cas avec le substantif auquel il était joint, de la même façon qu'en indo-européen. En arabe littéral les adjectifs qui accompagnent un nom se fléchissent comme lui ; la fameuse formule *bism-i 'llāh-i 'rrahmān-i 'rrahīm-i* « au nom du Dieu, clément, miséricordieux » en est un exemple tout à fait clair ; on y voit la désinence -*i* du « génitif » se répéter quatre fois de suite parce que *ismun* « nom » est au génitif après la préposition *bi*, et que *allāhu* « le Dieu » étant au génitif possessif, ses deux épithètes *rahmānun* « clément » et *rahīmun* « miséricordieux » le sont également ; il n'en serait pas autrement en indo-européen. Les deux termes d'un groupe tel que *arrajulu 'lkabīru* « l'homme grand », au nominatif, se déclinent simultanément, et l'on a au génitif *arrajuli 'lkabīri*, à l'accusatif *arrājula 'lkabīra* ; pour rendre le pluriel, le collectif féminin singulier *arrijālu* prend la place d'*arrajulu* et *alkibāru* celle de *alkabīru*, mais les deux flexions parallèles sont exactement les mêmes et l'adjectif se règle toujours aussi rigoureusement sur le substantif ; au duel, où il n'y a qu'une seule forme oblique, commune au génitif et à l'accusatif, on a *arrajulāni 'lkabīrāni* au cas sujet, *arrajulayni 'lkabīrayni* au cas régime.

L'arabe va même plus loin que l'indo-européen ; il distingue le nom indéterminé du déterminé, et sur ce point encore accorde l'adjectif avec le substantif. Dans *arrajulu 'lkabīru* « l'homme grand » le mot qui signifie « grand » est à la forme déterminée parce que « homme » est déterminé ; dans *rajulun kabīrun* « (un) homme grand » l'adjectif est indéterminé comme son substantif. De même toutes les autres formes citées ci-dessus, sauf celles du duel, et terminées par une voyelle ont à côté d'elles des formes indéterminées et munies de l'-*n* final caractéristique.

Il est vrai que ces modes d'accord raffinés ne se retrouvent au complet dans aucune autre langue sémitique. Mais cela est

dû seulement à la disparition des désinences casuelles et à la
chute de l'élément final qui distinguait les noms déterminés
des indéterminés dans la plupart des dialectes. C'est la
conséquence d'un phénomène phonétique. Le principe même
de l'accord entre l'adjectif et le substantif est resté des plus
rigoureux jusqu'à l'époque moderne, et est attesté partout.

Dès les textes babyloniens les plus anciens les formes en *-um*,
-im et *-am* sont indifféremment déterminées ou indéterminées ;
en assyrien (cf. Delitzsch, *Assyrische Gr.* ", p. 189), *ilum* et
ilu désignent tous deux aussi bien « un dieu » que « le dieu ».
Mais la flexion nominale est conservée. Le vieux babylonien
du Code de Ḥammurabi pratique l'accord de l'adjectif avec
le substantif non seulement en genre et en nombre, mais
aussi en cas. Aux finales du singulier on y trouve régulièrement
les voyelles *u* au nominatif, *i* au génitif, *a* à l'accusatif, de
même qu'en arabe ; on y lit *šar-ru-tam dâri-tam* (acc.) « une
royauté éternelle » (recto, I, 21) mais *pa-ar-ṣi ra-bu-tim* (gén.)
« des grands sanctuaires » (recto, II, 64) comme l'a établi
M. Ungnad dans son étude sur la syntaxe du Code de Ḥammurabi (*Zeitschrift für Assyriologie*, t. 18, p. 46). C'est avec le
temps seulement que les exceptions se sont multipliées au point
qu'on est obligé d'admettre que la langue écrite assyrienne qui
nous a été conservée notait encore les désinences alors que leur
valeur était oubliée (cf. Delitzsch, *Assyrische Gr.*, § 92). A ce
moment les marques casuelles sont réparties de façon obscure
et arbitraire, et il arrive fréquemment que le substantif et son
adjectif ne présentent pas le même vocalisme final (cf. Delitzsch,
Assyrische Gr., § 165 ; Scheil-Fossey, *Grammaire Assyrienne*,
§§ 141 et 180). Mais le principe de l'accord est maintenu intact ;
il porte toujours sur les catégories grammaticales qui n'ont
pas été abolies, sur le nombre et le genre (cf. Delitzsch,
loc. laud.).

D'ailleurs ces deux formes de l'accord sont attestées par

l'ensemble des langues sémitiques de la façon la plus nette, et non plus par deux dialectes seulement. L'arabe oppose par exemple le masculin *malikun kabīrun* « un grand roi », au féminin *malikatun kabīratun* « une grande reine », les singuliers *muslimun muḥsinun* « un musulman bienfaisant » et *malikatun muḥsinatun* « une reine bienfaisante », aux pluriels *muslimūna muḥsinūna* « des musulmans bienfaisants » et *malikātun muḥsinātun* « des reines bienfaisantes ». L'hébreu fait de même ; on y dit *ḥāxām gāδōl* « un grand sage », *ḥᵃxāmīm gᵉδōlīm* « de grands sages », *ḥᵃxāmā gᵉδōlā* « une grande sage », *ḥᵃxāmōθ gᵉδōlōθ* « de grandes sages ». En syriaque aussi, l'adjectif se met au même genre et au même nombre que le substantif auquel il se rapporte (cf. Nöldeke, *Kurzgefasste syrische Gr.*, § 211). En éthiopien, il est vrai, les règles d'accord paraissent moins strictes, mais ce n'est pas que le principe en soit affaibli ; c'est que les occasions de les appliquer font défaut. C'est la distinction des genres qui est affaiblie et comme désuète ; elle n'est plus observée avec rigueur que pour les noms de personnes ; quant aux pluriels brisés, ce sont des collectifs. Mais là où les règles sont maintenues, l'épithète se règle exactement sur le substantif (v. Dillmann, *Æthiopische Gr.*, p. 373-4).

Malgré tout, la place de l'adjectif qualificatif est fixe dès l'époque la plus ancienne qu'il soit possible d'atteindre. En arabe classique et en hébreu, il suit le substantif de façon tout-à-fait régulière (Caspari-Wright, *A Grammar of the Arabic language*[11], t. 2, § 136 ; E. König, *Syntax d. hebräischen Spr.*, p. 407) ; il en est de même en minéo-sabéen (Hommel, *Südarabische Chrestomathie*, p. 47) et, à l'époque contemporaine, dans l'ensemble des dialectes arabes depuis la Syrie jusqu'au Maghrib (Brockelmann, *Grundriss*, t. 2, p. 201 et s.).

La liberté de l'adjectif par rapport au nom se fait jour à mesure que le type ancien s'altère. L'assyrien, pour être connu à date très ancienne, n'en représente pas moins, on le sait, une forme très évoluée du sémitique ; il observe d'ordinaire la règle antique, mais il peut mettre l'adjectif avant le nom (Delitzsch, *Assyrische Gr.* ⁱⁱ, § 164), comme le plus vieux babylonien le faisait déjà à l'occasion (Ungnad, *Zeitschr. f. Assyriologie,* t. 18, p. 46). Le syriaque se meut très librement, mais on sait à quel point la langue littéraire que l'on désigne de ce nom est dépendante du grec et affranchie des règles de position proprement sémitiques (v. Nöldeke, *Kurzgefasste Syrische Gr.,* § 25). En éthiopien enfin l'adjectif se trouve soit devant, soit derrière le substantif, et M. Dillmann ne craint pas de rapprocher cet état de choses de celui qui existe dans les langues indo-européennes les plus libres d'allure (*Grammatik der aethiopischen Spr.,* p. 375) ; en amharique il se met toujours le premier (Prätorius, *Die amharische Spr.,* § 251a). Mais cela est si bien une innovation que M. Brockelmann (*Grundriss,* t. 2, p. 203) n'hésite pas à invoquer une influence hamitique.

La même raideur apparaît ailleurs encore en sémitique. Ce n'est pas seulement la position de l'adjectif par rapport au nom qui est rigoureusement fixée, mais aussi celle du substantif déterminé par rapport à celui qui le détermine. Le premier des deux passe toujours devant, le second toujours derrière ; l'ordre *liber Petri* est seul possible en sémitique, et l'opposition avec la liberté de l'indo-européen est brutale. En arabe classique le nom qui occupe la place de *Petri* est fléchi comme dans les dialectes indo-européens ; il porte la marque de son emploi grammatical, celle du cas adnominal ou génitif ; mais il n'en est pas moins " l'annexé „ (*almuḍāfu*). De même le substantif déterminé s'appelle très justement " celui auquel est annexé „ (*almuḍāfu 'ilayhi*) et la relation entre les deux noms " l'annexion „ (*aliḍāfatu*). Il s'agit bien en effet d'un lien rigide qui joint deux mots en un groupe et ne leur laisse aucune indépendance.

On est obligé, en arabe, de dire *kitābu 'llāhi 'l'azīzu* « *liber Dei gloriosus* » ; il est impossible de rompre l'annexion et de dire *liber gloriosus Dei* ; ce n'est guère qu'en poésie que l'on trouve les deux termes du groupe séparés par une interjection (ou un vocatif), un adverbe ou un complément du premier mot, et cela même est très rare (cf. Caspari-Wright, *A Grammar of the arabic language*, ", § 90).

Dans la langue du Code de Ḥammurabi l'annexion n'est ni moins rigide ni moins indissoluble, et l'on remarque très tôt en sémitique que l'état construit tend à prendre la place de la flexion nominale, qui non seulement tombe et disparaît phonétiquement, mais encore apparaît comme superflue.

Philippi a pu croire (*Wesen u. Ursprung d. Status Constructus i. Hebräischen*, p. 191 et suiv..) que l'état construit représentait une forme de juxtaposition « primitive » et que la désinence casuelle du second terme était secondaire. Il est vrai que l'hébreu *bēθ aδōnāy* rappelle assez le français *hôtel-Dieu*, comme l'indique en passant A. Darmesteter dans son *Traité de la formation des mots composés* (p. 49). Mais les différences qui séparent la construction française du procédé de subordination hébreu ne sont pas moins dignes d'attention que leurs ressemblances. A un point de vue général il n'est pas sans intérêt de rapprocher des formes telles que *bēθ aδōnāy* « la maison du Seigneur » en hébreu, *mᵉlex Bōβel* « roi de Babylone » en syriaque ou *žᵉddât ᵉlbént* « la grand'mère de la fille » en maghribin moderne (v. W. Marçais, *Le Dialecte arabe des Ūlâd Brāhîm de Saïda*, p. 166) de locutions comme *la fille l'emperëor* en ancien français, ou *la filha l'emperador* en provençal et d'opposer pareillement les premières à l'arabe *bābu 'lbaladi* « la porte de la ville » et à l'assyrien *ba-ab bîti* « porta domi » (Delitzsch, *Assyrische Gram.* ", § 98, *a*), les secondes au latin vulgaire *filium domini* (E. Bourciez, *Éléments de linguistique romane*, § 228 ; Meyer-Lübke, *Grammatik der romanischen Sprachen*, vol. III, § 42).

Comme les locutions romanes les états construits des langues sémitiques marquent une étape intermédiaire entre l'usage des formes fléchies et l'emploi systématique de mots accessoires tels que prépositions, pronoms relatifs ou démonstratifs, appositions. Ce sont des évolutions parallèles qui ont d'abord amené en vieux français l'usage régulier de la tournure *suz la cape del ciel* (*Chanson de Roland* v. 545), avec les noms de choses, à côté du maintien de celle de *jo oi le corn Rollant* (*Chanson de Roland* v. 1768), avec les noms de personnes, puis le triomphe entier de la première forme ; en syriaque le recul de l'emploi de l'état construit, les progrès de la préposition *δ'* et l'élimination progressive du type *rūḥ qūδšō* par le type *rūḥō δ'qūδšō* « l'esprit de sainteté » ; enfin dans les dialectes arabes du Maghrib l'usage de plus en plus fréquent des tournures analytiques au moyen de prépositions d'origine variée et surtout des divers représentants de l'ancien substantif *matā'* (1) ; voir aussi W. Marçais, *Le Dialecte arabe des Ulâd Brāhîm de Saïda* (p. 165 et 175). Mais il ne faut pas perdre de vue que les locutions françaises et provençales, limitées d'ailleurs aux endroits où il s'agit d'un *possesseur* véritable, c'est-à-dire d'un nom de personne, sont fondées sur l'existence d'un cas régime, distinct du cas sujet correspondant et pouvant s'opposer à celui-ci ; en hébreu, en syriaque, en arabe moderne au contraire toute distinction casuelle a disparu, et lorsque le français en arrive là, il perd précisément la faculté de dire *la fille l'emperëor*. Surtout il faut tenir compte d'une différence singulièrement typique et particulièrement curieuse du point de vue qui nous occupe ici. Le français et le provençal,

---

(1) *btá'* en Palestine (Bauer, *Das palästinische Arabisch,* § 77[9]), *betá'* en Egypte (Spitta-bey, *Gr. d. arabischen Vulgärdialectes von Aegypten,* § 77 c), *mtá'* à Tunis (Stumme, *Gr. d. tunisischen Arabisch,* § 165), *nțá'* à Tlemcen (Marçais, *Le diale :e arabe parlé à Tlemcen,* p. 164).

conservant en cela comme un dernier reflet de l'ancienne autonomie du mot indo-européen, pouvaient dire *pro deo amur* « pour l'amour de Dieu », comme au début du Serment de Strasbourg, *li rei gunfanuniers* « le gonfalonier du roi », comme dans la Chanson de Roland (v. 106), ou *ses deu licencia* « sans permission de dieu » (Boèce, v. 19), à côté de *li nies Carle* « le neveu de Charles » comme dans la Chanson de Roland (v. 2281) ou *la senha Karlo Martel* « l'enseigne de Ch. M. » dans le Roman de Girartz de Rossilho (v. 2026) et *la fis Mallio Torquator* « la fin de M. T. » dans le poème de Boèce (v. 40); mais aucun dialecte sémitique ne saurait rompre avec le vieil ordre de mots, ni mettre jamais l'ancien génitif devant le mot auquel il se rapporte.

Aussi ce dernier est-il franchement traité autrement qu'un mot indépendant, sinon à l'époque ancienne, du moins à partir d'une certaine date. Quoi que l'on pense de la manière dont le *t* final des substantifs féminins classiques en *-atu(n)* s'est amui en arabe vulgaire, il reste qu'il a disparu de façon plus ou moins complète partout sauf dans le groupe formé par le nom déterminé et l'ancien génitif ; là seulement il s'est maintenu. Dans tous les dialectes modernes, la syllabe finale des mots du type cité est en général -cv (exceptionnellement -cv*h* d'après Socin), mais -cv*t*, à l'état construit, si l'on désigne par c une consonne et par v une voyelle (un ancien *a* en l'espèce) ; par exemple *ḫubzit* « pain » alterne avec *ḫubzeh* en arabe oriental (Socin, *Diwan aus Centralarabien*, 3ᵉ partie, § 72a), *ḫēmet* « tente » avec *ḫēme* en Palestine (Bauer, *Das palästinische Arabisch*, § 77), *medynet* « ville » avec *medyne* en Egypte (Spitta-bey, *Gr. d. arabischen Vulgärdialectes von Aegypten*, § 77), *záñġët* « rue » avec *záñġă* en Tunisie (Stumme, *Gr. d. tunisischen Arabisch*, § 125). Cette alternance se retrouve dans les langues du groupe septentrional, où elle apparaît seulement beaucoup plus tôt ; en hébreu *zēʿā* « sueur »

répoud à *zē'aθ* dans *bzē'aθ 'appeyxā* « à la sueur de ton visage ».
En arabe vulgaire et surtout en maghribin on observe d'autres
faits parallèles. Dans tous les dialectes modernes les voyelles
brèves tendent à se réduire lorsqu'elles se trouvent en syllabe
ouverte, et pour certains l'on peut poser en règle qu'une brève
non accentuée dans cette position ne se maintient pas (cf.
W. Marçais, *Le Dialecte arabe parlé à Tlemcen*, p. 47). Si
donc la finale -cv*t* des féminins à l'état construit résulte d'un
traitement différent de celui de la finale, on doit attendre que
-v- se réduise ou même disparaisse chaque fois que l'initiale
du second terme du groupe est telle que la coupe syllabique
soit -cv | *t*- et non plus -cv*t* | ,c'est-à-dire quand cette initiale
est vocalique. Alors, comme l'indique M. Spitta-bey (*Gr. des
arabischen Vulgärdialectes v. Ägypten,* § 77) le -*t* du premier ·
mot est articulé comme s'il était la consonne initiale du
second et l'on a *máṣṭabt-eddukkân* « le banc de la boutique »
et non *maṣṭabet-*. On a de même en palestinien *ḫēmt-cššēḫ*
« la tente du cheikh » à côté de *ḫēmct-eššēḫ* (Bauer, *Das
palästinische Arabisch,* § 77) ; à Tlemcen, M. W. Marçais a
établi (*Le dialecte arabe parlé à Tlemcen*, p. 152 et s.) que
l'on dit *lîlṭ élqödi* « la nuit du destin », sans voyelle aucune
avant le -*ṭ, mdérsĕṭ élblâd* · la médersa de la ville » avec une
voyelle réduite et rarement *mdérsṭ élblâd* ; à Tunis enfin, au
témoignage de M. Stumme (*Gr. d. tunisischen Arabisch*, § 125),
les formes en -c*t* ne sont pas moins fréquentes. Il va de soi
d'ailleurs que dans chaque dialecte les conditions particulières de chaque système phonétique limitent de façon différente le jeu de la loi générale. Ses manifestations sont plus
ou moins nombreuses et plus ou moins claires, mais la loi est
constante et atteint, outre les féminins dont il vient d'être
question, les autres mots se terminant en -cv̆c (cf. Stumme,
Gr. d. tunis. Ar., § 120 et s. ; Marçais, *Le dialecte arabe parlé
à Tlemcen*, p. 150).

Ce qu'il importe de marquer c'est qu'il s'agit ici avant tout d'un manque ancien d'autonomie des mots, d'un ordre fixe comme il n'en a pas existé en indo-européen, et non pas d'un groupe accentuel. C'est sous cette dernière forme, il est vrai, que les mots « annexé » et « annexant » du type *liber Petri* apparaissent en hébreu et en syriaque. Dans ces langues le premier terme est inaccentué et le second intense ; si bien que le mot qui est en tête voit son aspect s'altérer gravement, ses voyelles changer de timbre, s'abréger, se réduire et enfin disparaître ou subsister selon leur entourage et la place qu'elles occupent par rapport à l'accent. L'opposition qui existe en hébreu entre *bēn* « fils »et *bcn*, entre *bayiθ* « maison » et *bēθ*, *heβel* « souffle » et *hᵃβēl*, entre *zār* « étranger » et *zēr*, entre *nāhār* « fleuve » et de *nᵊhar* (pl. *nᵊhārōθ* et *nahᵃrōθ*, n'est autre que celle de formes orthotoniques et proclitiques. Elles attestent non pas simplement l'existence d'un groupe formé par un nom avec le substantif qui le détermine, mais celle d'une unité d'accent qui d'ailleurs implique une liaison étroite entre les mots. Cette unité *pourrait* être ancienne, et M. Brockelmann est d'avis qu'elle est primordiale (*Grundriss der vergl. Gr. d. semitischen Spr.*, vol. 1, p. 72 et passim) ; mais rien n'est moins sûr. L'arabe classique et l'assyro-babylonien ne fournissent aucun témoignage sur l'accent. Mais M. Reckendorf (*Die syntaktischen Verhältnisse d. Arabischen*, p. 122) reconnaît trois signes par lesquels se marque la relation entre deux noms dont le second est au génitif : la désinence casuelle, la forme spéciale de la finale du premier terme et la fermeté extraordinaire du lien qui joint les deux mots. Comme le second de ces signes n'est qu'une marque extérieure du troisième, on reste en présence de l'*annexion* pure et simple et de la flexion. Et s'il est vrai que l'on a des raisons de croire qu'un mot n'a qu'un accent et s'il est assuré qu'en indo-européen chaque mot possède un seul ton, il n'est pas moins certain que le déterminé et le déterminant sont au point de vue du sémitique commun deux noms distincts. M. Reckendorf insiste justement sur ce point (*Die syntaktischen Verhältnisse*, p. 124) et fait valoir avec raison que le premier terme du groupe, celui qui est à l'état construit, peut se décliner, que l'accord se fait selon les besoins de l'expression avec le premier ou le second substantif. On distingue, par exemple, entre *liber Dei gloriosus* (*kitābu 'llāhi 'l'azīzu*) et *liber Dei gloriosi* (*kitābu 'llāhi 'l'azīzi*), comme il a déjà été signalé ; l'on trouve le génitif aussi bien après un nominatif *ḥikmatu 'llāhi* « sapientia Dei », qu'après un accusatif *'allamahu 'ilma 'lhayati* « docuit eum scientiam astrologiae » ou un génitif *māliki jawmi 'ddīni* « domini diei remunerationis ». Cette dernière expression est un exemple de ces séries d'états construits que l'on trouve aussi dans les dialectes septentrionaux et qui sont difficilement explicables au point de vue phonétique (¹). Philippi avait déjà attiré l'attention sur les mêmes traits dans son étude sur l'état construit (*Wesen u.*

------

(1) Dans un exemple comme : *šᵊ'ār mispar qešeθ gibbōrē βᵊnē qēδār* (Esaie 21, 17) « reliquum numeri arcuum heroum filiorum Qēčāri », l'altération phonétique de cinq mots inaccentués et proclitiques appuyés tous sur un sixième est impossible. Dans les cas fréquents et normaux où il ne s'agit que de deux (éventuellement de trois) états construits consécutifs, la difficulté est la même ; en fait la forme dite « état construit » est celle qu'a prise anciennement le nom suivi immédiatement d'un génitif accentue et qu'on lui donne chaque fois qu'il se trouve devant un mot auquel il serait relié en français, par exemple, par la préposition *de*, sans souci des conditions phonétiques. On a sur la stèle de Mesa (I, 8) comme en hébreu : WḤṢY YMY BNH « et la moitié des jours de ses fils ». Le sémitique oriental, l'assyrobabylonien, montre ici à nouveau combien il est évolué, malgré sa haute antiquité ; le Code de Ḥammurabi rompt les séries de ce type au moyen du pronom *ša* et dit p. ex. (recto, XVI, 39) *biˡaˡ eqlim ša ša-na tim* « fructus agri ille annorum ».

Ursprung d. Status Constructus, p. 46) où interviennent
malheureusement des considérations glottogoniques.

Si l'on veut grouper, pour conclure, les témoignages communs
aux dialectes sémitiques sur la nature réelle de l'annexion, on
est ramené à la conservation de la finale *-at* des féminins, à
l'alternance entre *-a* (*-ah*) et *-at* à la fois dans les parlers
arabes modernes et en sémitique septentrional pour les mêmes
raisons (cf. Brockelmann, *Grundriss d. Vergl. Gr.,* vol. 1,
p. 475) ; bref, à la connexion étroite des noms déterminés et
déterminants, à la rigidité de la construction sémitique sur
ce point. Les autres faits qui, en hébreu par exemple, caractérisent à l'occasion un état construit sont secondaires : s'il
est vrai que les altérations des voyelles intérieures sont dues
à l'absence de l'accent, il est certain aussi que la présence au
pluriel de *-ē* (issu de *-ay*) au lieu de *-îm* est d'origine morphologique (Brockelmann, *op. laud.,* vol. 1, p. 454), et que les
variations de la désinence féminine remontent à des traitements divers de finale et d'intérieure.

On a moins de renseignements sur la manière dont étaient
groupés les autres éléments de la phrase en sémitique. Mais
on entrevoit pourtant qu'ils n'étaient presque jamais autonomes, que leur place était déterminée. Le régime à l'accusatif
se place toujours après le verbe, qu'il soit en contact immédiat
avec lui ou que le sujet l'en sépare (Reckendorf, *op. laud.,*
pp. 118-9 ; E. König, *Syntax d. Hebr. Spr.,* § 339 m) ; ni en
arabe, ni en hébreu, il ne se met avant lui, sauf dans des cas
exceptionnels. Le vieux babylonien, il est vrai, est en désaccord
absolu avec les langues de l'Ouest ; le verbe y finit régulièrement la phrase et il n'y a dans tout le Code de Hammurabi
que deux accusatifs qui soient rejetés après lui (Ungnad,
Zeitschr. f. Assyriologie, t. 18, p. 51). Mais l'arabe moderne,
y compris le maghribin qui a pourtant altéré par ailleurs la
disposition ancienne des mots dans la phrase, met toujours

encore l'ancien accusatif après le verbe (v. p. ex. Spitta-bey, *Gr. d. arab. Vulgärdialectes von Aegypten,* § 192).

La place du sujet par rapport au verbe à un mode personnel dans les propositions verbales, par rapport au prédicat dans les phrases nominales est probablement ce qu'il y a de plus libre en sémitique ancien. Et pourtant elle aussi est réglée ; il y a en arabe un ordre normal d'après lequel le verbe à un mode personnel se met en tête de la phrase et le sujet immédiatement après ; c'est celui de l'exemple déjà cité *ḍaraba 'lmaliku* « cecīdit rex ». C'est aussi le plus fréquent en hébreu où les propositions commençant par *wa-* suivi du verbe sont si nombreuses qu'elles en deviennent monotones. Il faut une raison spéciale pour que le sujet passe le premier ; ainsi *w'ēδ ya‘aleh* « une vapeur montait » (Gen. 2, 6) où *w'ēδ* se rattache à la mention faite de la sécheresse et de ses suites à la fin du verset 5, ou *jaδēnū lō šafᵊxū δām* (Deut. 21, 7) qui signifie « *nos mains* n'ont point répandu de sang ». Quant aux grammairiens arabes, ils ne reconnaissent pas les inversions de ce genre, et à leurs yeux une phrase du type *zaydun ḍaraba* n'équivaut pas à « Zèid frappa », mais à « Zèid, il frappa », tout comme *inna zaydan ḍaraba* ne signifie jamais « ecce, Zajdum cecīdit » mais toujours « ecce Zaydum cecīdit » ; on est généralement tenté de voir dans une théorie aussi exclusive le résultat d'une systématisation en partie artificielle, comme le fait M. Reckendorf (*Die syntaktischen Verhältnisse d. Arab.,* § 266), mais il est impossible de nier l'existence d'un type syntaxique très caractéristique qui sert de base à la conception indigène.

C'est en ce sens que Prätorius a pu écrire qu'en amharique le verbe avait été ***transporté*** du début à la fin de la phrase (*Beiträge zur Assyriologie ....,* t. 2, p. 340).

Dans la phrase nominale on sait que le sujet occupe normalement la première place en sémitique et qu'ainsi se manifeste d'une façon immédiatement sensible à tous la différence entre les deux types de phrases nominal et verbal. S'il est régulier de dire en arabe *ḍaraba zaydun* « cecīdit Zaydus », il ne l'est pas moins de dire *almaliku kabīrun* « rex magnus (est) » ou *raǰulu fī 'ddāri* « homo in domo (est) » ; des inversions sont possibles, surtout quand le prédicat est de nature ambigue, comme dans le second exemple, qu'il se rapproche d'une locution adverbiale et sert à déterminer le lieu, le temps ou le mode ; elles sont nombreuses aussi quand le prédicat est mis en relief et attiré en quelque sorte hors du contexte par une interrogation ou une négation, ainsi dans *aḫaqqun mā taxburunī* « uerumne quod narras-mihi ». (Reckendorf, *Die syntaktischen Verhältnisse ..*, § 3). Mais la suite régulière reste celle que présente aussi le vieux babylonien, par exemple dans *di-nu-um šu-u di-in na-pi-iš-tim* (Code de Ḥammurabi, recto V, 62) « causa illa causa capitis (est) ». C'est celle qu'observe l'inscription de Mesa qui porte 'NK MŠ' « ego Mešaʿ (sum) », et 'BY MLK « pater meus rex (erat) ». En hébreu, le caractère normal de ce type apparaît moins clairement (cf. König, *Syntax d. hebr. Spr.* § 339), et la limite y est moins nette qu'ailleurs entre les phrases nominales et verbales par suite de l'emploi fréquent de *hāyā* « être » (cf. König, *loc laud.*, § 333 ss.). En revanche, il est intéressant de noter que les dialectes arabes vulgaires ont conservé l'ordre ancien, tandis qu'en syriaque on rencontre le sujet à la seconde place plus souvent peut-être qu'à la première (Nöldeke, *Kurzgefasste syr. Gr.*, § 324) ; depuis l'Iraq où l'on construit *il-hāwa zien* « le temps (est) beau » (Weissbach, *Beitr. z. Kunde d. Irak-Arab.*, p. 198) et la Palestine où l'on dit *el-maṭraḥ wāsiʿ* « la place (est) vaste » (Bauer, *Das Palästin. Arab.*, p. 117) jusqu'en Egypte où l'inversion est quelquefois possible quand le prédicat est un substantif (Spitta-bey, *Gr. d. ar. Vulgärdial. v. Aegypten*, § 190 c), et au Maghrib (cf. Stumme, *Gr. d. tunis. Ar.*, § 189) la disposition classique est de règle jusqu'aujourd'hui.

C'est par des procédés très différents de ceux de l'indo-
européen et du sémitique que le bantou réalise l'accord ;
mais il ne le pousse pas moins loin. Il ignore, il est vrai, la
distinction des genres et celle des cas ; mais on sait qu'il
répartit tous les substantifs en un certain nombre de classes
qui se marquent chacune au moyen de deux préfixes, l'un
pour le singulier, l'autre pour le pluriel. Ce sont, par exemple,
pour la première classe, (*o*)*mu*- et (*o*)*va*- en herero, *mu*- et *ba*-
en soubiya, sur le haut Zambèze, et en kerewe, au Sud du lac
Victoria, *m*(*u*)- et *w*(*a*)- en swahili, pour la quatrième classe
oči et *ovi* en herero, *či*- et *zi*- en soubiya, *ki*- et *bi*- en kerewe,
ki- et *vi*- en swahili.

Régulièrement tous les noms de la première catégorie
commencent par *mu*- au singulier et *ba*- (resp. *wa*- *va*-) au
pluriel, tous ceux de la quatrième par *ki*- et *bi*- (resp. *wi*- *vi*-) ;
on a ainsi pour « homo » *omundu* en herero, *muntu* en soubiya
et en kerewe, *ntu* en swahili, pour « homines » au contraire
ovandu, *bantu* et *watu*. De plus chaque substantif impose à
tous les mots variables qu'il régit, adjectifs, pronoms, noms de
nombre (en partie, du moins) et verbes une forme du préfixe
de la classe à laquelle il appartient lui-même. Son classificateur reparaît sinon tel quel, du moins sous un aspect peu
différent et toujours reconnaissable pour le sujet parlant, à
l'initiale de tous les termes qui s'accordent avec lui, et va se
répétant au cours de la phrase aussi souvent qu'il en est besoin.
Le père Hurel en donne l'exemple très clair que voici pour le
kerewe (*Mitteil. d. Sem. f. Orient. Spr.*, Jahrg. XII, 3te Abtei-
lung, p. 4) : *abantu babi banu babili bakamugambira bati*
« homines mali hī duo ei-locuti-sunt sic » où le préfixe (*a*)*ba*-
caractéristique du mot *bantu* « homines » revient devant chacun
des mots de la phrase. Les choses n'apparaissent pas toujours
de façon aussi évidente, car les classificateurs ont souvent deux
formes et sont susceptibles de se modifier selon les conditions

phonétiques où ils sont placés ; ainsi dans le même dialecte la phrase *omukazi ogu azere omwana we* qui signifie « femina haec peperit puerum suum » présente cinq fois le même préfixe, sous les formes fortes *omu-* dans *omukazi* « femina » et *omw-* dans *omwana* « puer », sous les formes faibles *-gu* dans *ogu* « hic, haec, hoc », *w-* dans *we* « suus, sua, suum », et *a-* dans *azere* « peperit ».

Mais sous leurs apparences variées ces morphèmes conservent rigoureusement leur unité de valeur et de représentation ; ils rendent toujours la même idée et n'expriment jamais que celle-ci seule. Il s'ensuit que les liens entre les différents mots peuvent être marqués avec une grande précision. Non seulement les adjectifs sont rattachés étroitement aux noms mais les verbes s'accordent avec leurs sujets, à la fois en nombre et en classe, ce qui permet de passer à l'occasion d'un sujet à un autre dans une même phrase sans risque de confusion. Dans un conte kerewe (*Mitteil d. Sem. f. or. Spr.* Jahrg. XII, 3te Abt., p. 78) on lit par exemple *kayamazile kulinabya nilitaha* qui se rend bien par « quand-elle-a-fini de-la-laver elle-part », mais où *kayamazile* se rapporte en fait à un autre mot que *nilitaha* ; le pronom sujet *-y-* est un préfixe de la première classe, *-li-* au contraire de la cinquième et tandis que l'un ne peut désigner que la bête (*li-ntu*) dont il est question auparavant, l'autre ne peut représenter que la mère de Masaga, le héros du récit.

D'autres langues sont obligées dans un cas de ce genre de désigner nommément sinon le sujet de *kumara* « finir » au moins celui de *kutāha* « partir », soit « quand elle a fini de laver la bête, celle-ci part ». Un accord pareil relie au sujet les simples particules ; *ati* qui signifie « ainsi » sert à introduire dans le récit les paroles d'autrui quand la personne qui parle est du même nombre et de la classe du préfixe *a-*, c'est-à-dire du singulier et de la première ; s'il est question de plusieurs c'est *ba-ti* que l'on emploie dans le sens de « ainsi », *ba-* répondant au pluriel à *a-*, et les deux formes alternent de la même façon que *dicit* et *dicunt* en latin, bien qu'elles aient la valeur de *sic*. Même on peut être amené à traduire *bati* tout comme *dicunt* par « on dit » (cf. *Mitteil. d. Sem. f. or. Spr.*, loc. laud., p. 75).

Mais il est possible, et courant, de préciser encore davantage. Le jeu des préfixes caractéristiques supplée parfaitement dans la plupart des cas à l'absence de toute flexion nominale. S'il n'existe pas de forme du nominatif, le sujet du verbe n'en est pas moins clairement désigné par la présence de son classificateur devant le verbe ; le régime n'a pas même besoin d'être spécifié dans la plupart des cas. Il ne l'est pas ordinairement quand il y a accumulation de particules, ainsi que l'indique le père Sacleux pour le swahili (*Gramm. des dialectes swahilis*, p. 97) et l'on dit en général *mačụngwa hayo ninakupa* « ces oranges je-te-donne ». Mais on peut dire *mačụngwa hayo minayakupa* « ces oranges je-te-les-donne ».

Le complément peut être désigné aussi bien que le sujet, avec autant de précision ; car le préfixe pronominal objectif, direct ou indirect, se distingue du subjectif, assez rarement, il est vrai, par la forme, mais par la place toujours : tandis que celui-ci précède tous les éléments préposables au radical verbal, auxiliaires, morphèmes temporels, pronoms, celui-là se met immédiatement avant le verbe proprement dit, avec lequel il doit rester en contact ; le premier est régulièrement un préfixe, le second apparaît le plus souvent comme un infixe. En kerewe, par exemple, le rôle de *omunto ogwo* « cet homme » dans la proposition *akamutera omuntu ogwo* « il le frappa cet homme » ne saurait faire l'objet d'aucune hésitation, car l'infixe *mu* qui représente *omuntu* le marque de la façon la plus nette ; l'accusatif du latin, ou de toute autre langue du même type, n'est pas plus clair dans *uerberauit hominem illum* (M. Hurel, *Mitteil. d. Sem f. or. Spr.*, Jahrg. XII, 3ᵗᵉ Abt., p. 45).

Dans de telles conditions, il semble que l'ordre des mots ne soit appelé à jouer un rôle que rarement ; la fonction de chacun étant définie généralement par des procédés spéciaux, il ne paraît pas que leur place doive prendre de façon normale une valeur morphologique. En fait, elle n'en a guère, comme l'a bien vu N. Finck dans la description sommaire qu'il a donnée du dialecte soubiya dans *Die Haupttypen des Sprachbaus* (p. 63) ; mais elle est néanmoins réglée de la façon la plus étroite. Dans toutes les langues bantoues l'adjectif, le démonstratif et le nom de nombre se mettent après le nom : en herero on dit *omurumendu omunene ngui* « uir magnus hic », *ovarumendu ovanene vetatu* « uiri magni tres » (cf. Viehe, *Gram. d. Otjiherero*), en kerewe, au Nord-Est du domaine bantou, *omwenda mukokoro gumi* « textile uetus hoc » (M. Hurel, *Mitteil. d. Sem. f. or. Spr*, Jahrg. XII, 3ᵗᵉ Abt.), en douala enfin, au Nord-Est, *moto nindene* « homo magnus » (Seidel, *Die Duala-Sprache*). Partout aussi le nom du possesseur vient après celui du possédé, comme en français moderne, et cependant la particule -*a* qui joint l'un à l'autre en bantou n'est pas incolore comme le *de* français ; elle prend le préfixe de classe de l'objet possédé. L'expression tète (dialecte cafre du bas-Zambèze) *mwana ua-mambo* « l'enfant du roi » signifie en réalité « l'enfant celui-du-roi » comme *činthu ča-mambo* « l'objet celui-du-roi » ; mais l'ordre des termes est de rigueur.

Dans la phrase, les mots et groupes de mots sont de même liés à un ordre déterminé, très voisin d'ailleurs de celui du français et de la plupart des langues européennes modernes et comme tel volontiers qualifié de logique ou de naturel (cf. p. ex. v. d. Mohl, *Mitteil. d. Sem. f. or. Spr.*, Jahrg. VII, 3ᵗᵉ Abt., p. 76) ; le sujet vient en tête avec ses attributs, le verbe ensuite, et enfin les compléments. Pour ces derniers, il est de règle que ceux qui ne sont précédés d'aucune préposition suivent immédiatement le verbe, celui qui est représenté par son préfixe pronominal dans la forme à un mode personnel venant le premier ; ainsi, en swahili, *mfundiše bwana wako kiswahili* « eum-doce dominum tuum suahili-sermonem » (Sacleux, *Gram. d. dial. swahilis*, p. 310).

Un détail permet de saisir sur le vif combien la différence qui sépare l'indo-européen de ses représentants modernes est pareille à celle qui existe entre l'indo-européen et les autres langues anciennes. Un procédé syntaxique employé à la fois en bantou et en sémitique consiste à placer devant la phrase auquel il appartient le nom sur lequel on veut attirer l'attention, en position pour ainsi dire absolue ; la proposition vient ensuite, normalement construite, le mot rejeté à l'initiale étant remplacé par un pronom. On a ainsi en herero *ovandu meveisana* « homines eos-uoco » (Viehe, *Gr. d. Otjiherero*, p. 53), en kerewe *katebe kanu* oka*sagarire abana bawe* « sellulam istam fer-eam pueris tuis » (Hurel, *Mitteil. d. Sem. f. or. Spr.*, Jahrg. XII, 3te Abt., p. 58), en swahili *ndugu yako* mwi*te* « fratrem tuum eum-uoca » (Sacleux, *Gr. d. dialectes swahilis*, p. 309) ; on a de la même façon en arabe classique *ayyu karīmin lam tusibhu 'lqawāri'* « quel noble, l'infortune ne le touche pas ? » (Reckendorf, *Die syntakt. Verhält. d. Arab.*, § 257 et suiv.), en égyptien moderne *wêsaḫb elbagla an'am 'alêh* « et le propriétaire du mulet, il le récompensa » (Spittabey, *Gr. d. arab. Dial. v. Aegypten*, p. 392), en hébreu enfin, comme dans *w'ẋōl hab''ērōθ ..... sitmūm* « et tous les puits .... il les comblèrent » (Gen., 26, 15) ; des formes pareilles se retrouvent en syriaque et en amharique (Nöldeke, *Kurzgef. syr. Gr.*, § 317 ; Prätorius, *Die amh. Spr.*, § 318). C'est la tournure dont M. H. Paul a signalé l'emploi dans la plupart des langues modernes de l'Europe occidentale (*Prinzipien d. Sprachgesch.* ᴵⱽ, p. 285) et qui, en français, par exemple, rappelle si vivement la construction du bantou ; à l'exemple herero cité plus haut *ovandu meveisana*, répond rigoureuse-

ment la traduction « les-hommes je-les-appelle », soit en
notation phonétique approchée *lézom žlézapèl* où le premier
léz- répond à *ova-*, tandis que l'infixe *-léz-* de *žlézapèl* est le
pendant exact de l'infixe *-ve-* de *meveisana* (le préfixe *ž-* rem-
plit le même rôle que *me-*). A ce propos, il convient de
rappeler que M. Gaidoz a signalé dès 1885 (*Revue Celtique*,
vol. 6, p. 88) que le français moderne use de préfixes et d'infixes à la manière des langues qu'il appelait « excentriques ».
Dans toutes ces langues le pronom qui représente dans la
phrase le mot qui a été émis d'abord parce qu'il s'est présenté
à l'esprit le premier, à l'état isolé pour ainsi dire, et en dehors
de toute formule syntaxique, a sa place déterminée par des
règles très strictes : il est infixé au verbe en bantou, suffixé ou
infixé en français, suffixé au verbe ou, le cas échéant, à la
préposition en sémitique. Dans un dialecte indo-européen où
des expressions analogues se retrouvent, en grec, le pronom
conserve au contraire son autonomie (Kühner-Gerth, *Ausführl.
Gr. d. gr. Spr.*[3], 2ᵉ partie, vol. 1, p. 47). Ainsi, dans Xénophon
(Oec. 1, 14) on a οἱ δὲ φίλοι ἤν τις ἐπίστηται αὐτοῖς χρῆσθαι,
ὥστε ὠφελεῖσθαι ἀπ' αὐτῶν τί φήσομεν αὐτοὺς εἶναι ; « quant
aux amis, si quelqu'un s'entend à *les* traiter de façon à tirer
profit d'*eux*, que dirons-nous qu'*ils* sont ? » L'emploi du mot
isolé, du nominatif κατὰ σύνεσιν est un accident qui n'altère
pas le système propre de la langue ; les phrases se développent
normalement à côté des noms qui en sont distraits et le
contraste n'en est que plus vif entre les langues dont les mots
sont assujetis à des ordres fixes, et celles où les termes qui
composent les phrases sont libres et autonomes.

En outre, on a vu à propos de ce fait particulier se marquer
entre le bantou et l'indo-européen une opposition grave que
M. A. Meillet avait signalée entre un parler moderne tel que le
français d'une part et l'indo-européen de l'autre (*Introduction*[3],
p. 340) : celle qui sépare une langue à infixes d'une langue où

les mots sont impénétrables. Comme le français et comme
beaucoup d'autres langues diverses, le bantou admet, on l'a
vu, l'insertion d'éléments étrangers dans les mots ; l'indo-
européen l'ignore. Et, en cela encore, il renforce le caractère
d'unité et d'autonomie du mot, précise ses limites, accentue
ses contours et les particularités de son initiale et de sa finale.

Peu de familles de langues sont aussi bien étudiées et
attestées, en dehors de l'indo-européen, que le sémitique ;
mais on a une connaissance appréciable de certains groupes
qui, comme le bantou, présentent un type accusé et des traits
caractéristiques très nets. Tel est le cas des langues turco-
tatares. Elles ne possèdent ni genres, comme l'indo-européen
ou le sémitique, ni classes, comme le bantou ; mais elles
sont beaucoup plus riches que le sémitique, par exemple, en
morphèmes propres à marquer le rôle des mots dans la phrase.
Sur ce point, elles sont comparables à l'indo-européen en une
assez large mesure et distinguent dès les textes les plus anciens
sept formes casuelles proprement dites.

Mais aucun dialecte turco-tatar ne tire de cette richesse le
même parti que l'indo-européen : loin de donner à chaque mot
la marque de son emploi, sans souci aucun de sa place ni de
son entourage, le turco-tatar lie ensemble les noms qui jouent
un même rôle et n'affecte d'un signe caractéristique que le
dernier d'entre eux. Il fléchit en quelque sorte des suites
formées d'éléments subordonnés les uns aux autres et disposés
en séries rigides, là où l'indo-européen fait varier parallèlement et simultanément des unités indépendantes et simplement juxtaposées. D'où il ressort avec une netteté particulière
qu'un mot indo-européen vaut en fait un groupe de mots des
autres langues, ainsi qu'on l'a indiqué en tête de ce travail.
L'autonomie relative fort grande du « morphème » turco-
tatar en est la conséquence ; portant sur des agencements de

mots variables et non sur des mots, il a une mobilité et comme une indépendance par rapport à l'ensemble qui le précède qu'un morphème ordinaire ne saurait acquérir.

Les appositions, adjectifs, pronoms et noms de nombre se placent tous avant le mot auquel ils se rapportent, et qui seul se décline ; leur rôle grammatical n'est marqué par aucun élément flexionnel, mais seulement par la place qu'ils occupent par rapport au terme principal. On dit par exemple en osmanli : *Xaṭay memleketi daru 'ssalṭanesi Pekinde* « à Pékin, la capitale de l'empire de Chine », avec, en tout et pour tout, une désinence de locatif -*de* qui marque l'emploi de *Pekin* ; le rôle de *daru 'ssalṭanesi* « capitale », qui lui aussi est un locatif, ressort de sa position devant *Pekinde*. Dans une phrase vieille turque des inscriptions de l'Orkhon telle que *tᵃᵇyᵃč budᵘnqa bᵃglᵒk ury-oγtyn qul-boldy* « les fils de la noblesse devinrent esclaves du peuple chinois » (Thomsen, *Inscriptions de l'Orkhon*, p. 99, I. E. 7), on reconnaît les mêmes dispositions exactement : malgré tous les éléments flexionnels dont dispose ce dialecte relativement ancien, l'adjectif *tᵃᵇyᵃč* « chinois » n'est pas rattaché au datif *budᵘnqa* « peuple » par sa forme, mais seulement par sa place ; à la ligne suivante le même fait se reproduit à deux reprises dans *türk bᵃglᵃr türk atyn yty* « les nobles des Turcs abandonnèrent leurs titres turcs » : devant le nominatif pluriel *bᵃglᵃr* comme devant l'accusatif singulier *atyn*, le mot *türk* reste à l'état de simple thème sans flexion, et son rôle n'est marqué que par sa place. Il est à peine nécessaire de signaler que l'emplacement du verbe est rigoureusement arrêté lui aussi et que le verbe se trouve toujours placé à la fin de la phrase.

Dès lors, tandis qu'en bantou, comme dans diverses langues modernes, il se produit des insertions qui rappellent plus ou moins directement celles que pratiquent certains idiomes américains, les dialectes turcs présentent, on l'a vu, une indépendance relative très sensible des désinences tant nominales que verbales. Il s'en faut que osm. *kïzï* « sa fille » soit une unité aussi ferme, un bloc aussi bien fondu qu'un mot indo-européen quelconque ; il reste toujours *kïz* « fille » $+$ *ï* suffixe possessif de troisième personne, car on dit par exemple *kïzlarï* « ses filles » où *kïz* est séparé de *-ï* par le suffixe du pluriel (collectif) *lar*. L'unité du mot fléchi n'est donc pas comparable à celle de l'indo-européen ou du sémitique, par exemple. Mais elle reparaît quand même grâce à un moyen qui est bien phonétique par sa forme, et en partie sans doute par son origine, bien qu'il soit pour une large part d'ordre morphologique : il s'agit de l'harmonie vocalique. Grâce à elle, le mot trop lâche de contexture, se marque à nouveau, parce qu'elle existe et tend à se manifester. Les dialectes turco-tatars accentués sur la finale l'ont ; elle apparaît en finno-ougrien, en hongrois d'une part, en finnois de l'autre, qui présentent des initiales intenses parce que dans toutes ces langues le mot n'a pas de forte unité constitutionnelle.

Il ne saurait être question ici d'étendre davantage la comparaison de l'état indo-européen avec celui des autres langues et groupes de langues. Il suffit que l'on ait fait sentir à quel point l'autonomie du mot indo-européen et sa forte unité lui sont particulières et comment il est légitime de rechercher et d'étudier chez lui d'abord le régime de la fin de mot. D'ailleurs certaines comparaisons sont rendues impossibles en fait ; ou bien il s'agit de langues trop peu connues, ou bien il se trouve que leur étude historique et comparative n'est pas assez avancée (comme dans le cas du finno-ougrien, entre autres), ou bien enfin elles sont hors de cause par leur nature même (ainsi le chinois à cause de son caractère monosyllabique).

Sans s'écarter des faits dont il a été traité jusqu'ici, on peut conclure que l'unité du mot indo-européen, son commencement et sa fin, sont marqués précisément par son autonomie, sa liberté, sa constitution propre ; ses désinences elles-mêmes sont des signes de son autonomie. L'élément discret qu'est le ton ne joue en l'espèce qu'un rôle accessoire ; car, s'il est vrai qu'un mot indo-européen n'a qu'une syllabe tonique, il n'est pas moins certain qu'il peut être atone sans perdre rien de son unité organique. En revanche, dans les autres langues, où l'autonomie est moins nette, d'autres signes interviennent : en sémitique le mot est défini par l'ossature consonantique inaltérable de sa racine et son jeu avec des préfixes et des suffixes exactement déterminés ; en bantou par le classificateur préfixé et le radical ; en turco-tatar enfin par l'harmonie vocalique, dans certaines langues modernes par l'accent d'intensité. Car l'unité du mot se retrouve partout et se manifeste de façon diverse selon les langues.

CHAPITRE SECOND.

Évolution de la finale en indo-européen. — Définition
de la fin de mot.

Il est notoire que dans tous les dialectes indo-européens, de
façon indépendante et parallèle, les mots ont été s'abrégeant
du côté de la finale. A des dates qui varient selon les langues
et suivant leur caractère plus ou moins conservateur, dans des
conditions qui diffèrent avec le système phonétique de l'ensemble, la fin de mot s'altère et tend à disparaître dans l'indo-
européen tout entier. Les occlusives et la sifflante qui terminent le mot, les sonantes et les voyelles se désagrègent peu à
peu et finissent par s'évanouir.

Si l'on considère le mot au point de vue phonétique comme
une suite de tranches vocaliques (ou tenues), séparées par des
mouvements de fermeture, on peut dire que la finale indo-
européenne comprend la dernière tranche vocalique plus les
éléments consonantiques ou semi-consonantiques qui suivent.
La consonne qui précède la finale ou tenue extrême du mot
n'appartient pas à la fin du mot ; comme on le verra par la
suite elle ne participe en rien aux caractères propres de celle-
ci ; elle est traitée comme un élément intérieur. La voyelle
de la même tenue appartient au contraire à la finale.

La consonne qui précède la finale offre même une résistance caractéristique à l'usure. La consonne qui la suit ne s'évanouit que peu à peu ; la voyelle demeure quelquefois très longtemps à l'état d'ultra-brève sur laquelle se fait l'explosion de la consonne anciennement intérieure. Il faut que la voyelle finale disparaisse entièrement, que l'élément de fermeture qui la précède manque de tout appui pour que celui-ci devienne à son tour implosif et nettement final. C'est ce que l'on ne voit se produire dans les dialectes indo-européens que sous l'effet d'évolutions récentes et à des époques relativement modernes.

En sanskrit, langue archaïsante fixée à une date ancienne, les consonnes finales ont seules disparu : la formule ordinaire est que d'un groupe de consonnes terminant un mot la première est seule maintenue (Wackernagel, *Altind. Gr.*, I, p. 305). Encore faut-il faire à cette règle une restriction importante : si, par exemple, *vā́k* « voix » qui remonte à **vā́kṣ, *wŏ̄ks* est traité toujours comme un mot qui se termine par *-k*, on a régulièrement dans le Ṛgveda *-ām̐ -īm̐r -ūm̐r*, et non *-ān, -īn, -ūn* devant initiale vocalique lorsque la voyelle était suivie de **-ns* ; or, si *-ān -īn -ūn* représentent respectivement **-ān(s) *-īn(s) *-ūn(s)*, on a dans *-ām̐ a-, -īm̐r a-, -ūm̐r a-* les traitements corrects de **-āns a-, *-īns a-, *-ūns a-* devenus d'abord **-ām̐(h) a-, *-īm̐ž a-, *-ūm̐ž a-* (cf. Wackernagel, *Altind. Gr.*, I, §§ 279, 224 et 285). Cet archaïsme se fait rare dès les recueils autres que celui du Ṛk et le sanskrit classique ne le connaît plus : la forme régulière en finale absolue y est généralisée, selon l'expression ordinaire (v. p. ex. Wackernagel, *Altind. Gr.*, I, p. 331, § 279). Il n'est pas contestable en effet que l'élimination de la vieille alternance entre **-īn* et *-īm̐r a-* nous apparaît comme le résultat d'une extension progressive de la forme *-īn*, c'est-à-dire d'un procès morphologique et non phonétique ; mais il est remarquable, et il faut le souligner ici, que la forme qui l'a emporté est précisément celle qui offre la finale la plus évoluée.

Dans l'histoire des dialectes indo-européens il en est très souvent de même : une forme triomphe fréquemment d'une autre, possible après tout, non seulement parce qu'elle représente la tendance vers la simplification en général, mais aussi parce qu'elle est dans le sens de l'évolution phonétique. Sur le domaine des finales, des faits de ce genre sont particulièrement nombreux là où il a existé un système de sandhi ; il est presque impossible, en effet, que dans des langues comme le sanskrit, où les relations entre les initiales et les finales sont réglées selon des formules systématiques qui sont nettement littéraires et dont l'évolution est ralentie, les altérations qui atteignent les fins de mots se manifestent autrement que par la substitution d'une forme régulière à une autre. C'est de cette façon aussi que la disparition définitive de la spirante finale postvocalique s'est manifestée ; on sait comment dès le sanskrit l'-*s* finale indo-européenne est altérée et comment par exemple elle est représentée par -*ḥ* à la pause, quelle que soit d'ailleurs la voyelle qui précède : sa disparition complète se marque en pāli comme dans la généralité des prākrits par l'amuïssement de toute consonne après -*ĭ*, -*ŭ*, -*ā*, et par la généralisation de la forme à voyelle finale -*o*, représentant régulier de -*as* sanskrit devant consonne sonore ; en ardhamāgadhī seule, c'est -*e* et non -*o* que l'on a pour -*as* au nominatif singulier des thèmes masculins en -*a*-. Les voies diffèrent, mais pour qui s'attache à l'étude des chutes à la finale le résultat est cohérent et clair : il ne reste rien à l'étage prākrit de l'ancienne -*s* indo-européenne dont le sanskrit avait seulement amorcé la destruction : on a en prākrit *putto* (ardhamāgadhī *putte*) « fils », *puttā* « fils (plur.) », *aggi* « feu » et *vāū* « vent ».

Il convient de noter, à propos de ce que l'on pourrait appeler la préférence donnée à -*o* comme représentant le terme de la tendance phonétique vers l'abolition de la sifflante de **-as* et vers la réduction de cette finale, que -*o* est le représentant le plus fréquent de *-as*. La finale -*o* est celle qui s'est développée devant une consonne sonore initiale suivante ; d'autre part -*o* était possible en hiatus, à la pause et devant toutes les consonnes ; -*aḥ* n'était au contraire possible qu'à la pause et devant certaines consonnes. Ici comme souvent ailleurs, la forme qui triomphe est la plus fréquente et surtout celle qui est possible dans le plus grand nombre de cas.

La conclusion est la même pour les consonnes suivant immédiatement la voyelle de la finale : le sanskrit, fort conservateur, en présente un grand nombre encore ; les prākrits n'en ont plus une seule (v. Pischel, *Gr. d. Prākrit-Spr.*, § 339) ; chaque fois qu'elles n'ont pas été sauvées par l'addition secondaire d'un élément vocalique comme dans pāli *santo* « étant » qui a remplacé skr. *sán*, acc. *sántam*, ou prākrit *pianto* « buvant » qui a suppléé skr. *píban*, elles ont disparu : on a en pāli *sammā* « complètement » pour skr. *samyak*, en prākrit *maṇā* « un peu » pour skr. *manắk* et à l'ablatif des thèmes en -*a*-, par exemple, -*ā* pour skr. -*āt*, ainsi en pāli dans l'ablatif *devā* « du dieu », en prākrit dans *pacchā* « après », *guṇā* « de la qualité ». En fin de compte, il n'est resté des consonnes finales anciennes, en pāli et partiellement en prākrit (cf. Pischel, *op. laud.*, § 353) que des phonèmes mobiles destinés à être insérés là où le sujet parlant cherche à éviter un hiatus, du genre du *z* français dans *vas-y*, selon la comparaison très juste de V. Henry dans son *Précis de Grammaire pālie*, § 51. Quant aux nasales, leur articulation se relâche, elles perdent leurs caractères distinctifs et leurs points d'articulation propres et tendent à disparaître.

Si l'on passe des consonnes aux voyelles, on est frappé de la résistance de la tranche vocalique finale dans les langues de l'Inde. Tandis que les consonnes ébranlées dès l'époque du sanskrit vont disparaissant sur tout le domaine, les voyelles

se maintiennent avec ténacité, qu'elles aient été ou non couvertes à l'origine par des éléments consonantiques. Elles ne
disparaissent qu'à une date récente, et manquent seulement
dans la plupart des langues modernes de l'Inde dont on peut
dire, qu'en principe tous leurs mots se terminent par une
consonne exactement comme ils finissaient par une voyelle,
nasalisée ou non, à l'étage prākrit : ainsi l'on a en hindoustani
āg, en pendjabi occidental *agg* « feu », en pendjabi oriental
vā « vent » qui se termine par la consonne 0 qui est le
résultat du traitement du *y* (ou *t*) intervocalique de skr. *vāyúḥ*
(ou *vátaḥ*) « vent ». Pour la conservation de voyelles finales,
cf. pour le bihari la ***Maithili Grammar*** de M. Grierson, § 8-10,
pour le bengali, l'oriya, le kaçmiri et le sindhi, Grierson
Z. D. M. G., 1895-6, p. 400, pour le singalais enfin la
Literatur und Sprache der Singhalesen, par M. Geiger, §§ 28-
30. Les étapes marquantes de l'altération des finales apparaissent bien, on le voit, dans les dialectes indo-européens de
l'Inde ; les résultats du procès phonétique qui mène par exemple du sanskrit *agníḥ* au pendjabi *agg* se montrent tour à tour,
dûment systématisés, à l'état de traits caractéristiques de
langues littéraires que nous n'apprenons à connaître que lorsqu'elles sont déjà toutes faites, réglées et normalisées sur le
modèle de l'idiome qui domine tous les autres, du sanskrit
classique, langue sacrée. C'est dire que nous ignorons à peu
près comment le mouvement s'est fait d'une étape à l'autre et
que nous ne savons guère ce qui vivait sous les formes systématiques qui ont nom sanskrit classique, pāli ou prākrit, vernaculaire. En particulier, nous sommes pour ainsi dire sans
informations sur la valeur réelle des finales vocaliques notées
dans tous les prākrits. Il semble cependant qu'on soit là devant
un archaïsme de langue écrite ; il faut reconnaître un indice
précieux sur la valeur réelle des graphies dès une date ancienne
dans l'abrègement de l'*-ā* final qui nous est attesté par les

formes orientales des édits lapidaires d'Açoka (v. T. Michelson, *I. F'.*, t. 23. p. 228-239 ; Meillet, *J. As.* 1908, p. 311-312). Dans trois éditions des « pillar edicts » sur six on a, par exemple, -*ă* pour un ancien -*ā*, -*ās* ou -*āt* ; et c'est si bien en sa qualité de voyelle finale que l'-*ā* est abrégé ici, que sa longueur se conserve et semble reparaître lorsque le mot est allongé au moyen d'un élément additionnel quelconque, c'est-à-dire lorsque l'-*ā* ne termine plus le mot. On ne saurait, bien entendu, conclure de pareils faits que l'-*ā* final ancien s'était confondu avec l'ancien -*ă* ; on ne peut dire qu'une chose, c'est que la quantité des voyelles finales était ébranlée et tendait à être diminuée dès l'époque d'Açoka sur une partie du domaine indien. C'est là déjà un renseignement tout à fait intéressant si l'on songe qu'il remonte au IIIe siècle av. J. C. et si on l'oppose au silence des prākrits littéraires. Ceux-ci ne trahissent que l'abrègement des voyelles longues devant nasales finales et celui des anciennes diphtongues -*e* et -*o* dans les textes en vers. Le premier fait ne révèle peut-être pas un abrègement dû proprement à la position en fin de mot ; la cause du phénomène peut être cherchée dans la nasalisation : -*āṃ* devenait -*ą̄*, tout comme -*aṃ*. Le second fait est plus net : tandis qu'à l'intérieur on n'a *ŏ* et *ĕ* que devant des groupes de consonnes comme dans *mĕccha-* = skr. *mlĕccha-* « barbare », *ŏṭṭha-* = skr. *oṣṭha-* « lèvre », on voit l'une et l'autre brève se généraliser à la finale et on les trouve notées soit *e*, *o*, soit *i*, *u* même devant des voyelles ou des consonnes simples initiales, en ardhamāgadhī et en māhārāṣṭrī des Jainas surtout (cf. Pischel, *Gr. d. Prākrit-Spr.*, § 84 et 85).

Le sort des finales indo-européennes apparaît un peu différent dans l'Iran. Entre les formes archaïques des gāthās, celles plus ou moins bien conservées au gré d'une tradition un peu hésitante et au moyen d'une notation insuffisante de l'Avesta récent d'une part, et les formes du moyen iranien, il y a comme un abîme. Les premières, et il s'agit surtout ici de celles des hymnes scandés et transmis avec soin, se rapprochent de celles du Ṛgveda ; les secondes, en revanche, appartiennent à une langue très évoluée, où les mots étaient frappés d'un accent d'intensité, langue dépourvue à peu près de toute flexion nominale et comparable, non pas au pāli ou à tel autre prākrit, mais aux « vernaculaires » de l'Inde.

Mais il n'est pas de dialecte indo-européen, à ce qu'il semble, qui ait subi aussi tôt et de façon aussi radicale, les profonds changements qui sont à la base des langues modernes que l'iranien et surtout l'iranien du Sud-Ouest ou persan proprement dit. Des documents de premier ordre tant au point de vue linguistique qu'au point de vue historique, les inscriptions achéménides, nous attestent la précocité de la crise d'où sont issus le pehlvi et le persan moderne et nous permettent presque de la dater, de façon très approximative bien entendu ; bien mieux ils nous donnent quelque idée de la façon dont se sont passées les choses. En effet, comme M. A. Meillet l'a montré à diverses reprises (cf. *M. S. L.*, t. 17, p. 352 et s., p. 368 et s.), ces documents sont d'une sincérité remarquable ; on y reconnaît sous la notation imparfaite et l'effort de rédaction les flottements caractéristiques d'une langue en voie d'évolution rapide, la variété de formes propre aux dialectes qui ne sont pas rigoureusement normalisés.

L'avestique conserve mieux les groupes de consonnes finales que le sanskrit le plus ancien : il a bien *barən* « ils portaient » tout comme le sanskrit a *ábharan* de i.-e. *(e)bheront,* mais il conserve l'*s indo-européenne, le *ś indo-iranien, après consonne et oppose *vāxš* à skr. *vā́k* « voix », *druxš* « démon du mensonge », à skr. *-dhrúk* et *čōrᵊṭ* « il fit », gāth. *ynogᵊṭ* « il joignit » à skr. *ákar, áyok*. Quant au *-t* placé après voyelle il est noté par un signe spécial transcrit par *-ṭ* et se distinguait donc par quelque affaiblissement du *t* normal, tout comme dans les groupes dont il vient d'être question. L'-*s* et le -*š* qui en est issu secondairement, sont maintenus sauf après -*a*- et -*ā*- : *-*as* est représenté par -*o* et *-*ās* par -*ā* ; enfin les nasales tendent à devenir des nasalisations ainsi qu'il ressort des confusions qui se produisent (ainsi l'on a *daṇ* et *daṃ* dans le sens de « pour donner ») et du caractère nasal des voyelles qui précèdent. En vieux perse les consonnes ont atteint un degré plus avancé de dégradation : le représentant du -*t* final n'est plus noté : après la chuintante *š* il n'a pas laissé de trace et en face de gāth. *dārʳšt* « il tint » on a v. p. *ahunauš* « il fit ». Mais après -*a*- il en est resté une trace furtive dont la présence est indiquée de la même façon que l'est celle de ce qui subsiste de l'ancien *-*s* et de l'ancien *-*n* (*-*n* ou *-*nt* primitifs). Quant à la valeur des voyelles il est impossible d'en rien dire de précis ni d'assuré, étant donné le système graphique.

Le moyen persan apparaît sous un aspect bien différent : ce qui restait des anciennes consonnes en vieux perse a disparu, en même temps que la voyelle de la finale. A l'époque la plus ancienne on a eu, par exemple :

Cas sujet	:	sg.	**kā̃m*	de **kūmaʰ*
		pl.	**kā̃m*	de **kāmāʰ*
Cas oblique	:	sg.	**kā̃mē*	de **kā̃mahyā*
		pl.	**kāmā̃n*	de **kāmā̃nam*

d'où par suite de la chute du *-*ē* final inaccentué et de la perte de la distinction des cas :

sg. *kā̃m*   plur. *kāmā̃n*

On voit, sans peine, que le pehlvi a introduit dans le traitement des finales un coefficient aggravant qu'il convient de noter spécialement : l'accent. Si **kā̃mahyā* donne **kā̃mē*, **kā̃mə* et enfin *kā̃m*, c'est que la finale *-*ahyā* est régulièrement inaccentuée (cf. A. Meillet, *J. A.*, mars-avril 1900, p. 254 et suiv.) ; l'évolution normale est ainsi précipitée par l'intervention d'un facteur nouveau.

L'histoire du grec ne présente pas, au point de vue auquel nous nous plaçons ici. des hiatus du genre de ceux que l'on a observés dans l'Inde ou dans l'Iran. Mais en revanche il nous mène moins loin à la fois en arrière et en avant. L'*s* finale ancienne et la nasale finale sont conservées l'une et l'autre en grec ancien ; de même les groupes composés d'occlusives suivies de -*s* et l'on y trouve κλώψ " voleur ", πτώξ " craintif " comme on a en gāthique *āfš* " eau ", *vāxš* " voix ". En revanche, les occlusives finales postvocaliques n'y sont plus attestées et l'on a non seulement ἔφερον " ils portaient " comme en sanskrit *ábharan* et en avestique *baran*, mais ἔφερε " il portait " à côté de skr. *ábharat*, av. *barat̯*. Mais le grec moderne, s'il ne connaît plus d'occlusives anciennes à la finale, non plus que de nasales (on dit, par exemple, τὸ βιϐλίο " le livre "), a conservé l'-*s* finale sauf dans les parlers de l'Italie méridionale et en tsaconien et n'a pas altéré les voyelles finales : θεό " dieu " est local et θεός général. Quant à la disparition des différences quantitatives grâce à laquelle par exemple les finales de λέγω " je dis " et de σίδερο " fer " se trouvent aujourd'hui sur le même pied, elle n'est à aucun titre caractéristique de la fin de mot ; il s'agit, on le sait, d'un phénomène général et d'une altération qui a porté sur l'ensemble du vocalisme grec. Il en est de cela comme du traitement de *e* et *o,* de *i* et *u* dans le grec continental septentrional : on y trouve χαίριτι " il se réjouit " avec le même passage de *e* à *i* à la finale qu'à l'intérieur (cf. χαίρεται), νύφ' " fiancée " avec un *i* réduit à la finale comme dans σ'κώνω = σηκώνω à l'intérieur ; l'accent est ici le seul facteur déterminant.

Les deux derniers dialectes qui méritent d'être traités d'archaïsants sont ceux qui font voir peut-être le plus clairement comment les altérations propres aux finales s'exercent dans le détail et sur quels éléments elles portent ; ils nous fournissent du moins, malgré la date tardive à laquelle ils nous sont attestés d'abord et malgré leur état de conservation remarquable, non seulement des résultats, termes d'évolutions plus ou moins lentes, mais des aperçus sur les transitions. En lituanien particulièrement la condition spéciale de la finale, c'est-à-dire de la dernière tranche vocalique du mot et des éléments qui suivent, se manifeste de façon si claire que si l'on a pu, par ailleurs, tourner la question du traitement propre de la fin de mot, on a été obligé de poser des *Auslautsgesetze* dans ce cas particulier. On y trouve, en effet, les occlusives finales amuïes, comme dans bien d'autres dialectes indo-européens : un génitif lituanien *vilko* répond à un ablatif du type de skr. *vŕkāt* ; on y voit la nasale finale, conservée en vieux prussien, réduite à la simple nasalisation de la voyelle précédente, ainsi dans l'accusatif *rañką* « main » où *-ą* représente un ancien *-ān* ; enfin l'*-s* est conservée. Mais d'autre part toutes les voyelles et diphtongues qui terminent les mots sont réduites : les mêmes voyelles qui sont brèves à l'intérieur sont un peu plus brèves que des brèves en finale, les longues y sont brèves et les diphtongues à premier élément long ou bref y sont des diphtongues ordinaires ou de simples voyelles. Les faits sont illustrés de façon remarquable par des oppositions comme celles de

nom sg. f.	*gerà*	« bonne »	*geróji*
acc. sg. f.	*gẽrą*	id.	*gẽraja·*

entre les finales des adjectifs simples et des adjectifs déterminés ; ou comme celles de

1ʳᵉ pers. sg. prés.	*sukù* « je tourne »	réfléchi *sukŭs(i)*
2ᵉ pers. sg. prés.	*sukì* « tu tournes »	réfléchi *sukës(i)*

des formes verbales simples et réfléchies. De nos jours ce système a subi des changements : les brèves anciennes en finale
absolue sont tombées en grande partie et l'on ne dit plus, par
exemple, que *sukús* « je me tourne », même dans les dialectes
les plus conservateurs. L'intonation a provoqué d'autre part
des déplacements de quantités et des répartitions nouvelles :
l'-*à* de *gerà* par exemple, fait aujourd'hui partie des brèves
finales ; il était l'égal de l'*o* du génitif féminin singulier *gẽros*,
il est devenu celui de l'*a* du nominatif singulier masculin *gẽras*,
simplement parce qu'il s'est trouvé incapable de toute intonation. Mais malgré ces altérations assez graves l'opposition entre
les voyelles de la fin du mot et celles de l'intérieur subsiste dans
une large mesure. Bien que l'accent d'intensité fasse sentir
son influence sur ces dernières, et que, dans le mot, les tranches non intenses tendent à se réduire, bien que d'autre part,
dans les parlers occidentaux en particulier, les voyelles fermées
i et *u* s'abrègent d'elles-mêmes et deviennent incapables d'être
intonées, les voyelles finales suivent en quelque sorte leur voie
propre dans la plupart des dialectes modernes. Elles continuent à diminuer, dans la plupart des cas, jusqu'à disparaître,
le cas échéant, en proportion de leur valeur propre, ancienne
ou renouvelée, et sans que l'accent qui régit l'intérieur du
mot, exerce sur elles son action ; dans certains parlers l'-*ă* du
nominatif singulier féminin, dont la brévité est due à une
innovation proprement lituanienne et récente, disparaît plus
tôt que l'-*o* du génitif masculin singulier dont la résistance est
une trace dernière de son ancienne qualité « double » ou, si
l'on veut, de son ancienne « intonation douce » ; il répond, en
effet, à l'-*ā*- des ablatifs sanskrits en -*āt*, qui est susceptible
de compter pour deux mores en métrique védique, ainsi que
l'on sait. On voit dans la partie septentrionale du district de
Ponevež comment l'ancien *gerà* « bonne » est remplacé peu à
peu par *gẽrᵉ* tout comme *úga* « baie » par *úgᵉ*., Enfin dans les

quelques parlers du Nord où toutes les finales se montrent soit extrêmement réduites, soit abolies, l'accent n'a pas exercé d'influence appréciable sur le sort des finales : on a *pásk* « après » de *paskuî* comme *dáikt* « à la chose » de *dáiktui*, *ktŏmps* « marécageux » de *ktámpŭs* comme *tofgs* « marché » de *tofgus*, *ôs* « anse » de *ą̄sà* comme *pí^aw* « prairie » de *pĕva*. Cependant à l'intérieur l'accent maintient la valeur et les caractères propres de la voyelle intense, au détriment des autres.

Il s'en faut qu'en slave les réductions propres aux fins de mots nous apparaissent avec toutes les nuances que le lituanien révèle. L'origine et l'histoire des phénomènes qui ont atteint les finales sur ce domaine sont trop souvent obscures ou ignorées ; on peut à bon droit hésiter aujourd'hui encore à décider si l'*ŭ* de v. sl. *vlŭkŭ* par exemple, remonte à i.-e. **-os*, finale du nominatif singulier ou à i.-e. **-on*, finale de l'accusatif du même nombre. Heureusement que des faits mieux assurés et moins discutables attestent la diminution que les tranches vocaliques ont subie en fin de mot dès l'époque du slave commun. Dans les occlusives les faits sont tout à fait clairs et ressemblent assez à ceux que l'on observe en baltique, pour que les linguistes tels que M. Fortunatov rejettent dans la période de communauté balto-slave le moment où elles sont tombées. Quoi que l'on pense de cette hypothèse, il reste acquis qu'en slave comme en baltique les anciennes occlusives qui terminaient les mots n'ont laissé aucune trace. Pour ce qui est du traitement de la nasale et de la sifflante, le slave se sépare absolument du baltique ; ce dernier conserve jusqu'aujourd'hui la seconde et des traces de la première, le slave commun ne présente plus du tout l'**-s* et moins souvent que le baltique des marques de la présence antérieure de l'**-n*.

Mais ce qu'il importe avant tout de signaler ici, c'est que dès leur époque la plus ancienne un certain nombre de dialectes attestent que les tranches vocaliques en finale absolue, telles qu'elles leur avaient été léguées par le slave commun, étaient déjà diminuées en quelque façon. Certains qui, comme le serbe. ont conservé de façon plus ou moins complète les anciennes distinctions quantitatives, n'ont pour représenter ces voyelles que des demi-longues ou des brèves ; le slovène, où les accentuées sont, en règle générale, longues et susceptibles d'intonations diverses, ne connaît à la finale que la quantité brève et la monotonie, au sens propre du mot ; le tchèque enfin a *mouka* « farine », à côté de pol. *mąka*, r. *muká*, s. *múka*, ainsi que *křídlo* « aile », r. *kryló*, s. *krîlo*, ou que *chvála* « louange », r. *xvalá*, s. *hvála*, par exemple, mais il a, à l'accusatif singulier *hlavu* « la tête » et non **hlavou*, r. *gólovu*, v. sl. *glavǫ*, à la première personne du singulier *vedu* et non **vedou*, v. sl. *vedǫ*. Le polonais lui-même où les anciennes distinctions quantitatives ne se manifestent plus que par des différences de timbre des voyelles, a gardé une trace remarquable par sa clarté de la diminution des tranches vocaliques finales en slave commun ; on sait que la répartition des nasales (*j*)*ę* et (*j*)*ą* n'y répond pas du tout à celles des anciennes voyelles **ę* et **ǫ*, mais que *ję* et *ę*, y représentent **ę̆* et **ǫ̆*, *ją* et *ą*, au contraire,**ę̄* et *ǭ* (cf. S. M. Kul'bakin, *Zbornik Otděl. russk. Jaz.*, t. 73, nr. 4). Or, dans le cas qui nous occupe, c'est *ję* et *ę* que l'on trouve de façon exclusive : on a, à l'accusatif singulier, *głowę* comme on a *hlavu* en tchèque, à la première personne du singulier *wiodę*, comme en tchèque *vedu* ; là où, comme dans des accusatifs tels que *volą* « volonté » on a un *ą* (ou mieux un *-ją*) on se trouve en présence d'un allongement secondaire, ainsi que l'a montré M. Baudouin de Courtenay (***B. B.***, t. 6, p. 25-6). C'est le même procès qui commence et se prolonge sous nos yeux en russe où l'*á* accentué final est plus bref que le même *á* intérieur : l'*á* de *nogá* « pied » y est moins long que celui de *dáma* « dame ».

Mais, pour en revenir à l'état ancien où ont été inaugurées les modifications communes à toutes les langues slaves, on peut citer au moins un cas favorable où l'altération des tranches vocaliques de la fin de mot, quoique légère encore, s'est trahie à la faveur de circonstances spéciales. Au moment où il se brisait en dialectes, le slave s'était constitué un système vocalique original à deux séries parallèles de phonèmes, les uns antérieurs et les autres postérieurs, où chaque voyelle était caractérisée de façon propre par son timbre et de plus, le cas échéant, par son entourage consonantique ; leurs relations réciproques jouaient un rôle singulièrement diminué (cf. A. Meillet, *M. S. L.*, t. 14, p. 193 et s.). Dans la série dite vélaire, les voyelles sont cependant restées en contact dans une certaine mesure, et tel changement quantitatif a pu s'y manifester par le passage du phonème atteint d'un étage à un autre, par une modification de timbre. Cela n'a rien de surprenant a priori et l'on attend que, sauf l'intervention de circonstances particulières, une voyelle qui s'abrège tende à se fermer. Or, M. Fortunatov a enseigné (*B. B.*, t. 22, p. 164 note) que *o* slave, avait dû passer à **ŭ* en syllabe finale fermée, c'est-à-dire devant **-n* (ou **-m*) et **-s*. Nous n'insisterons pas ici sur le cas de i.-e. **-os*, dont le traitement est trop contestable pour que nous puissions rien fonder sur cette hypothèse. Mais il y a des exemples assurés du passage de i.-e. **-on* (**-om*) à sl. **-ŭ* : un accusatif v. sl. *tokŭ* « cours » remonte à un ancien **tokon*, cf. lit. *tãką* et une première personne du singulier *mogŭ* « j'ai pu » à un **mogon* dont la finale est la même que celle de gr. ἔλαβον. Comme l'a enseigné M. Fortunatov, *tokŭ* et *mogŭ* ont dû être à date préhistorique **tokŭn*, **mogŭn* ; la chute de l'**-n* finale est le dernier degré de leur évolution. Le premier est le passage de **-o-* à **-ŭ-*, et il est dû à la réduction que les tranches vocaliques placées en fin de mot ont subie ; elle n'est pas imputable à la seule influence de la nasale, bien que ce soit un fait bien connu que les voyelles se ferment sous l'influence d'une nasalisation plus ou moins complète. Dans des circonstances favorables, la nasalisation entraîne la fermeture et l'allongement de la voyelle qu'elle affecte ; le slave en fournit peut-être un exemple, précisément en finale, dans le traitement des anciennes désinences *-ons et *-onts. L'une et l'autre tendaient vers *-ŭns, *-ŭn(t)s ; mais il est possible qu'il y ait eu nasalisation plus complète et allongement, par suite de la présence de l'*-s finale. Quoiqu'il en soit, le représentant de *-ons dans l'accusatif pluriel masculin *tokons et de *-onts dans le participe présent *nesonts est la *longue* qui répond à ŭ, y : on a en vieux slave *toky* « cours » et *nesy* « portant » ; tout pareillement on a *nošti* « nuits » (acc.) de *noktins, syny* « fils » (acc.) de *sūnuns*. C'est bien à sa position spéciale que l'*o de *-on doit son altération en slave, et au phénomène général qui veut que la fermeture d'une voyelle accompagne de façon normale son abrègement (cf. Meillet, *Études* ...., p. 121 et suiv.) : un *o diminué a été en même temps un *ọ plus fermé qui n'avait pas de place propre dans le système phonétique de la langue et est venu aussitôt se classer parmi les ŭ. Pour que les autres voyelles finales n'aient rien laissé percevoir de leur diminution par rapport à celles de l'intérieur du mot, il a suffi, ou peu s'en faut, que le rapport de e à ĭ ne fût pas le même que celui de o à ŭ, au point de vue du timbre et que l'e diminué restât e et ne retombât pas à ĭ, comme l'o abrégé à ŭ. Ce qui n'a rien qui puisse surprendre si l'on songe que e a abouti dans divers dialectes slaves, et dans certaines conditions, à *jo*. Par suite d'autres évolutions phonétiques, caractéristiques du slave en général, telles que, par exemple, la réduction spontanée propre aux brèves u et i (cf. Meillet, *Études sur l'étym. et le vocab. du v. sl.*, p. 107 et suiv.), les faits de nasalisation et les actions analogiques, on ne peut rien décider sur la qualité des tranches vocaliques

finales en slave commun : les finales d'accusatifs tels que v. sl.
noštĭ « nuit » de **noktin*, *synŭ* « fils » de **sūnun*, *rǫkǫ* « main »
de **ronkān* sont ambigues.

Le traitement des finales latines s'accorde de tous points
avec ceux que présentent les autres langues : à l'époque du
vieux latin les occlusives finales simples apparaissent encore,
sous une forme affaiblie, il est vrai. Comme on sait, on lit
f e c e d « il fit » sur l'inscription de Duenos, s e n t e n t i a d
« sententiā » dans le sénatus-consulte des Bacchanales, de style
solennel et de forme archaïsante et officielle ; dans l'édit de
Paul-Emile, plus ancien de trois ans, on a déjà e a t e m p e s-
t a t e comme dans toute la latinité, et d'autre part *fecit*, avec
le représentant de l'ancienne terminaison primaire **-ti*, a remplacé le *feced* auquel aboutissait correctement la forme à désinence secondaire i.-e. **-t*, v. lat. *-d*. Cette occlusive affaiblie
ne s'est maintenue qu'après des voyelles brèves, ainsi dans
les neutres *istud*, *aliud*, jusqu'au moment où les finales secondaires comme celles de *fecit* ou *rogat* ont été supprimées à leur
tour (v. les graffiti de Pompei, p. ex.). D'autre part la présence
ancienne d'une occlusive à la fin d'un mot tel que *cor* issu de
**cord* ne se manifeste plus, quand elle apparaît, que par des
particularités métriques dans la poésie la plus ancienne (cf.
Sommer, *Handb. d. lat. Laut- u. Formenlehre,* p. 309). A côté
des occlusives, la nasale et la sifflante tendent aussi à disparaître ; la quasi-disparition de l'*m* et de l'*s* finaux en latin
ancien est bien connue ainsi que leur restitution si originale
dans la Rome de l'époque classique et leur transmission plus
ou moins complète aux anciennes langues romanes (cf. Havet,
Mélanges G. Paris, p. 303 et suiv. ; Marouzeau, *M. S. L.,*
t. 17, p. 266 et suiv.). Mais où le latin est surtout intéressant,
ce n'est pas dans le traitement des consonnes et sonantes finales, mais dans celui des tranches vocaliques ; celles-ci, en

effet, apparaissent diminuées, d'après tout ce que l'on a vu jusqu'ici, dans les diverses langues indo-européennes, sauf dans les formes archaïques de l'indo-iranien et du grec. Avant de disparaître, elles s'abrègent peu à peu ; les longues mesurent alors moins que des longues intérieures, et l'on est amené à les noter comme des brèves (ainsi l'-$\bar{a}$ des rédactions orientales des édits sur piliers d'Açoka) ; les brèves se réduisent sans disparaître, et l'on continue à les écrire comme auparavant. Là où des variations de timbre, d'accent, ou d'intonation n'accompagnent pas ces réductions, où on ne peut les observer directement, elles risquent de passer inaperçues jusqu'au jour où, brutalement, la disparition totale a lieu : car le rythme quantitatif indo-européen tend à se perdre généralement lorsque les voyelles finales se réduisent. En grec ancien, en védique, langues qui ont conservé la métrique ancienne, toutes les tranches vocaliques rentrent dans le système général : où qu'elles soient placées, elles sont soit longues, soit brèves. Ailleurs, comme en lituanien, les finales constituent une classe spéciale de longues infirmes et suspectes, de brèves de mauvais aloi : on y trouve en plus des longues et des brèves normales, des degrés intermédiaires et des quantités fuyantes. Cela n'entraîne généralement pas de conséquences spéciales, parce que, dans la plupart des cas, l'alternance quantitative n'est plus à la base du rythme des langues ainsi évoluées. Et l'on a vu que dans des langues toutes littéraires comme par exemple les prākrits des drames et de la poésie lyrique, le maintien de distinctions quantitatives équivalentes à celles du sanskrit dans les finales était artificiel et sa réalité dans l'usage courant démentie par le témoignage d'inscriptions singulièrement plus anciennes pourtant.

Mais le latin présente au point de vue du rythme une évolution originale et dont l'effet est particulièrement curieux au point de vue des tranches vocaliques finales. L'ancien rythme fondé sur l'alternance des brèves et longues a été ébranlé, comme l'on sait, puis raffermi et rétabli. Et M. Vendryes a pu dire que l'intensité initiale qui était entrée en lutte avec le principe quantitatif en latin archaïque n'a pas été « un produit naturel de l'évolution de la langue latine, mais une sorte d'accident d'origine étrangère » (Vendryes, *Recherches sur ..... l'intensité initiale*, § 148). Le résultat de cet « accident » original a été, pour les finales, qu'à un moment donné les réductions qui devaient les atteindre se sont donné jeu librement, mais qu'à la période suivante de l'évolution de la langue, les résultats de ces diminutions se sont trouvés soudain ne plus entrer dans le système phonétique régulier. De là des incertitudes, des ambiguïtés surprenantes, des généralisations et répartitions systématiques plus ou moins inattendues qui attestent mieux que bien d'autres témoignages plus directs la corruption des tranches vocaliques finales. M. A. Meillet a montré les conséquences de ce procès historique dans une note qui a été publiée par M. Vendryes dans l'ouvrage cité plus haut (*Recherches .....*, p. 82 et s.) ; les voyelles ambigues qui étaient suivies de consonnes et qui représentaient d'anciennes longues ont été classées parmi les brèves dans *cantăt, cantābăm, animăl* par exemple, c'est-à-dire là où le phonème suivant était *entier* et avait une quantité suffisante pour que les syllabes -*ăt*, -*ām*, -*ăl* fussent des longues incontestables ; mais elles sont rentrées dans la série des voyelles longues quand l'élément consonantique qui formait syllabe avec elles était lui-même débilité et réduit « à un minimum d'articulation » : on a ainsi *meritōd* qui d'ailleurs est devenu très tôt *meritō* et *cantās* dont l'-*s*, très débile, a été restituée en latin classique à la suite d'une évolution très particulière. Ailleurs les longues diminuées, et par suite incertaines, sont livrées en quelque sorte sans défense aux actions analogiques qui tendent à substituer des brèves aux anciennes longues : ainsi

quand *lānā devient lānă (cf. nom. auiă, acc. auiăm), quand
*templā devient templă (cf. temporă) ; quand *neptīs, *socrūs
deviennent neptĭs, socrŭs (cf. ouĭs, domŭs). De façon correspon-
dante, les brèves finales tendent à tomber : on a neque à côté
de nec, et (= gr. ἔτι), mox (= skr. makṣú), ali-uta à côté de
ut ; devant consonne le fait est beaucoup plus rare et ne se
rencontre que devant s et après syllabe longue (cf. A. Meillet,
loc. laud., p. 84). Enfin l'on sait comment l'ambiguité réelle
des anciennes longues finales est attestée chez les anciens
poètes latins dans le cas des dissyllabes à première syllabe
brève : dans ces mots, dits iambiques, la quantité longue s'est
maintenue chaque fois que le mot était accentué ; la quantité
brève n'a été atteinte complètement que dans les mots second-
daires et dénués d'intensité, relativement du moins, tels
que benĕ, modŏ, egŏ, ne-scĭŏ à côté de domī, cauē, nolō par
exemple (cf. A. Meillet. loc. laud., p. 84). On dirait que
l'intensité dite « initiale » débordait dans des exemples de
ce genre sur la seconde syllabe du mot, qui se trouvait être
finale (v. Vendryes, Recherches ...., § 167 et suiv.) ; mais
la différence quantitative entre les finales de bĕnĕ et nescĭŏ
d'une part, de domī et nolō de l'autre est la conséquence
et comme le reflet de la distinction d'intensité entre les deux
groupes de mots : la finale de né-scĭŏ a été comptée pour brève,
celle de uólŏ, c'est-à-dire uólŏ, a été classée parmi les longues.

Comme l'a fait remarquer M. A. Meillet (loc. laud., p. 85),
en face de tant d'exemples d'abrègement de voyelles finales,
on ne peut guère poser qu'un seul cas d'allongement, celui des
nominatifs pluriels athématiques tels que hominēs, pedēs, etc.
Et l'on doit, d'autre part, ajouter aux exemples de substitution
de brèves à longues, de voyelles zéro à brèves, ceux où l'altération quantitative n'a pas laissé de traces en prosodie mais
où elle se dénonce par une altération du timbre de la voyelle
intéressée. Tout comme plus haut en slave (p. 48), on voit en

latin certaines voyelles finales se fermer en même temps qu'elles s'abrègent : *-ŏs*, diminué, devient *-ŭs* en vieux latin, comme *-ŏnt* devient *-ŭnt* et *-ŏm, ŭm.* Au contact de *u*, cette altération ne se manifeste dans des mots tels que *mortuus, uiuunt* qu'au début de l'empire, c'est-à-dire sensiblement plus tard. Et M. Niedermann a sans doute raison de voir là une habitude graphique (cf. *Mélanges .... F. de Saussure,* p. 58 et suiv.).

Dans les langues celtiques aussi le traitement des finales atteste un affaiblissement et une diminution progressives de la tranche vocalique et de l'articulation consonantique qui terminent les mots. C'est ce que M. H. Pedersen a fait voir de façon particulièrement nette dans sa *Vergleichende Grammatik der keltischen Sprachen* (Band I, § 150 et suiv.) où il a bien clairement mis à part et groupé le sort des phonèmes placés en fin de mot. Bien qu'ils nous apparaissent comme très altérés dès leurs documents littéraires les plus anciens, les dialectes celtiques ont été en réalité, pour ce qui est des finales, fort conservateurs. Ils ressemblent en cela à ceux du germanique et se distinguent nettement des vieilles langues de civilisation comme le vieux perse, les parlers de l'Inde, le grec et du proche parent du celtique, le latin. En fait, le peu que nous savons du gaulois et du celtique insulaire conservé dans les inscriptions ogamiques nous montre dans l'une comme dans l'autre de ces langues des finales anciennes conservées fidèlement, ou peu s'en faut. Les occlusives post-vocaliques semblent bien avoir disparu assez tôt pour que le sort des voyelles brèves en finales ouvertes se confonde avec celui des voyelles qui étaient anciennement couvertes : elles tombent également, et leur présence ancienne se manifeste en phonétique syntactique de la même façon exactement, par l'aspiration (v. irl. *-beir* « il porte »). Contrairement à ce qui s'est passé en latin, la sifflante finale et les groupes formés d'occlusives $+$ *s* ont disparu tous plus ou moins tôt : on a en vieil irlandais *fer* « homme » de **wiros*, *rí* « roi » à côté de lat. *rēx*, *care* « ami », part. prés. en **-nts* d'un verbe « aimer » tel que v. irl. *caraim*. Les éléments sonantiques ont été plus résistants : la nasale finale est tombée assez tard et a laissé des traces importantes en sandhi ; l'*r* s'est maintenue, par ex. dans *athir* « père », *máthir* « mère », (cf. arm. *hayr*) ; car il est peu vraisemblable que ces formes représentent des cas obliques **patr-*, **mātr-*, avec chute de quelque élément final et insertion postérieure de voyelle entre *-t-* et *-r-*. Car v. irl. *siur* « sœur » doit représenter un primitif **swesōr*. Quand une *r* ou une *l* était suivie d'une *s* ou d'un groupe formé de consonnes et de *s*, elles se sont aussi maintenues tandis que les autres consonnes disparaissent : on a ainsi en gallois *gwychr* « brave » de **we-kōrds* tandis que **qarānts* est représenté en vieil-irlandais par *care* « ami ». Il faut noter aussi que *-t* est conservé après consonne, ainsi dans v. irl. *-bert* « porta », *·é-raxt* « se leva » ; la consonne qui précède le *-t* est d'ailleurs toujours une continue, soit spirante, soit sonante.

Quant aux voyelles, les brèves sont tombées, qu'elles aient été suivies ou non d'éléments consonantiques et n'ont laissé de trace, le cas échéant, en vieil-irlandais que dans la qualité de la consonne ou de la voyelle qui les précédait ; ainsi **bheret* « il porte » est devenu **bere*, puis **beri* d'après le témoignage de v. irl. *-beir* Au génitif pluriel des thèmes en *-o-* on a en v. irl. *fer n-* de *fer* « homme » avec une désinence ancienne **-om* et non **-ōm*, comme en vieux slave. Quant aux voyelles longues et aux diphtongues, elles tombent aussi lorsqu'elles ne sont suivies de rien ou d'une simple nasale : on a en vieil irlandais *tuath* « peuple » de **teutā*, et *-ber* en face de lat. *feram*. Le résultat est qu'un datif vieil irlandais tel que *fiur* peut, à la rigueur, remonter soit à un instrumental indo-européen en

*-*ō*, soit à un datif en *-*ōi*, soit enfin à un ablatif en -*ōd* : -*ōt* ; dans les trois cas on aboutit également à **wirŭ*, **firu*, **fiur*. Mais les longues ont été préservées de la disparition totale lorsqu'elles étaient suivies d'une sifflante, d'une occlusive, ou d'un groupe formé d'une occlusive ou d'une nasale et d'une sifflante : le nominatif pluriel de *tuath* « peuple », ancien thème en -*ā*, est *tuatha*, en vieil irlandais l'accusatif pluriel de *fer* « homme » *firu* et l'on y trouve -*bera* en face de latin *ferat*.

Les discussions longues et nombreuses, les recherches diverses et approfondies auxquelles a donné lieu la question du sort des finales en germanique ont eu avant tout ce résultat très clair, d'établir de façon définitive que les fins de mots doivent être considérées en elles mêmes et qu'elles présentent des traitements particuliers. Il est de règle maintenant de traiter à part de l'*Auslaut* et de poser des *Auslautsgesetze* en germanique. Leur aspect général, le seul que nous considérions ici, et leurs effets essentiels sont d'ailleurs tout à fait semblables à ce que nous avons rencontré dans les autres dialectes indo-européens. Les documents les plus anciens ne présentent plus aucune voyelle brève en finale absolue dans des mots de plus de deux syllabes : déjà en runique, sur la pierre de Stentofta, on a *bariutiþ* « il brise », 3ᵉ pers. sg. en *-*ti* ; dans les mots de deux syllabes même, on ne rencontre plus de -*a* ni de -*e* : à Stentofta encore, on lit *ʒaf* « il donna », cf. gr. οἶδε. L'-*a* de l'accusatif singulier montre que *horna* « corne » de la corne de Gallehus est une voyelle soit nasale, soit récemment dénasalisée, qui n'est tombée qu'à date dialectale, ainsi que l'-*ă*- bref protégé par une consonne finale. L'*ĭ* bref tombe plus tard que l'*ă* et que l'*ĕ* ; l'*ŭ* plus tard encore : nous avons déjà vu que ces voyelles plus fermées et plus brèves que les autres se comportaient, en fin de mot, de façon particulière. La conséquence en est que ces deux voyelles subissent en une certaine mesure l'influence de l'intensité initiale que les divers dialectes germaniques ont tous héritée de leur période de communauté : elles ne se rencontraient plus, en effet, que dans des dissyllabes, et là elles se maintiennent plus longtemps après une initiale brève qu'après une longue, comme l'ont montré MM. A. Kock d'abord. et après lui MM. Hirt et Van Helten. Or, M. Vendryes (*Recherches ....*, § 147 et suiv.) a justement comparé leur cas à celui des mots iambiques, en latin, et à des phénomènes d'accentuation propres au tchèque, et l'on est conduit, en dernier ressort, à reconnaître dans la résistance relativement longue des $\breve{\imath}$ et $\breve{u}$ finaux précédés d'une première syllabe brève un effet de l'intensité qui débordait de l'initiale sur la tranche vocalique suivante. Mais cet accident, qui comme on voit, n'est pas isolé, n'empêche en rien la loi d'altération et de suppression des éléments qui terminent les mots de fonctionner : il lui donne seulement, dans le détail, un aspect un peu spécial. Les dialectes germaniques permettent même de constater avec une clarté particulière que la tranche vocalique finale s'altère *autant ou plus* à l'occasion que l'occlusion, plus ou moins complète. qui la suit : on a. par exemple, en gotique *dags* « jour », en vieil-islandais *konunge* « roi », par un phénomène qui rappelle celui que l'on retrouve aujourd'hui dans certains dialectes lituaniens (v. ci-dessus, p. 45) et en lette où l'on a, entre autres, *kalns* « montagne » (= lit. *kálnas*). Les voyelles longues, et ceci est un nouveau trait de ressemblance avec le baltique, sont traitées différemment selon l'intonation dont elles sont affectées : les douces restent relativement longues et sont notées comme de vraies longues en gotique, qu'elles aient été de tout temps en finale absolue, ou qu'elles aient été anciennement couvertes par une nasale, qui s'est confondue avec la voyelle ou par une occlusive dentale, tombée très tôt ; les rudes. au contraire, s'abrègent tôt et sont notées comme des brèves en gotique dans les mêmes conditions. Mais, ici comme ailleurs, il convient de ne pas appliquer aux tranches vocaliques finales les unités qui valent pour celles de l'intérieur du mot et qui ont été d'ailleurs traitées à leur mesure. Les voyelles finales sont à part et rentrent dans une série spéciale : la longue de got. *undarō* « dessous » (skr. *adharāt*), *watō* « eau » (cf. lit. *vandů̃* « id. »), *gibō* « des dons » (i.-e. **-ōm* : **-ōn*), *baírái* « qu'il porte » (cf. skr. *bháret*, lit. *te-sukě̃*) n'est pas plus comparable directement à une longue intérieure, que ne l'est à une brève pareille celle qui termine *giba* « le don » (cf. lit. *gerà* « bonne »), *baíra* « je porte » (cf. lit. *sukù*). Ce qui le montre bien, c'est que le gotique écrit de même *gibōs* « du don » (cf. gr. θεᾶς) et *wileis* « tu veux », avec i.-e. **-í-* généralisé (cf. lat. *sīs*), c'est-à-dire qu'il ne fait pas de distinction graphique entre les anciennes douces et les anciennes rudes devant *-s* ; et pourtant il y avait une différence, bien que cette différence fût atténuée du fait que les tranches vocaliques n'étaient pas en finale absolue, mais qu'elles se trouvaient couvertes et comme protégées, ainsi que l'a montré M. Streitberg (*U. G.*, p. 186) : en vieux haut allemand où la sifflante finale a disparu, et chez Notker en particulier, l'opposition de *gebā* « dons », *tagā* « jours » et de *wile, wil* « tu veux » est manifeste.

Pour ce qui est des consonnes on a vu que les occlusives sont tombées très tôt, que l'*s* a été traitée de façon diverse selon les dialectes. D'autre part, la nasale a disparu partout tandis que l'*r* finale s'est maintenue de façon tout à fait remarquable.

L'arménien a été laissé de côté jusqu'ici. Ce n'est pas qu'il diffère des autres dialectes indo-européens par le traitement des finales ; il offre seulement peu d'enseignements, et on se trouve, au moment où il est attesté d'abord, en face d'un fait accompli, qu'il est difficile de discuter. Dans tous les mots de l'arménien classique la tranche vocalique finale s'est complètement amuie, pour reprendre la formule précise dont M. A. Meillet s'est servi dans son *Esquisse d'une grammaire comparée de l'arménien classique* (p. 1). Bien que cette disparition des voyelles finales soit antérieure, en arménien, aux plus anciens documents que nous possédions de la langue, elle n'est pas très ancienne, ou du moins ses derniers effets sont relativement récents : les emprunts au moyen-persan qui sont de date et de dialecte arsacide ont passé en arménien avec une finale encore distincte et de timbre reconnaissable et c'est en arménien qu'ils l'ont perdue (v. Meillet, *loc. laud.*, p. 5 ; Marquart, *Huschardzan*, p. 292). Mais nous ignorons comment les choses se sont passées et bien qu'il ne nous apparaisse pas qu'il y ait quelque raison spéciale d'attribuer à l'effet de l'accent d'intensité la chute des voyelles finales en arménien, il nous est impossible d'opposer à cette opinion, que M. Meillet exprime dès le début de son livre, aucun argument tiré des faits. On peut dire seulement que le sort des finales arméniennes est pareil, dans l'ensemble, à celui des finales des autres dialectes ; il n'y a pas de différence essentielle entre l'affaiblissement plus ou moins prononcé et la disparition plus ou moins lente des unes, et, d'autre part, la suppression radicale et, en quelque sorte, brutale, que l'on constate en arménien. Mais les emprunts iraniens, on l'a vu, permettent de supposer que derrière celle-ci il y a eu toute une évolution et des degrés successifs et que si l'accent a joué sans doute un rôle aggravant, la raison première de l'amuissement des finales a dû être, comme partout, leur qualité propre et leur place dans le mot. D'ailleurs, à l'intérieur du mot seuls *i* et *u* inaccentués tombent, tandis qu'à la finale toutes les voyelles et toutes les diphtongues disparaissent.

Le parallélisme avec les autres dialectes se montre à nouveau à propos des consonnes : les occlusives finales sont tombées, et les sonantes *r, l, n* ont été conservées : on a *eber*

« il a porté » (skr. *ábharat*), *ekn* « il est venu » (skr. *ágan*), *khun* « sommeil » (skr. *svápmaḥ*), *tasn* (cf. lat. *decem*), *hayr* « père » (gr. πατήρ) et *astt* « astre » (cf. lat. *stēlla*). La question de la sifflante offre pourtant de graves difficultés : elle n'apparaît sous la forme -*s* que lorsqu'elle était précédée anciennement de *-n* : ainsi dans *gets* « les fleuves » (acc. plur. en *-ons*). Mais après les voyelles son sort reste au moins douteux. Si l'on admet qu'elle a disparu, on renonce dès l'abord à expliquer, par exemple, les pluriels en *-k'* (cf. Hübschmann, *Arm. St.*, t. I, p. 89). Si l'on admet avec M. Pedersen que *-ŏs* a abouti à *-kh* (*K. Z.*, t. 38, p. 209 et s.), on ne fait rien d'arbitraire, ainsi qu'il le dit lui-même, car il s'agit d'un traitement de finale. En cette position spéciale, *-ŏs* a pu donner *-o'* avec une occlusion de la glotte, qui a été remplacée par *-ok'* en arménien où ' n'existe pas.

Partout donc en indo-européen, la fin de mot est limitée de la même manière à la dernière tranche vocalique du mot plus les éléments consonantiques ou semi-consonantiques qui suivent.

Dans tous les dialectes les fins de mots s'altèrent de façon parallèle, mais, conforme au système phonétique de chaque langue et à des dates différentes : très tôt, par exemple, en vieux perse, très tard en lituanien. Néanmoins la similitude entre les phénomènes qui viennent d'être passés en revue est très complète en réalité. Non seulement ils sont pareils et dissimulent une même et seule tendance sous leur diversité apparente, mais leur point de départ est le même et ils apparaissent, en réalité, au même moment. Partout les finales s'altèrent et succombent dans une crise qui atteint les dialectes indo-européens au moment où ils perdent leur caractère ancien et se brisent en dialectes qui sont indo-européens au point de vue historique, mais dont les divers systèmes sont profondément renouvelés. Si la date varie, le degré d'évolution est le même : le germanique, le celtique, le slave et le baltique sont atteints tout comme l'iranien, l'indien ou le grec au seuil de leur période moyenne. Celle-ci se présente très tôt en perse, par exemple, parce que c'est un des premiers dialectes indo-européens qui soit devenu une langue commune, un véhicule de civilisation. Elle commence tard au contraire pour les langues qui ne sont entrées que récemment dans l'histoire et dont l'immobilité et une certaine inertie ont favorisé le caractère archaïque. A ce point de vue les noms donnés aux dialectes indo-européens sont trompeurs : à la fin du règne des Achéménides l'iranien de la Perse était déjà presque une langue moyenne, et non plus une langue ancienne ; les dialectes de l Inde étaient sans doute, si toutefois l'on ose parler d'une date à propos d'un fait concernant l'Inde, entrés dans la phase moyenne dès le temps d'Açoka, au moins en partie ; le vieux haut allemand, le vieil irlandais sont fort avancés dans la période moyenne quand ils nous apparaissent d'abord ; le vieux slave, au contraire, est au seuil de cette phase et l'on peut dire d'un dialecte baltique tel que le lituanien que les finales indo-européennes y sont encore en état d'évolution. Il n'y a, en fait, aucune exagération à dire que l'altération grave des finales est le signe le plus sûr pour un dialecte indo-européen qu'il est entré dans la phase moyenne.

Aussi s'agit-il bien dans ce qui précède de faits indo-européens. Au seuil de leur phase moyenne, les dialectes indo-européens sont encore riches en caractères anciens. La plupart des phénomènes qui les atteignent, et entre autres ceux qui intéressent l'évolution des finales, ont pour point de départ des traits communs qui remontent à la période d'unité ; ils continuent des tendances anciennes. C'est parce que la finale indo-européenne était limitée à la dernière tenue du mot, plus, le cas échéant, le mouvement de fermeture suivant, que partout c'est l'occlusion plus ou moins complète qui termine le mot et l'élément vocalique précedant qui vont s'altérant et s'amuissant.

Ces phénomènes disparus, il se produit d'ailleurs comme un temps d'arrêt dans l'usure des mots, en indo-européen comme ailleurs : seule la fin de la période moderne voit recommencer peu à peu l'évolution ancienne. Progressivement, les nouvelles fins de mots deviennent alors pareilles aux anciennes, dans la mesure où des conditions très différentes le permettent. Mais on voit cependant bien dans l'ensemble comment elles sont atteintes des mêmes caractères, de la même débilité que les finales qui les ont précédées ; elles obéissent, elles aussi, aux lois de la phonétique générale. Et, en même temps que la fin de l'altération des finales indo-européennes en lituanien et dans la plupart des dialectes slaves, on peut observer aujourd'hui des consonnes finales qui sont ou deviennent implosives dans diverses langues germaniques, par exemple, qui se trouvent en plein dans la phase moderne de leur évolution, phase que l'iranien oriental atteignait déjà au VIIIe siècle de notre ère.

CHAPITRE TROISIÈME.

Les monosyllabes.

Jusqu'ici il n'a pas été question des monosyllabes ; et, après ce qui vient d'être dit, leur position spéciale dans la question des finales apparaît avec évidence. S'il est vrai que la fin de mot comporte la dernière tranche vocalique et l'articulation consonantique qui suit, les monosyllabes ne présentent pas de voyelles finales, par définition : chez eux la tranche vocalique terminale est le mot lui-même ; elle en forme le corps qui peut fort bien n'être précédé ni d'une consonne ni d'un groupe consonantique quelconque.

Tout ce que les monosyllabes possèdent en fait de phonèmes « finaux », ce sont les occlusives ou semi-occlusives qui se trouvent les terminer : leur sort est aussi le plus souvent pareil à celui des phonèmes de même nature qui sont placés à la fin de polysyllabes : on a en prākrit *tā*, ablatif du thème pronominal *ta-*, en face de véd. *tāt*, en avestique et en vieux perse les nominatifs neutres *tat̲*, *kat̲* et *tyaʰ*, en grec τό, en latin *id*. Tout comme on a prākr. *pacchā* « ensuite », à côté de skr. *paçcāt*, avest. *barat̲* « il porta », v. p. *aitaʰ* « ce », *frābaraʰ* « il transporta », gr. ἔφερε, lat. *istud*, *aliud*. En slave et en baltique les faits sont pareils : le lituanien dit *tą́* à

l'accusatif, *tõ* au génitif-ablatif masculin singulier et *tà* au
nominatif féminin singulier tout comme *vilkạ* « loup » (v. sl.
vlŭkọ), vilko « du loup » (v. sl. *vlŭka* « le loup »), *rankà* « main »
(v. sl. *rọka* « main »).

Pourtant la condition de l'articulation consonantique finale
n'est pas rigoureusement la même dans un monosyllabe que
dans un polysyllabe. Elle ne diffère pas en nature, mais elle
est placée néanmoins dans une situation un peu dissemblable
parce que l'élément vocalique qui la précède est vraiment
autre : elle ne suit pas une tranche vocalique moins ferme,
moins consistante que les autres, bref une finale, mais se trouve
en contact immédiat avec la partie essentielle du mot. Cette
position spéciale favorise avant tout son maintien. Dans des
dialectes indo-européens autres que ceux qui viennent d'être
cités, dans ceux où l'intensité est intervenue de bonne heure
comme l'un des facteurs principaux du système phonétique de
la langue, les consonnes finales qui terminent les monosyllabes
présentent souvent des traitements conservateurs spéciaux.

En effet, ces mots très brefs, se sont trouvés, là comme partout, et de façon d'ailleurs toute naturelle et attendue, jouer le
rôle soit de mots pleins, soit de mots accessoires ; certains ont
alterné entre les deux emplois pendant un temps plus ou
moins long, la plupart se sont confinés dans l'un ou dans l'autre. Dans les dialectes à accentuation musicale, ce fait spécial
entraîne déjà des conséquences appréciables ; dans ceux où
l'accent d'intensité a triomphé, la différence entre les deux
positions est singulièrement aggravée. Le monosyllabe normal
est devenu intense, la prononciation du mot a été altérée, la
tranche vocalique d'abord et puis l'articulation consonantique
finale qui était avec elle en contact direct a été fortifiée ;
le monosyllabe inaccentué, en revanche, a été affaibli, et pour
ainsi dire, dégradé d'autant. En sanskrit, en avestique, en
vieux perse, en grec, en latin, en slave et en baltique un

ancien *tot, nominatif-accusatif singulier neutre, restait pareil au point de vue de la prononciation, qu'il portât le ton ou qu'il en fût dépourvu : dans *tot et dans *tót la nature de la tranche vocalique et, bien plus encore, celle de la dentale finale restait constante ; l'une et l'autre forme ont abouti, plus ou moins rapidement, à *to. Mais en arménien *khun* « sommeil » répond à skr. *svápnam*, gr. ὕπνον, c'est-à-dire que la nasale finale y est tombée de même que la voyelle, tandis que *khan* « que », qui répond à lat. *quam* a conservé la nasale, ainsi que l'a fait remarquer M. A. Meillet (*Esquisse d'une grammaire ...... de l'arménien ....., p. 33) : *khan* représente une forme intense. De même got. *at*, v. isl. *at*, v. angl. *at*, v. sax. *at*, v. h. a. *az* (cf. lat. *ad*) et got. *ūt*, v. isl. *út*, v. angl. *út*, v. sax. *ūt*, v. h. a. *ūz* (cf. skr. *úd*). Les langues romanes n'ont conservé de traces des nasales latines placées en fin de mot que dans des mono-syllabes intenses ; en français *rien* de *rem*, *mien* de *meum* s'opposent à *jà* de *jam* ; de même le français *que* (*quem*) à l'espagnol *quien* (*quem*). M. van Helten a justement établi qu'une dualité du même genre se retrouvait dans l'opposition entre v. isl. *þat*, v. angl. *thæt*, v. sax. *that*, v. h. a. *daz*, v. isl. *hvat*, v. angl. *hvæt*, v. sax. *hwat*, v. h. a. *hwaz*, v. sax. *it*, v. h. a. *it*, v. angl. *hit* d'une part et got. **þa* (dans *þei* « qui » de **þa + ei*), v. isl. *þā*, v. h. a. **tha* (dans *theih* et *theist*), got. *hva*, v. isl. *h(u)á*, v. h. a. **wa* (dans **weih* et *weist*) (cf. Meillet, *M. S. L.*, 15, p. 77 et suiv.). Quant à la conservation de la nasale répondant à celle de skr. *tám*, gr. τόν dans v. suéd. et v. dan. *hvan*, v. sax. *then*, v. h. a. *den*, *in*, *wen*, elle est due à la même cause que celle de la dentale répondant au -*t* de skr. *tát* et *kát*, au -*ṭ* de av. *taṭ* et *kaṭ*, et elle est rigoureusement paral-lèle au maintien du même phonème dans arm. *khan*, fr. *rien*, esp. *quien*. Il est très séduisant de retrouver une alternance pareille à celle de got. *hva*, v. sax. *hwat* dans celle qui existe en vieil irlandais entre *cid* (lat. *quid*) et *ci-* dans *ci-arric* « quoi

donc ? „, *c'air* « pour quoi „, *c'an* « d'où „, et d'admettre que
v. irl. (*h*)*ed* répond exactement à lat. *id* jusqu'à la conservation
de la dentale finale inclusivement ; et il est très probable que
dans ces monosyllabes accentués la dentale finale a été maintenue, comme l'a montré M. Vendryes à propos de *cid*
(cf. *M. S. L.*, 13, p. 397 et suiv.) et comme M. Pedersen l'a
proposé pour (*h*)*ed* (*Vgl. Gr. d. Kelt. Spr.*, 1, p. 246). Malheureusement il est impossible de rien affirmer parce que l'aspiration initiale peut se produire après *cid* et *ed* et est régulière
après *ced*, adjectif interrogatif neutre issu de *cé-hed*, et que
c'est par là, *en général*, que se marque la présence ancienne
d'un élément vocalique final (cf. H. Pedersen, *Vergl. Gr. d.
Kelt. Spr.*, 1, p. 432 ; Thurneysen, *Handb. d. Altirischen*,
p. 269-270 et 278).

Quoi qu'il en soit, l'importance de ces traitements exceptionnels pour l'étude des finales est grande ; ils donnent aux
mots qui en sont affectés la valeur de « témoins „ qui présentent
des phonèmes disparus par ailleurs et attestent l'existence
ancienne d'articulations sur lesquelles on n'a souvent aucun
autre renseignement précis. Et il est naturel que dans une
étude sur les finales de pareils « documents „ jouent un rôle
relativement considérable et qui, évidemment, n'est pas en
rapport avec leur nombre.

L'intérêt particulier des monosyllabes se manifeste encore
par ailleurs. Leur brièveté les a entraînés à d'autres modifications variées dans la forme mais qui toutes relèvent de la
même tendance générale en vertu de laquelle les langues
évitent d'employer comme mots normaux, autonomes, à valeur
pleine, des éléments trop courts. C'est ainsi que M. A. Meillet
a pu montrer (*M. S. L.*, 11, p. 16) comment l'ancien arménien
ne présentait d'augment que dans les formes verbales qui, sans
lui, seraient monosyllabiques, dans *eber* « il porta „ mais non
dans *gorceaç* « il fit „, dans *edi* « je posai „, *eki* « je vins „, mais

non dans *beri* « je portai » ; et il a établi que puisqu'on disait
greaç « il écrivit » et non **egreaç*, c'est que l'on prononçait
gəreaç. A un autre endroit (*M. S. L.*, 13, p. 357), il a repris
la question et aux faits tirés auparavant de l'arménien ancien,
il a ajouté un exemple tout à fait caractéristique de supplé-
tisme intervenant en arménien moderne pour parer au monosyllabisme : l'aoriste de arm. mod. *erthal* « aller » est emprunté à une racine différente et sa première personne du
singulier est *khaçi* « j'allai » ; mais sa troisième personne
du singulier n'est pas le **khaç* attendu : ce mot trop bref
est remplacé par *khnaç*, c'est-à-dire *khənaç*, d'un verbe dont
il n'a pas été conservé d'autre forme. Surtout, M. Meillet
a élargi ses observations et indiqué quelle en était la portée
véritable : il a fait remarquer qu'en latin l'optatif n'avait
gardé la forme **-(ĭ)yē-* que là où son emploi fournissait
des formes dissyllabiques, dans *siem*, *siēt*, *siet*, *sient* et il a
résumé en une formule générale la tendance universelle à
éviter ou à éliminer les monosyllabes en tant que mots autonomes et à les remplacer par des polysyllabes. Dans un
article ingénieux, paru sous le titre significatif de *Wortumfang
und Wortform* dans les *Nachrichten* de l'Académie de Göttingen
(1906, p. 147 et suivantes), M. J. Wackernagel a ajouté un
grand nombre d'exemples nouveaux à ceux qui avaient été
cités jusqu'alors, et il les a pris dans des langues indo-européennes qui n'avaient pas encore été mises en cause : il montre
que la « tendance » reconnue par M. Meillet apparaissait en
germanique, en grec, dans le Ṛgveda, en moyen-indien et en
latin et s'y manifestait de façon pareille. Sur les faits sanskrits,
voir en outre E. et J. Marouzeau, *Divyāvadāna* (*Mélanges
S. Lévi*, p. 151 et s.)

En particulier M. Wackernagel a attiré l'attention (cf. p. 174
et s.) sur le rôle que la tendance à éviter et à écarter les monosyllabes et surtout ceux qui se terminent par une voyelle brève

(cf. plus bas) a joué dans la naissance et le triomphe final de certaines innovations morphologiques. Il a montré comment en ionien ἐχεῖ a remplacé χεῖ tandis que χεῖνος, χεῖθε etc. se maintenaient à côté de ἐχεῖνος, ἐχεῖθε etc. et il a fait voir comment l'introduction du nominatif *sós du démonstratif indo-européen qui est fait, il est vrai, à l'image de la grande masse des nominatifs masculins singuliers, ne s'explique pas simplement par l'analogie puisqu'en sanskrit il apparaît d'abord là où le besoin d'une forme plus pleine se fait sentir, en fin de phrase, et qu'en grec le ὅς autonome s'oppose au ὁ proclitique. Le contraste entre skr. *sá* et prākr. *so* réalise par des procédés morphologiques (*-as* pour -*a*) la même tendance que celle que le vieil islandais a réalisée dans *sá* au moyen de changements phonétiques (*-ā* pour *-ă*). Aussi n'est-il pas sans intérêt de noter que si l'Avesta présente à côté de *hō* = skr. *sáḥ* un *hā* dont il est impossible de tenir compte puisque la graphie est de valeur ambiguë, le vieux perse ne connaît que *hauv*, cf. skr. *a-saú*, gr. οὗ-τος.

Dans l'étude des finales, le procédé qui vient d'être indiqué et qui consiste à allonger le monosyllabe du côté de la fin en utilisant des éléments morphologiques est d'un intérêt tout à fait secondaire ; il fournit seulement une illustration lumineuse de la loi de phonétique générale qui est à sa base. En revanche, une autre façon de donner du corps aux mots trop courts, plus répandue d'ailleurs, est de toute première importance pour quiconque examine le sort des fins de mots en général, et, en particulier, en indo-européen : c'est l'élargissement d'un monosyllabe ancien par addition d'un élément enclitique. Cet élément peut être ancien ou non ; il peut s'agir d'un enclitique indo-européen, ou d'une particule qui était à l'origine indépendante et mobile et qui, avec le temps, s'est soudée aux mots auxquels elle s'était d'abord appuyée. Suivant les cas, la finale ancienne que nous conserve cette sorte de finale secondaire qui couvre et protège l'autre est plus ou moins altérée. C'est grâce à ce procédé que le gotique présente dans *þat-a, þat-uh, it-a, hit-a* la dentale finale maintenue grâce à un détour différent dans v. isl. *þāt,* v. sax. *-dhat, it,* v. angl. *hit* et conservée dans skr. *tát,* lat. *id,* et dans *þan-a* l'*n* de v. isl. *þan-n,* v. suéd. *hvan,* v. sax. *than, in,* v. h a. *den, in, wen,* skr. *tám,* gr. τόν, ἵν. De la même façon on a en lituanien *tataĩ* dont l'explication correcte a été donnée par M. Meillet (*M. S. L.,* t. 10, p. 135-6), où apparaît encore le *-t* dont la chute normale s'est produite dans le **ta* qui est à la base de l'élargissement récent *taĩ.* Il n'est pas toujours facile de distinguer le cas dont il vient d'être traité de celui des monosyllabes complétés au moyen d'autres tant au point de vue du sens que de la phonétique. M. Brugmann a pu voir dans l'*-a* de got. *þat-a, þan-a* un reste de postposition et rien ne dit qu'à date ancienne une forme baltique **tataĩ* ne se soit pas distinguée par le sens d'une autre telle que **tat.* Mais il n'importe : il y a dans l'un et l'autre cas soudure d'un élément jadis indépendant à un ancien monosyllabe. L'affixation de **-a* comme de **-ai* est due au caractère monosyllabique de i.-e. **tot : *tod.* Il en est de même sans doute pour la soudure de i.-e. **ōt* (skr. *āt,* av. *āṭ*) avec une particule palatale que M. A. Meillet a reconnue (*M. S. L.,* t. 10, p. 135-6) dans v. sl. *ašte* « si » et que M. Berneker (*Slav. etymologisches Wb.* s. v. *a če* et s. v. *at'e*) n'arrive pas, en fait, à éliminer. Il faut tenir compte de la question de sens, du renouvellement sémantique amené par le second élément dans le cas de groupements tels que v. pers. *čiščiy* (= quidquid), où est conservé le *š* disparu dans *čiy* ; hom. ὅττι, ὅππως où se retrouve quelque chose de l'articulation consonantique finale du premier élément **σϜόϩ* ; pourtant il s'agit bien encore de monosyllabes dans tous ces exemples. Bien entendu, tout est changé quand le second élément est un véritable enclitique vivant ; ainsi le gotique d'Ulfilas a maintenu pour une bonne part et

de façon remarquable le régime des enclitiques : aussi dit-il
uileizu « veux-tu ? » à côté de *wileis, faurþizei* « avant que » à
côté de *faurþis,* tout aussi bien que *abu* à côté de *af* et *uzu* à
côté de *us.*

Ce n'est pas tout : si la brièveté du monosyllabe a eu d'une
part pour conséquence son accroissement, soit en intensité, soit
en longueur, selon les circonstances et les dialectes, elle l'a
mené d'autre part à devenir proclitique. C'est-à-dire qu'étant
peu apte à servir de mot plein et à sauvegarder son autonomie,
il s'est peu à peu, le sens et l'évolution générale des dialectes
indo-européens aidant, incliné, appuyé sur le mot plus consis-
tant qui se trouvait placé après lui. Les particules indépendantes qui caractérisent l'indo-européen ont été des premières,
quand elles étaient monosyllabiques, à former de ces groupes
de mots qui apparaissent dans tous les dialectes à des dates
diverses et dont il a été question plus haut. Elles sont devenues
des préverbes et des prépositions le plus souvent inaccentuées.
Avant de se souder définitivement aux mots qui les suivent,
avant de se cristalliser en des formes invariables, ces « préfixes » restent pendant un temps plus ou moins long dans une
situation de liberté relative ; le sentiment de leur existence
propre, bien que diminué, demeure vivant et il existe un
certain jeu entre eux et les mots qu'ils régissent ou dont ils
précisent soit le sens, soit le rôle ; les phonèmes qui les terminent restent des finales. Ils sont comparables en somme à des
premiers termes de composés un peu lâches et le traitement
que présentent les consonnes par lesquelles ils s'achèvent sont
des témoins précieux de celui que subissaient d'une façon
générale les fins de mots à l'intérieur de la phrase indo-européenne. Leur valeur documentaire est analogue à celle des
éléments initiaux des composés indo-européens, dont MM. de
Saussure et Wackernagel ont tiré de si précieux enseignements. Seulement ils ont été rattachés au mot qui les suit à

date beaucoup plus récente ; leur liberté relative a duré jusqu'aux débuts de l'époque moderne, et, souvent, le sentiment de leur existence propre n'est pas évanoui encore aujourd'hui. Aussi, tandis que les premiers termes de composés perdent déjà leur caractère ancien dans les dialectes indoeuropéens les plus anciennement attestés et les plus archaïques comme le sanskrit et le grec, on trouve jusqu'en slave moderne des traces de sandhi ancien conservées par des monosyllabes appuyés sur des verbes ou des noms : ainsi, par exemple, dans l'alternance de *ras-* et de *raz-* dans le russe, qui oppose *raspadát'sja* « se disjoindre, s'écouler » à la fois à *razbivát'* « disjoindre, briser » et *razobščát'* « séparer, isoler », par exemple. De pareilles variations continuent des tendances propres de l'antiquité la plus haute que nous puissions atteindre et reflètent des phénomènes qui ne se retrouvent pas à l'intérieur des mots ; telles sont aussi, comme M. Bezzenberger l'a reconnu et comme M. Meillet l'a montré ensuite, les alternances slaves de la préposition *bez, bes* « sans », du préverbe et préposition *jiz : jis* « hors », des préverbes *vŭz- : vŭs-* « sur- » et, bien entendu, *raz-, ras-* « dis- », par exemple (cf. Meillet, *Études sur l'étymologie et le vocabulaire du v. sl.*, passim). Le traitement slave recouvre ici de façon exacte celui de l'iranien : l'avestique a, entre autres, *uskənti* « creusent » mais *uzbarənte* « sont écartés » et *uzā̊ṅhat̰* « a expédié ».

On aperçoit, d'après ce qui précède, combien il convient d'être attentif au caractère propre des monosyllabes et aux traitements exceptionnels qui en résultent. Faute d'en tenir un juste compte et faute de faire intervenir régulièrement dans l'examen des particularités qu'ils peuvent présenter la notion essentielle de leur trop grande brièveté, on risque non seulement de ne plus reconnaître le sort des finales véritables mais encore de laisser perdre des renseignements importants.

Il n'a été question jusqu'ici que des articulations consonan-

tiques qui peuvent se trouver terminer les monosyllabes parce
que ce sont encore là des « finales » ; mais il ne faut pas perdre
de vue le corps même du monosyllabe. La tranche vocalique
dont il est formé et qui peut être précédée ou non d'une ou de
plusieurs consonnes, est exposée elle aussi à des accidents
spéciaux. Ainsi qu'on le verra par la suite la voyelle brève
e/o de l'indo-européen était susceptible d'être allongée, conformément à des nécessités rythmiques, lorsqu'elle était placée
en finale absolue ; il en était de même sur ce point des mots
longs et courts, de plusieurs ou d'une seule syllabe. C'est
ainsi que l'on a :

> *mĕ* : *mē* ; gr. με : skr. *mā*, lat. *mē*
> *wĕ* : *wē* ; gr. ἠέ, véd. *va*, lat. -*ue* : skr. *vā*
> *ghĕ* : *ghē* ; v. sl. že, gr. εἴ-θε, skr. *ha* : véd. *hā*
>
> *ghŏ* : *ghō* ; v. sl. *ne-go*, skr. *gha* : véd. *ghā*
> *prŏ* : *prō* ; skr. *pra*, gr. προ, lat. *prŏ-*, lit. *pra*, v. sl. *pro* :
>   véd. *prā*, gr. προ-, lat. *prō*, lit. *pro*, v. sl. *pra-*
> *pŏ* : *pō* ; skr. *á-pa*, gr. ἄ-πο, v. sl. *po*, lit. *pa-* : véd. *ápā-*,
>   v. sl. *pa-*.

Mais quand il s'agit des sonantes voyelles *i* et *u*, on ne
retrouve guère d'allongements de ce genre que dans des
monosyllabes. Même en indo-européen, où, comme il a été
dit déjà (cf. p. 65), le mot d'une seule syllabe, même brève,
avait le plus de chances de se maintenir intact, le sentiment
de son exiguïté trop grande était assez net pour provoquer la
protraction des phonèmes vocaliques, réfractaires par ailleurs
à une altération de ce genre. C'est à ce fait que l'on doit de
pouvoir juxtaposer aux exemples qui figurent ci-dessus, d'autres
tels que ceux qui suivent :

> *tŭ* : *tū* ; gr. σύ, v. h. a. *du*, lit. *tù* : lat. *tū*, v. pr. *toū*, v. sl. *ty*
> *-ghĭ* : *-ghī* ; skr. -*hí*, gr. -χῐ (οὐχί, μήχι) : serbe -*zi* (de *-zī*)

Par la suite le monosyllabe le plus court a été supprimé de façon systématique dans un certain nombre de dialectes ; l'on ne rencontre plus aucun mot autonome qui se compose d'une voyelle brève, l'initiale n'entrant pas en ligne de compte comme on l'a déjà vu. Et l'on peut dire que dans ces langues les éléments indépendants de la phrase comportent tous au moins une syllabe longue, c'est-à-dire une brève suivie d'une consonne, une diphtongue proprement dite ou bien une voyelle longue. Tel est le cas en vieil-irlandais où l'on a *hé* « il », lat. *is*, *cé* « ce », lat. *ci-trā*, *sé* « six », lat. *scx* et sans doute pour la même raison *mé* « moi » et *tú* « toi » car ils sont brefs devant particules renforçantes *maisse, tussa* (cf. Thurneysen, *K. Z.*, t. 31, p. 91 et s. ; Vendryes, *Gr. du v. irl.*, p. 284). En vieil-islandais et en vieux suédois on ne rencontre pas de monosyllabe qui se termine par une brève : on a non seulement *þū*, « tu » dont la longue *peut* à la rigueur être ancienne, mais *sā* « ce », got. *sa*. où il s'agit sûrement d'une ancienne brève indo-européenne finale ; dans *sā* « il vit » = got. *salv* ; *mā* « il peut » = got. *mag* la voyelle brève ne s'est trouvée découverte que par suite d'altérations dialectales et récentes.

A côté de cette tendance vers l'augmentation ou, si l'on veut, le renforcement de la « masse » des monosyllabes brefs, on observe, ainsi qu'il est naturel, celle qui mène à la conservation des longues et, dans une certaine mesure, des diphtongues. Les deux phénomènes sont corrélatifs ; ils proviennent de la même cause première et se développent parallèlement. Et lorsque l'on rencontre dans un dialecte indo-européen des faits d'abrègement de monosyllabes longs autonomes, ils remontent toujours à quelque altération générale, portant sur l'ensemble du système phonétique de la langue et le dominant tout entier. Le lituanien en présente un exemple topique dans *tà* « cette », c'est-à-dire *tă*, issu du baltique *tṓ* avec une longue frappée d'une intonation rude. La réduction de *tá à tà est, en effet, le résultat d'un régime qui nous apparaît propre au lituanien. Là, en effet, la prépondérance des intonations dans le système vocalique atteint un degré inconnu par ailleurs ; à des quantités vocaliques déterminées sont liées des intonations définies : en lituanien normal de Prusse la brièveté normale des ĭ et des ŭ anciens sous l'accent va de pair avec leur inaptitude à être modulés, ainsi que l'a indiqué M. A. Meillet (*M. S. L.*, t. 15, p. 266-7) ; dans les dialectes orientaux toutes les voyelles dont la quantité n'est ni longue proprement dite, ni ultra-brève, mais brève, sont toutes douces par là-même (cf. Baranowski, *Zamětki o litovskom jazykě i slovarě*, p. 32 ; Hirt, *I. F.*, t. 10, p. 40 ; Gauthiot, *Le parler de Buividze*, § 27) ; et, de la même façon enfin, toute voyelle rude finale ancienne apparaît aujourd'hui comme ultra-brève (Gauthiot, *Le parler de Buividze*, § 10) ; la place, l'accent ni le timbre n'interviennent dans ce jeu rigoureusement réglé, et il n'est pas surprenant que le monosyllabisme aussi soit réduit à l'inaction dans le cas de tà « cette ».

Le contraste avec le germanique est tout à fait intéressant. Dans cet autre dialecte indo-européen, les intonations ont aussi joué un rôle des plus importants dans le sort des finales ; mais il s'en faut de beaucoup qu'il y ait jamais existé un système des intonations aussi fortement constitué et aussi prépondérant que celui du lituanien. On n'y retrouve rien du régime des intonations à l'intérieur du mot, et dans les finales elles-mêmes leur action est loin d'être aussi absolue : le lituanien a tà « cette » de *tó, bien qu'il s'agisse d'un mot composé d'une seule tranche vocalique, tout comme il a galvà « tête » de *galwǒ, mais le gotique dit sō de i.-e. *sā parce que c'est un monosyllabe, tandis qu'il a giba de germ. comm. *gebǒ ; la tendance à conserver à un mot autonome un certain volume, une certaine masse, l'a emporté sur la règle générale d'abrègement des rudes finales.

En vieil irlandais on observe un effet curieux de la tendance
dont il vient d'être question. La chute des voyelles finales étant
plus récente que celle de certaines consonnes en position
intervocalique, un certain nombre de dissyllabes anciens sont
devenus des monosyllabes lourds, par suite du rapprochement
de la finale et de la voyelle radicale et de leur entrée en
contact. Il s'est formé ainsi des diphtongues, et, à la suite
de contractions postérieures, des longues en certains cas, et la
« fin de mot » s'est conservée. Ainsi *éo* « saumon » présente
encore la voyelle de la seconde syllabe de **eso-k-s* (cf. gallo-
latin *esox*) soudée à la première en un monosyllabe à la suite de
l'amuissement de l'*s* ; *té* « chaud » est pour *tee* (cf. Thurneysen,
Hand. d. Altir., § 111) et contient, grâce à des phénomènes
tout à fait parallèles, l'élément vocalique final d'un mot
correspondant au latin *tepens*, par exemple. Quant aux finales
du monosyllabe *ad·cíu* « je vois », et du datif *ailiu* « à un
autre » elles représentent deux formes bien différentes un
ancien **esō*, **ehō* d'une part et une finale **-yō* de l'autre. A ces
exemples s'ajoutent ceux où l'élément consonantique disparu
est une sonante indo-européenne : ainsi *w* dans v. irl. *nói*
« neuf » cf. lat. *nouem* ; *ói* « mouton », cf. lat. *ouis* ; *bró* « meule »,
ancien **bráo-*, cf. skr. *grāvan-* par exemple, et *y* dans *·táu, to*
« je suis » (flexion conjointe) ancien **stāyō* et, avec contraction,
clé « gauche » de **kliyos* (cf. gall. *cledd*) entre autres. M. Pedersen qui a bien groupé tous ces faits dans sa *Vergleichende
Grammatik der Keltischen Sprachen* (I, 159 ; cf. J. Hessen,
Zu den Umfärbungen der Vokale im Altirischen, p. 27 et s.)
n'a pas montré que l'on se trouve en présence d'un traitement
de monosyllabe et n'a pas mis en valeur le contraste entre la
représentation de **-āyō* par *-áu, -ó*, dans **táu, *tó* par exemple
qui représentent **stāyō*, et par *-u* dans **caru* « j'aime » qui
répond à **karāyō*, non plus que celui entre *-ói* pour **-ŏwe* dans
bói « il fut »**bowe* et *-e* pour **-owe* dans *ro-cuale* « il entendit »

-kuklowe. M. Thurneysen a indiqué en passant le sens exact de ces faits quand il a dit à propos de la désinence verbale -*u* de la première personne du présent que sa place première et assurée est dans les thèmes *monosyllabiques* ·*bíu* « je suis » (**bwiyō*), ·*gníu* « je fais » **gniyō*), *ad·cíu* « je vois » (**kesyō*) (*Handb. d. Altir.*, § 556).

Dans une note parue dans les *Mémoires de la Société de linguistique*, M. A. Meillet a fait ressortir que si le grec δύο remontait à l'indo-européen, il était singulièrement isolé (t. 12, p. 226 et s.) et n'avait guère de correspondant direct que dans le neutre gotique *twa* (t. 15, p. 84, note 1). Si le latin *duŏ-* et l'arménien *erko-* lui répondent vraiment, ce qui est plausible, il faut noter qu'ils ne se trouvent pas à l'état autonome, mais bien dans des composés *duŏdecim, erkotasan* « douze » ; cela, en effet, n'est pas indifférent : à supposer qu'il ait existé côte à côte en indo-européen **duwŏ* et **duwō*, d'après tout ce qui vient d'être exposé au sujet des monosyllabes, de la tendance à éliminer ceux qui sont trop brefs, à préférer ceux qui ont plus de corps, d'une manière ou d'une autre, et à conserver de préférence les formes longues, il apparaît comme vraisemblable, comme naturel même que **dwō* ait subsisté et ait éliminé **dwŏ*, là où les formes tendent à devenir monosyllabiques. Le grec δύο a pu subsister aisément. Et dès que le nom de nombre « deux » n'est plus un monosyllabe autonome, **dwŏ* doit se retrouver : il est possible, ainsi qu'il vient d'être dit, qu'il figure dans les composés polysyllabiques du type de lat. *duŏdecim* : arm. *erkotasan*, véd. *dvakáḥ* « par deux » ; il se retrouve, en tout cas, comme l'a montré M. Meillet (*M. S. L.*, t. 13, p. 208), dans got. *wit*, v. isl. *vit*, v. angl., v. sax. *wit* et dans v. isl. *it*, v. angl. *git*, v. sax. *git*. L'alternance de v. angl. *tú* « deux » (de **twō*) : *wi-t* (de **we-twŏ*) que M. Meillet pose à la fin de la note qui est citée ici est un excellent exemple de la tendance qui domine le traitement

des monosyllabes et de la façon dont elle joue : la forme à
voyelle longue *dwō triomphe dans le cas où il s'agit d'un mot
bref autonome, la forme à vocalisme léger *dwŏ se fixe tout
naturellement dans la position dépendante, dans la dépression
d'accent et le polysyllabe.

Bien entendu, il faut séparer tout à fait des cas qui viennent
d'être passés en revue, celui des monosyllabes qui ont été
abrégés parce qu'ils se sont trouvés, à date relativement
récente, dans des dépressions d'accent et qu'ils sont entrés
dans la composition de groupes où ils ont perdu toute autonomie. Ainsi en vieil-irlandais *do* « de toi, tien » ancien *towe*
(lit. *tavè*), ou *ro-bo* « fut », simple copule qui s'oppose de la
façon la plus claire au verbe autonome à sens plein *bói* dont
l'origine est exactement la même. Il est fort peu probable que
le neutre gotique *twa* s'explique de façon pareille (cf. ci-
dessus, p. 76) ; mais c'est le cas sans doute pour v. sax. *thō*
« alors » et *tō* « à, vers », v. h. a. *dô* « alors » qui représentent
d'anciennes « angelehnte Formen », d'anciens proclitiques
abrégés *thŏ et *tŏ d'après M. Janko (*Soustava dlouhých slabik
koncových...*, p. 41-2) ; et c'est certainement ainsi que s'expliquent got. *sī*, v. h. a. *sī* (à côté de *sí*) « elle », v. fris. *þĕ* (acc.
sg., à côté de *þá*), northumbrien *đa* (id.), v. sax. *tha* « elle »
(cf. Janko, *Soustava*, § 225 et 230). Mais les langues modernes
fournissent sans peine des exemples analogues, et l'on rappel-
lera seulement pour finir que, sur un tout autre domaine, en
persan, *tŭ* « tu » proclitique répond à *tū* « tu » autonome, que
« trois » s'y dit *si* et que l'*iẓāfat* y est un simple *i* bref, ce qui
sort des règles, quelle que soit l'étymologie que l'on prête
à ce petit mot si important.

CHAPITRE QUATRIÈME.

De la qualité sourde ou sonore des occlusives finales indo-européennes.

La particularité du régime des finales indo-européennes qui a été la première remarquée et enseignée est l'alternance des consonnes sourdes et sonores. Dès 1889, M. A. Bezzenberger exprimait l'idée qu'en indo-européen les consonnes obéissaient, pour l'essentiel, aux mêmes lois de sandhi qu'en sanskrit, c'est-à-dire qu'elles étaient sourdes lorsqu'elles se trouvaient placées devant des sourdes initiales, sonores au contraire quand elles étaient suivies de mots commençant par des phonèmes sonores, pourvues de vibrations glottales, voyelles, sonantes ou consonnes (v. *B. B.*, t. 14, p. 177). Cette règle sanskrite est très remarquable, parce que, comme on l'a fait ressortir souvent et comme l'a signalé surtout M. Wackernagel (*Altind. Gr.*, t. 1, § 276), elle oppose nettement les finales aux intérieures : celles-ci sont bien sourdes ou sonores selon la qualité des consonnes avec lesquelles elles sont en contact immédiat, mais leur sourdité et leur sonorité sont indépendantes absolument de celles des sonantes ou voyelles qui les entourent. L'unique exception que M. Wackernagel relève, celle des impératifs en *-at-u* au lieu de *-ad-u* s'explique tout naturellement, comme il l'a montré lui-même,

par l'analogie des nombreuses désinences de troisième personne
du singulier en -*t* et en -*t̄*-.

Comme l'indique M. Wackernagel (*loc. laud.*, p. 327-8), la
règle en question a été valable en iranien commun tout
comme en indien ; mais elle n'y est plus attestée que par un
nombre restreint de faits, tandis que les règles de la grammaire
hindoue lui ont assuré une existence durable quoiqu'en grande
partie artificielle, en sanskrit. En général, en iranien, la
cohésion entre les mots d'une même phrase a été rompue, les
finales ont été fixées de façon analogique ; mais dans les
groupes de mots étroitement unis des alternances de tout
point conformes à celles du sanskrit ont été conservées, du
moins en ce qui concerne la sifflante et la chuintante. On a,
en face de av. *duš-kərətəm* qui répond à skr. *duṣkr̥tám* « mal-
fait » :

> av. *duž-āpīm* « difficulté d'atteindre », skr. *durāpa-* « à
> l'accès difficile »
>
> av. *duž-itəm* « peine, danger », skr. *duritá-* « danger,
> dommage »
>
> av. *duž-uxta-* « mal dit », skr. *duruktá-* « au dire mau-
> vais »
>
> gâth. *duž-manaṉhō* « qui a de mauvaises pensées », skr.
> *durmanas-* « aux mauvaises pensées »
>
> av. *duž-yešti-* « mauvais hommage », skr. *dúriṣṭi-* « faute
> dans le sacrifice »
>
> gâth. *duž-vačaṉhō* « qui parle mal », skr. *durvacas-* « aux
> paroles mauvaises »

Puis avec *us-* : *uz-* de i.-e. *uts : *udz « hors, sur » *us-pat-*
« naître (en parlant des êtres mauvais) », mais av. *uz-ayarəm*
« après-midi », gâth. *uz-irəidyāi* « pour se lever », gâth.
uz-ūiθyōi « pour protéger », av. *uz-varəzəm* « réparation » à

côté de *uz-dānəm* « construction » et autres cas pareils qui
eux rappellent les traitements de l'intérieur.

Devant de telles correspondances on est surpris de constater
que M. Bartholomae persiste à considérer les traitements
indiens ou iraniens des finales comme des innovations ; l'alternance, seule légitime à l'origine selon lui, entre les occlusives
sourdes et sonores d'après la qualité des occlusives initiales
se serait étendue en quelque sorte dans deux directions à la
fois : d'une part, pour ce qui est du début des mots on aurait
assimilé aux occlusives toutes les sonores, d'autre part, en ce
qui concerne les finales, on aurait admis à alterner comme les
occlusives la sifflante et la chuintante (cf. *Grundr. d. iran.
Phil.*, t. 1, 1ere partie, p. 181). Le point de vue de M. Brugmann
est moins absolu : il penche pour l'analogie, mais il reconnaît
que l'observation des langues modernes (il considère en l'espèce
des dialectes hauts-allemands et bas-allemands) autorise une
conception différente et permet de voir dans les alternances en
question des phénomènes purement phonétiques ; mais il
préfère en tout état de cause voir dans ces faits des innovations
dialectales. Comme il ne saurait méconnaître la valeur des
rapprochements indo-iraniens, cela revient à dire qu'il ne croit
pas que l'égalité gâth. *dužmanah-*, skr. *durmanas-* vaille pour
l'indo-européen.

Mais M. Wackernagel a fait remarquer qu'en fait il n'y a
pas moyen de voir là une innovation (*Altind. Gr.*, t. 1,
p. 347-8) et que tout parle en faveur d'une conservation plus
ou moins imparfaite. Surtout M. A. Meillet a montré que le
slave témoignait de son côté, de façon tout à fait indépendante
mais très semblable à celle de l'iranien, en faveur d'une alternance ancienne entre sourde et sonore finale selon que l'initiale
suivante était dépourvue ou pourvue de vibrations glottales,
sans égard d'ailleurs pour sa qualité. Par là même il a fourni
le troisième témoin, grâce auquel il est impossible de limiter

6

la règle à l'indo-iranien et qui oblige à la reporter jusqu'à l'indo-européen même. Dans ses *Etudes sur le vocabulaire et l'étymologie du vieux slave*, il a montré (p. 111-2) comment la sifflante terminale d'anciens groupes finaux avait été maintenue dans des préverbes et prépositions, c'est-à-dire dans des mots étroitement liés à ceux qui les suivent, dans *bez* : *bcs* « sans », *jiz* : *jis* « hors », *vŭz-* : *vŭs-* « sur- », *raz-* : *ras-* « dis- » ; ces mots ne se terminent pas par des éléments vocaliques et, de fait, ils sont notés sans jers finaux dans les anciens manuscrits, surtout de l'Evangile, sauf un tout petit nombre d'exceptions. Quant à l'alternance entre -*s* et -*z* elle est réglée dans ces mots exactement comme celle de -*š* et de -*ž* en iranien, de -*ṣ* et de -*r* en sanskrit : on a *bez otŭca* « sans le père » (Marianus ; Math. 10. 29) contre *bes ploda* « sans fruit » (ibid. ; Math. 13. 22), *jiziti* « sortir », mais *jiskopati* « creuser », *vŭzěxati* « sortir » et *vŭsprositi* « demander, postuler », *razuměti* « comprendre » et *raskopavati* « creuser ». L'occlusive finale d'une particule slave **ot-* qui aurait été à *otŭ* ce que le lituanien *at-* est à lit. orient. *ata-* paraît, en revanche, incertaine : la forme de *otiti* « s'en aller » n'est pas celle que l'on attendrait ; le *d* de s. *odàzvati*, pol. *odezwać* en face de russe *otozvát'* s'explique fort bien par l'analogie de *podŭ, nadŭ, prědŭ* comme l'a montré M. Baudouin de Courtenay (*Arch. f. sl. Phil.*, t. 19, p. 330) et rappelé M. A. Meillet (*Etudes*, p. 157) ; enfin *otrokŭ* « παῖς » est un mot isolé et spécial. En tout cas un pareil **ot-* ne donne rien qui puisse être utilisé ici. Il en est tout autrement de *ob* dans *ob onŭ polŭ* « πέραν » et aussi « ἀντιπέραν » et dans *ob noštĭ* « διὰ νυκτός », toujours écrit sans -*ŭ* aussi bien dans le Marianus que dans le Zographensis ; la forme antéconsonantique *o* que l'on a par exemple dans *o desnǫjǫ* « ἐκ δεξιῶν » qui représente un ancien **ob desnǫjǫ* était assez naturellement appelée à être généralisée et **op* qui n'existait par définition que devant des mots à initiale consonantique ne pouvait pas

se maintenir. Le *-b* correct est encore attesté, par exemple,
devant des voyelles dans *ob-ĕdŭ* « repas » ; devant sonantes
dans *obĕštavati* de **obvĕštavati* « promettre », *obida* de **obvida*
« injure », (*obidĕti* « faire injustice à » est très probablement,
sinon sûrement, **obvidĕti* ; Meillet, *Etudes*, p. 38), *obinǫti sę* de
**obvinǫti* « se soumettre », *oblastĭ* de **obvlastĭ* « domaine »,
obličije « ressemblance » de **ob + lice* (cf. Meillet, *Etudes*,
p. 386), *oblobŭzati* « embrasser », *obnoštnĭca* « veille » de **ob
+ noštĭ-*, *obrĕsti* « trouver ». Ainsi est établie une ancienne
alternance **op* : **ob* parallèle à celle qui a existé entre **ups* et
**ubz*, **beks* et **begz*, **orts* et **ordz*, **iks* et **igz* ; et il est intéres-
sant de noter que la présence de la sonore finale devant voyelle
ou sonante est, pour la troisième fois, attestée dans un dialecte
indo-européen où les intervocaliques sourdes intérieures sont
conservées intactes.

Dans les autres dialectes indo-européens ces alternances ne
sont plus attestées. Mais leur existence ancienne explique que
la forme généralisée des consonnes finales soit ici la sourde et
là la sonore. En iranien même, les sourdes, c'est-à-dire avant
tout *-t* et *-š*, sont de règle, en dehors des groupes déjà cités
ci-dessus. En grec, on a presque partout *-ς* ; le rhotacisme
éléen est un bel exemple de traitement de finales (ἄλλοιρ =
ἄλλους, ὁμοιωρ = ὁμοίως), mais il ne paraît pas remonter à un
traitement indo-européen ; il apparaît assez rarement devant
des mots commençant par des consonnes sourdes et surtout
sonores dans les inscriptions anciennes et n'est général qu'à
date récente (cf. Thumb, *Handb. d. gr. Dial.*, p. 175-6). Le
rhotacisme laconien est, de façon non moins nette un traitement propre à la fin de mot ; mais il apparaît à date plus basse
encore que celui de l'éléen (ainsi dans Ζευζιππορ = Ζεύζιππος,
ιερευρ = ιερεύς). En tsakonien où l'*-r* finale n'est conservée
que là où elle s'appuie sur une initiale vocalique suivante
ainsi dans *forúnter éme* (φοροῦντές ἐσμεν) on est tenté de recon-

naître la trace actuelle du rhotacisme laconien, qui apparaît ainsi, avec peut-être aussi celui de l'éléen, comme une première étape de l'altération du -ς final. Le grec ne possédait pas de *-ẓ- et la relation entre -σ- et -ρ- est celle de sourde à sonore. Il est difficile de faire état des exemples Ἀθήναζε de *Ἀθήναẓ δε conservé en attique et même de υἱεῶ δε de *υἱεεẓ δε attesté à Gortyne car les traitements qu'ils attestent sont plus ou moins pareils à ceux de l'intérieur ; cf. ὄζας de *οẓδος.

L'italique avait généralisé la forme sonore de la consonne finale : on connaît les exemples v. lat. *fhefhaked* « fecit », *feced*, osq. *deded* « dedit », lat. *quod*, *id*, etc. Le cas de l'*-s* est moins clair parce que la sifflante a été atteinte de façon toute particulière. En latin, on le sait, la question de la sourdité ou de la sonorité de l'*-s* finale n'existe plus à la date des plus anciens documents : ce qui se pose c'est uniquement le problème de son amuïssement, puis de sa renaissance comme on l'a vu. L'osque semble avoir généralisé la sourde finale ; mais cela peut fort bien n'être qu'une apparence graphique ; l'ombrien offre dans le plus grand désordre des finales en *-s* et en *-r* (qui représente *-ẓ*) et quelques autres aussi sans consonne aucune. Il semble que le celtique ait suivi la même voie que l'italique : si l'on admet que v. irl. *hed* égale *id* de tout point, on en a même un témoignage direct. Mais il faut admettre alors que les groupes en *consonne + t* des prétérits en *-t* du vieil-irlandais représentent en quelque mesure une innovation (cf. ci-dessous). Le gaulois a encore l'*-s* finale postvocalique comme le montrent les nominatifs singuliers en -ος, auxquels on ne saurait opposer les datifs pluriels en *-bi* et -βο qui n'ont jamais eu d'*-s* finale (Vendryes, *Revue Celtique*, t. 32, p. 479). En revanche le gaulois *legasit* « il posa » a une finale sans doute récente (cf. H. Pedersen, *Vergl. Gr. der kelt. Spr.*, I, p. 245).

Le germanique est beaucoup plus clair. Ce troisième des grands dialectes occidentaux de l'indo-européen avait aussi généralisé la forme sonore de la consonne finale : v. isl. *þat*, v. angl. *đat,* v. sax. *đat*, v. h. a. *daz* et got. *þat-a* ou *þat-uh* représentent, avec les mutations consonantiques régulières, un germanique commun **þat* = i.-e. **tod*. De même v. isl. *huat*, v. angl. *hwat*, v. sax. *hwat*, v. h. a. *waz* sont pour germ. com. **xwat* = i.-e. **k₂ʷod* ; v. sax. *it*, v. h. a. *iz*, got. *it-a* pour germ. com. **it* = i.-e. **id* ; v. angl. *hit* pour germ. com. **xit* = i.-e. **k₁id* ; got. *at*, v. isl. *at*, v. angl. *at*, v. sax. *at*, v. h. a. *az* pour germ. com. **at* = i.-e. **ad* ; got. *ūt*, v. isl. *út*, v. angl. *út*, v. sax. *ūt*, v. h. a. *ūz* pour germ. com. **ūt* = i.-e. **ūd*. Pour la sifflante finale les témoignages ne sont pas moins clairs. En fait de monosyllabes on a got. *þuz-ei*, v. isl. *þér*, v. h. a. *dir* ; got. *jūz-ei*, v. isl. *ér*, v. h. a. *ir* ; got. *iz-ei*, v. h. a. *ir, er* ; got. *ƕaz-uh*, v. isl. *huar* et v. h. a. *wer* (d'un autre thème, lat. *quis*). On reconnaît dans ces quelques exemples le rhotacisme du germanique du nord et de l'ouest, la chute de l'*-r* finale en vieil anglais et en vieux saxon. Il faut ajouter que le vieux haut allemand n'a conservé de représentant de l'ancienne sifflante finale sonore que dans des mots qui se joignent étroitement à ceux qui les suivent et dans des monosyllabes : ainsi les pronoms qui se rattachent aux formes verbales et les particules comme i.-e. **uđz*, got. *uz-uh*, v. isl. *úr, ór*, v. sax. *ur-, or-*, v. h. a. *ur-, ar-*. Ainsi les témoignages sont réduits pour les mots pleins au scandinave et au gotique, dans les cas où les formes anciennes y sont préservées par des enclitiques. Car, comme l'ont démontré d'abord M. Streitberg, puis M. A. Meillet, la sonorité germanique des finales a été conservée à l'abri d'éléments ajoutés en gotique, dans la langue d'Ulfilas, mais perdue partout ailleurs conformément à une innovation dialectale (Streitberg, *I. F.*, t 18, p. 388 et 394) : la sonore des nominatifs singuliers gotiques *ainz-u, sumz-uþ-þan* « quelque donc », répond à celle de v. isl. *einn* (= **ein-R*), *sumr, armr* « pauvre », *niđr* « descendant », *sǫngr* « chant » et autres pareils ; le *-ž* de la seconde personne d'optatif got. *wileiz-u* se retrouve dans v. isl. *vilir* exactement. Ailleurs la langue de la Bible gotique a introduit des sourdes à la finale ; MM. Streitberg et Meillet sont pleinement d'accord sur ce point (cf. encore *I. F.*, t. 24, p. 179) ; de *tuzwerjai* « διακριθῇ » (Marc, 11. 23) il n'y a rien à tirer ; c'est un mot un dans le dialecte considéré et non plus un composé : *tuz-* répond à av. *duž-*, à skr. *dur-*, d'une part, à v. isl. *tor-bønn* « difficile à émouvoir », à v. angl. *tor-begiete* « difficile à obtenir », à v. h. a. *zur-wâri* « suspect ». Pas plus que *tuz-*, la particule *ur-* que cite M. Streitberg (*loc. laud.*, p. 180) n'est susceptible d'autonomie et de variation ; c'est avec *uz-* que *us-* alterne. Ce qu'il importe de noter pour finir, c'est que les hésitations des copistes du texte d'Ulfilas, et la manière dont ils tendent à introduire des sonores dans les finales où le traducteur avait noté des sourdes permettent de supposer que d'autres parlers gotiques que celui qui nous est attesté pouvaient avoir conservé les sonores du germanique (Meillet, *M. S. L.*, t. 15, p. 97).

Entre le germanique et le lituanien l'opposition est complète. Cette dernière langue a généralisé les sourdes : toutes les finales de mots pleins sont sourdes, c'est-à-dire représentées par *-s*, puisque la sifflante est la seule consonne conservée. Les particules et mots accessoires appuyés sont d'accord ; quelques altérations tout à fait récentes et dialectales ne sont ici d'aucun intérêt. On a *ap-* « vers, autour » (à côté de *api-*) qui répond sans doute à v. sl. *ob-* et lat. *ob*, *at-* « en retour » (à côté de lit. or. *ata-* ; cf. v. sl. *otŭ* de **atos*), *isz* « hors » (v. sl. *jis-* : *jiz-*) ; *už* ne constitue pas un exemple contraire. M. A. Meillet a montré (*M. S. L.*, t. 9, p. 55) que le *ž* de cette préposition était analogique de celui de *ažu*, qui a subsisté à côté de *už* dans les parlers lituaniens orientaux ; phonétiquement ou aurait *us* de *ups* répondant à la forme sourde *vŭs-* de v. sl. *vŭs-* : *vŭz-*.

Par la suite on fera donc état, selon les cas, des formes sourdes ou sonores des finales indo-européennes, ainsi que de leur alternance régulière.

CHAPITRE CINQUIÈME.

LES OCCLUSIVES FINALES ; LEUR CARACTÈRE IMPLOSIF.

L'étude du traitement des occlusives finales en indo-européen repose avant tout sur le sanskrit et sur l'avestique. En
effet ce sont les deux seuls dialectes qui présentent encore à
la fin des mots des consonnes diverses de façon normale. Ailleurs les occlusives sont tombées soit dans tous les mots quels
qu'ils fussent, soit dans les polysyllabes au moins : ainsi en
grec d'une part et en germanique de l'autre. Partout d'ailleurs
la disparition progressive des noms-racines, les progrès rapides
de la flexion thématique et des formations secondaires, les
actions analogiques ont eu pour résultat de ne laisser guère
subsister en fait d'occlusive finale que le seul *-t* : *-d* ; dans son
Urgermanische Grammatik (pp. 146-147) M. Streitberg a pu
justement réduire à deux paragraphes son exposé des chutes
de consonnes finales en prégermanique, l'un pour les nasales,
qu'il fait figurer au nombre des consonnes, l'autre pour l'occlusive dentale. Celle-ci est la seule, en effet, qui apparaisse dans
le système des flexions nominale, pronominale et verbale de
de l'indo-européen ; on la trouve aux désinences secondaires
actives de troisième personne du singulier en *-t* : *-d* et du
pluriel en *-nt* : *-nd*, à l'ablatif en *-ōt* : *-ōd* des noms thématiques et des démonstratifs, à celui des pronoms personnels

en *-*t* : *-*d*, au nominatif-accusatif neutre singulier pronominal *-*t* : *-*d*.

La pseudo-désinence de la deuxième personne du singulier de l'impératif *-*tōt* : *-*tōd*, n'apporte pas de finale nouvelle. Le sanskrit a conservé plus que ces terminaisons ; grâce à son caractère archaïque il est seul en état de donner une idée assez juste de l'aspect véritable de l'indo-européen et de la variété des finales consonantiques que l'on y rencontrait. En védique on avait encore par exemple au vocatif singulier des thèmes consonantiques *ákṣttaruk* « qui possède un éclat sans égal » (masc. ; de *ruc-*), *ranakṛt* « qui réjouit » (masc.) et autres composés en -*kṛt* (de *kṛ* + *t-*), *viçvavit* « omniscient » (masc. ; de *vid-*) ; au nominatif-accusatif des mêmes thèmes *svãvṛk* « aisément acquis » (sg. neutre de *-*vṛj-*), *ásṛk* « sang » (de *ásṛj-*), *trivṛt* « triple » (sg. neutre de *-*ṛṛt-*), *viçvajít* « qui ravit tout » (sg. neutre de *-*ji* + *t-*), *jágat* « allant » (sg. neutre de *jagant-*), *bṛhát* « haut » (sg. neutre de *bṛhant-*), *mádhumat* « plein de *mádhu* » (sg. neutre) et d'autres composés nombreux en -*vant* et -*mant-*, *kápṛt* « membre viril » (de *kapṛth-*), *dvipắt* « à deux pieds » (sing. neutre) ; enfin au nominatif accusatif pluriel neutre à désinence zéro *dīrghaçrút* « qui s'entendent au loin ».

La langue de l'Avesta qui atteste l'origine secondaire des nominatifs féminins et masculins terminés par des occlusives en sanskrit et qui dit *vāxš* « voix » (masc) d'accord avec le latin *uōx*, ne présente en revanche plus de vocatifs du type *viçvavit*. Elle contient en revanche des nominatifs-accusatifs neutres singuliers de noms en -*s*- (av. *manō* « esprit ») ou bien terminés par une sonante (gāth. *ātar²* « feu ») ou d'adjectifs en -*ant*- (av. *mazat*). Mais gāth. *miždavąn* « qui a sa récompense » répond à véd. *dīrghaçrút* et est pour *miždavãnts* de même que *as*- dans av. *as-ča* représente *ast* (cf. skr. *ásthi* « os »). Nulle part on ne rencontre plus d'impératifs du modèle *wit* : *wid* ou *weit* : *weid* « sache ».

Mais le sanskrit n'a pas seulement conservé la presque totalité des formes qui en indo-européen se terminaient par des consonnes, il a maintenu aussi le caractère particulier qui distinguait les occlusives finales. Les traités d'orthoépie védique, les prātiçākhyas, ou du moins ceux de l'Artharvaveda et du Ṛgveda enseignent en effet que la consonne qui termine un mot est atteinte d'*abhinidhānam* (cf. Whitney, *The Atharvaveda Prātiçākhya*, pp. 38-39, *Ṛgveda prātiçākhya*, VI, 5). Or Whitney a établi clairement que cet *abhinidhānam* n'était autre chose que l'absence plus ou moins complète d'explosion (*loc. laud.*, p. 37 et ss.) et servait à désigner le caractère implosif des finales. M. Kirste qui a groupé (*M. S. L.*, t. 5, p. 92 et ss.) et comparé tous les passages des divers prātiçākhyas (*Ṛgveda, Atharvaveda* et *Vājasaneyisaṃhitā*), est arrivé à la même conclusion exactement. D'ailleurs il est un fait essentiel qui distingue l'abhinidhāna et qui le définit à lui seul : c'est qu'il atteint également l'occlusive qui est placée à la finale et celle qui se trouve à l'intérieur du mot en contact immédiat avec une occlusive suivante, soit différente, soit identique. On sait, en effet, de façon certaine que le premier élément d'une consonne dite redoublée est proprement une implosion renforcée et rendue perceptible à la simple audition.

La phonétique instrumentale a confirmé sur ce point de la façon la plus nette les observations acoustiques, et M. Rosapelly a pu donner une description remarquable des faits articulatoires en question dans les *Mémoires de la Société de linguistique de Paris* (t. 10, p. 347 ss.) où le moindre détail est précisé. A leurs définitions les grammairiens indous ont joint des descriptions tout à fait curieuses et suggestives : l'Atharvavedaprātiçākhya dit par exemple que la consonne affectée d'*abhinidhānam* est « écrasée » (*pīḍitaḥ*) et « affaiblie » (*sannatarah*) et le Ṛgvedaprātiçākhya parle à propos de l'*abhinidhānam* de « retenue » (*saṃdhāraṇam*) : il est impos-

sible de n'être pas frappé de la justesse et du pittoresque de
ces expressions qui suffiraient presque à faire reconnaître de
quel genre d'articulations consonantiques il est question.

Rien de plus naturel d'ailleurs que ce traitement implosif
de la consonne finale, celle-ci étant par définition une consonne
placée à la fin d'un mot indo-européen, d'un groupe de sens
dans d'autres langues, bref d'une unité sémantique qui ne
s'appuyait sur aucun élément suivant. Sans doute l' « unité de
sens » en question s'est trouvée parfois soudée à quelque
élément à initiale vocalique placé après elle ; mais ce n'a
jamais été que de façon sporadique et dans des cas assez rares
pour que le traitement que présentait alors la consonne, ordinairement finale, n'ait pas pu prévaloir. Il ne faut pas oublier,
en effet, que lorsque la consonne en question s'appuyait sur
une initiale consonantique, elle était implosive tout aussi bien
qu'en finale.

La langue de l'Avesta qui a conservé la dentale finale la note
d'un signe particulier sur la valeur duquel il s'en faut que les
spécialistes soient d'accord. Depuis longtemps, M. Kirste a
défendu l'idée que le *ţ* zend (c'est ainsi que l'on transcrit
d'ordinaire le caractère en question) s'oppose au *t* comme une
implosive à une explosive (*Die konstitut. Verschiedenheiten*,
p. 7 ss. ; *W. Z. K. M.*, t. 19, p. 320) et M. Collitz s'est rallié
à cette façon de voir (*Verhandl. d. 13ten Orientalisten-Kongr.*,
p. 107-108). En revanche M. Bartholomae a soutenu constamment que *ţ* désigne une spirante et dans le résumé qu'il a
donné dernièrement du débat (*I. F.*, t. 19, *Beiheft*, pp. 15-16)
il maintient son interprétation. L'autorité de M. Bartholomae
est assurément d'un très grand poids et il n'est pas douteux
qu'il a raison quand il affirme que *ţ* alterne avec θ et δ, spirantes
sourde et sonore, dans les manuscrits les meilleurs. Mais il
importe de peser la valeur des faits : la notation de la dentale
finale par -*ţ* est générale et la finale n'est jamais écrite ni θ ni

δ, tandis que *ţ* n'apparaît à la place de θ et δ que d'une
manière accidentelle. Il ne faut pas oublier d'ailleurs que
l'orthographe raffinée des livres sacrés du mazdéisme est
relativement moderne ; nous possédons en fait la transcription
subtile de textes écrits d'abord au moyen d'un alphabet
relativement pauvre et où par exemple, θ et *t* étaient rendus
par un seul et même signe qui sans doute servait aussi
pour *ţ* (cf. Andreas, *Verhandl. d. 13ᵗᵉⁿ Orientalisten-Kongr.*,
p. 106). Des erreurs étaient inévitables dans de pareilles
conditions, et la régularité avec laquelle la dentale finale est
rendue par -*ţ* n'en est que plus remarquable.

M. Bartholomae dit bien (*I. F.*, t. 19, *Beiheft*, pp. 15-16) que
l'on devrait avoir aussi *ţ* après *s* et *š* dans des finales de troisième personne telles que *urūraost* « a écarté, empêché » ;
-*mōist*, « -mittat » où l'on a régulièrement -*t*. Mais rien ne dit que
l'on se trouve ici en présence de finales implosives, comme
celles que l'on rencontre de façon normale après voyelles. Une
consonne qui termine à la fois un groupe consonantique et un
mot est placée dans des conditions particulières, qui d'ailleurs
varient selon la nature du premier phonème du groupe, ainsi
qu'on le verra par la suite. De plus, dans les formes citées par
M. Bartholomae le -*t* final ne remonte pas directement à l'indo-
européen : il fait partie de groupes finaux -*st*, -*št* qui sont
d'origine iranienne ou indo-iranienne. Dans l'Avesta on a
hyāţ « qu'il soit » comme on a *syā́t : syā́d* en védique et *sied*
sur l'inscription de Duenos, *dūrāţ* « de loin » comme véd.
dūrā́t : dūrā́d, v. lat. *poplicod* « publico », *maţ* et θ*waţ* « de moi,
de toi » comme véd. *mát : mád, tvát : tvád*, v. lat. *mḗd, tḗd*,
enfin *taţ* « cela, ce » comme véd. *tát : tád*, lat. *istud* ; en
revanche *urūraost* est une forme de parfait à redoublement
d'une racine **raod-* (skr. **rodh-*) dont le présent est *raoδayeite*
« prohibet » (skr. *rodhayati*), -*mōist* est une forme d'injonctif
athématique qui correspond au présent thématique *mōiθ-aţ*

(*Yasna*, 46, 12), et *-st* *-št* répondent dans des cas pareils à un simple *-t* : *-d* védique, représentant un groupe *-*tt* indo-européen, par exemple dans *ávart* « il a tourné » de **éwert* + *t*. Le traitement du groupe *-*st* est en iranien *-s* et l'on a gâth. *ās* « il était » tout comme skr. *áḥ*, dor. ἧς de i.-e. **ēst*, av. *as-* « os » dans *asča* en face de skr. *ásthi* ; la même différence de nature fait que l'on a av. *vistō* « trouvé » à côté de skr. *vittáḥ* mais *pištrō* « écrasement » à côté de skr. *piṣṭám* « farine ». C'est à un phénomène parallèle qu'est due la présence de *-t* après *š*, c'est-à-dire dans un certain nombre de troisièmes personnes du singulier d'aoristes sigmatiques, telles que *vaxšt* « il fera pousser », *dārᵊšt* « il tint » ; ici encore il s'agit d'un *-t* final dans un groupe d'origine récente et dont le premier élément est dû à une innovation.

En fait les deux phonèmes qui constituent le groupe *-st* sont unis trop étroitement par nature : ils ont le même point d'articulation dental. Le *t* tend à suivre tous les changements que subit la sifflante et inversement : quand l'indo-iranien *-*tst* dans **ávartst*, skr. *ávart*, par exemple, est devenu *-st* en iranien et quand les primitifs **wakst* et **dārst* sont devenus av. *vaxšt* et *dārᵊšt* ce n'est en réalité pas seulement l'-*s*- qui a été modifiée mais la consonne presque une -*st* dans son ensemble. L'unité des groupes *zd*, *st* apparaît dans les langues les plus diverses et en indo-iranien elle est manifeste ; on sait que la prononciation cérébrale de *ṣ*, *ẓ* a entraîné en sanskrit celle de *t d* dans *ṣṭ*, *ẓḍ* et que skr. *miḍhám* « prix » répond à av. *miždəm* « récompense » : en vieux perse on a *upastā* « secours », *dasta* « main » (skr. *hástaḥ*) mais *visa* « tout » (av. *vīspō*, skr. *víçvaḥ*), *asa* « cheval » (zd. *aspō*, skr. *áçvaḥ*), *xšnāsātiy* « qu'il connaisse » (lat. *nōscō*, *gnōscō*, gr. γιγνώσκω) ; le cas de *st* rappelle celui de *nt* par exemple. En moyen indien enfin on voit *-st-* devenir *-tth-* parce que dans *-asta-* l'implosion qui termine la première syllabe tombe à l'intérieur du *t* et non pas sur l's, ainsi que l'a montré M. A. Meillet (*M. S. L.*, t. 9, p. 376).

Pour finir M. Bartholomae fait valoir l'alternance entre -*ṭ* et -*θ* -*δ* dans des composés tels que *kudaδ-aēm* « d'où celui-ci » et *kudaṭ-šāitīm* (acc.) « d'où offrant la joie », *Isaδ-vāstra-* et *Isaṭ-vāstra*, nom propre du fils aîné de Zoroastre, *pairā-čiθ-iṭ* « même auparavant » et *tāčiṭ* « même celle-ci ». Ces exemples sont d'âge et de nature diverses, et aucun ne paraît probant. Le *δ* de *kudaδaēm* représente visiblement le traitement avestique, et non pas gâthique, de la sonore à l'intérieur, entre voyelles, ainsi qu'il convient d'ailleurs au point de jonction d'un mot orthotonique et d'un enclitique, le -*ṭ* de *kudaṭ-šāitīm* est celui qui se trouve régulièrement à la finale d'un premier terme de composé, surtout devant une sourde suivante : l'opposition est aussi correcte que celle qui existe entre av. *xᵛafnāδa* « du sommeil », c'est-à-dire **xᵛafnād-ă* et *xᵛafnāṭ* tout court. Pour *Isaδvāstra-* et *Isaṭvāstra-* la variation est peu significative : il s'agit d'un nom propre que M. Bartholomae (*Altiran. Wb.* ; s. v.) traduit par « qui désire des prés », mais que l'on hésite à interpréter quand on songe que c'est celui du fils d'un homme qui s'appelait *Zaraθuštra-*. d'un mot qui est resté une énigme. L'hésitation entre *δ* et *ṭ* ne peut guère avoir plus de valeur que dans le cas de *aṭka-* « manteau ».

L'opposition entre -*čiθīṭ* et -*čiṭ* est plus curieuse et plus anciennement attestée : -*čiθīṭ* se trouve en effet deux fois dans un passage des Gāthās : mais il nous est impossible de voir dans le -*θ*- de cet enclitique renforcé autre chose que le produit d'une dissimilation d'une intervocalique par une implosive, selon la loi XIV de M. Grammont (*La dissimilation consonantique*, p. 66 ss.). On a -*ciθīṭ* au lieu de **-čitīṭ* issu de **-čiṭ* + *iṭ* parce que l'enclitique et le mot sur lequel il s'appuie forment un tout et parce que la finale n'est pas ici un élément flexionnel et par conséquent variable (cf. Grammont, *La dissimilation,*

p. 88 ss. ; Meillet, *I. F.*, t. 18, p. 419). Mais si les arguments que l'on a fournis contre l'idée que -*ṭ* sert dans l'Avesta à noter l'occlusive dentale implosive ne semblent pas probants, ceux que l'on a allégués en faveur de l'interprétation de MM. Kirste et Collitz peuvent être renfor és. D'abord il faut tenir compte de la forme même du signe transcrit par *ṭ*. L'alphabet avestique qui a remplacé un alphabet plus simple et plus grossier analogue à celui du pehlvi, n'a pas été créé de toutes pièces : il a été enrichi au moyen de combinaisons de caractères, de ligatures et de traits diacritiques (cf. Andreas, *Verhandl. d. 13ten Orientalisten-Kongr.*, p. 107 et s.). Or *ṭ* est manifestement tiré de *t* au moyen d'une sorte de paraphe secondaire ; c'est le même trait qui sert à différencier le *j* du *č* dont il n'était pas distingué à l'origine. En revanche les signes pour *θ* et *δ* qui ont été cependant faits au même moment diffèrent autrement ; les spirantes dentales n'étaient pas des variétés de *t* et ne pouvaient être considérées ni notées comme telles.

D'autre part les erreurs qui amènent la confusion de *ṭ* ou de *θ* ou *δ* ne vont pas au hasard : il est curieux que jamais elles n'intéressent les spirantes dentales explosives, c'est-à-dire placées devant des voyelles, et qu'elles ne se produisent que là où il y a réellement place pour une implosive. Ainsi dans *aṭka-* « manteau », dans av. *a-frata-ṭkušiš* (nom. pl. fém.) « qui ne coule pas en avant » et dans *taδča* « et cela » (cf. Bartholomae, *Grundr. d. iran. Phil.*, I, 1, p. 158). Dans le groupe initial *db-* de i.-e. **dw-* que l'on trouve par exemple en gāthique dans *daⁱbišǝnti* « ils traitent en ennemi », on sait que l'Avesta récent écrit *ṭ-* au lieu de *d-*, ainsi dans *ṭbištō* « traité en ennemi ». Il s'agit ici à nouveau d'une occlusive implosive qui alternait avec *θ* à l'initiale des mots du type av. *biš* « par deux fois, bis », ainsi que l'a montré M. A. Meillet (*J. As.*, mai-juin 1909, p. 551-2). Le *ṭ-* initial de ces mots ne représente pas une spirante mais bien une implosive initiale d'un groupe

consonantique maintenue après la finale vocalique d'un mot
précédent en contact intime. Dans un cas pareil l'implosion
restait perceptible. Après finale consonantique il ne demeurait
rien du phonème noté par *ţ-*.

M. A. Meillet a attribué à l'indo-européen le caractère
implosif des occlusives finales ainsi attesté pour l'indo-iranien
par le sanskrit et la langue de l'Avesta (*Introduction*[3], p. 117).
Il n'est guère possible en effet qu'il s'agisse là d'une innovation
indo-iranienne, et il faut d'autre part que les consonnes terminant les mots aient été réduites et débiles dès l'époque de la
séparation des dialectes pour que dans les langues les plus
diverses, le grec d'une part, le slave et le baltique de l'autre,
le germanique, le celtique et enfin l'arménien, elles aient
disparu normalement dès une époque très ancienne après
voyelles. C'est là un fait bien connu et dont les exemples se
trouvent groupés dans les grammaires particulières et dans le
Grundriss de M. Brugmann (t. 1[2], p. 883 ss.). Le germanique
fait exception pour les monosyllabes : la consonne finale est
conservée dans les monosyllabes à voyelle brève got. *þat-a*,
v. isl. *þat*, v. s. *that*, v. h. a. *daz* « cela », v. isl. *huat*, v. s.
(*h*)*wat*, v. h. a. (*h*)*waz* « quoi », tandis que l'on a **þa* dans
got. *þei* « que » de **þa-ei*, v. h. a. *theiz* de **tha-iz* « que cela »
et **hwa* dans got. *hwa*, v. h. a. *weist* de **wa-ist* « qu'est ».

On a vu (p. 65 et s.) que la conservation de la consonne dans
**þat*, **hwat* est un fait parallèle à la présence d'une longue dans
**sō* (got. *sō*, skr. *sā́*), **sī* (v. h. a. *sī*, i.-e. **syə*) par exemple
(cf. Streitberg, *Zur germ. Sprachgesch.*, p. 9 ss. ; J. Janko,
Soustava dlouhých slabik koncových v staré germánštině, p. 119
et passim). Les formes du vieil irlandais *ed* « cela », *cid* « quoi »
sont difficiles (cf. p. 84). Ce qui confirme l'hypothèse de M. A.
Meillet c'est que la disparition des implosives finales s'est
produite partout en indo-européen de la même façon ; dans
plusieurs dialectes elle a eu lieu à une date préhistorique ;

7

dans la langue de l'Avesta elle est sur le point de se faire ; dans l'Inde, elle s'est accomplie comme ailleurs, mais plus tard. Les prākrits ne connaissent de finales que vocaliques : c'est *pacchā* qui répond à skr. *paçcãt* « derrière », *maṇā* à *manãk* « peu » (cf. Pischel, *Gramm. d. Prakrit-Spr.*, p. 231). Le même mode d'articulation a eu les mêmes conséquences partout.

Le cas du latin est plus curieux. Ce dialecte est l'un des plus variables parmi ceux de l'indo-européen ; très tôt il a altéré gravement le système morphologique ancien (cf. A. Meillet, *De quelques innov. de la décl. lat.*, p. 2 ss.) et il a été ébranlé profondément au point de vue phonétique. Mais cependant il a triomphé de façon surprenante de crises aussi graves que celle de l'apparition temporaire de l'intensité initiale : il a maintenu et renforcé le système quantitatif ancien qui règne seul à l'époque classique. A la fin de l'époque républicaine la langue latine officielle conserve et rétablit ce qui était en voie de disparition tant au point de vue des formes que des sons : et ainsi se fait que, en dehors de la langue savante qu'est devenu le sanskrit, c'est le latin qui se trouve avoir conservé le plus longtemps des occlusives finales indo-européennes. Au moment, en effet, des premiers documents l'implosive dentale (car pour le latin comme pour la plupart des langues c'est la seule qui reste) est en voie de disparition ; après les voyelles longues elle a disparu sans doute dans l'usage, mais elle s'écrit encore (v. en dernier lieu Stolz-Schmalz, *Lateinische Gr.*[3], p. 157 et suiv.) ; déjà la recherche archaïque se fait sentir (Meillet, *De quelques innovations...*, p. 3 ; Ernout, *M. S. L.*, t. 13, p. 345). Plaute ne connait plus de dentale finale ancienne après longue que dans les monosyllabes *mēd, tēd, sēd*.

Après voyelle brève la consonne s'est maintenue plus long-temps, et cela n'est pas fait pour surprendre : c'est un phéno-mène général qui fait que la durée et la force de l'articulation sont moindres après une tenue longue qu'après une brève.

Ainsi le *-d* de *ad, aliud, illud, sed,* etc. a duré plus longtemps que celui de *suprād* (S. C. d. Bacch.), *poplicōd* (ibid.), *sied* (inscr. de Duenos) ; il a atteint, tout comme *-m* et *-s* qui étaient aussi en voie de disparition, le moment où les formes et prononciations défaillantes ont été fixées et restituées, et c'est ainsi qu'il a été sauvé. Il n'y a, en effet, aucune raison d'admettre que le *-d* de *ad, aliud,* etc. n'ait pas présenté les mêmes caractères que celui de *sied, poplicōd,* etc., qu'il en ait différé au point de vue du mode d'articulation et de la débilité propre aux implosives finales indo-européennes. Ce n'est rien expliquer que d'en noter la conservation ; en effet, il ne s'agit pas simplement d'une prolongation temporaire d'existence, mais d'une restauration véritable, telle que la finale indo-européenne s'en trouve placée sur le même pied que la finale d'origine latine et que dans les inscriptions tardives on ait simultanément *sit* et *sid, rogat* et *rogad* et même *ama* pour *amat,* où *-t* représente **-ti,* comme *aliut* et *aliud, aliquot* et *aliquod* (cf. Sommer, *Handbuch,* p. 708). Si l'évolution du latin avait été normale, la confusion complète de deux phonèmes aussi différents eût été impossible.

Du reste partout ailleurs en italique l'identité de nature de la dentale finale après longue ou brève s'affirme : en osque la dentale se maintient dans l'une et l'autre positions, et l'on a *licitud* « licetō », *dolud* « dolō » tout comme *píd* « quod », *deded* « dedit » ; en ombrien au contraire elle disparaît dans les deux cas, dans *pihaclu* « piaculō », *sumtu* « sumito », *esa* « istā(d) » et dans *dede* « dedit », *erse* « id ». D'ailleurs l'on a en latin dialectal même *dede* (*C. I. L.* I, 62 b, Tibur ; — I, 169, 180, Pisaurum) et sans doute aussi *dedi* à Préneste (*Hermes,* t. 19, p. 453) à l'époque archaïque ; la chute est régulière après longue, sporadique après brève, mais on aperçoit comment les deux phénomènes sont parallèles sinon simultanés. Le fait que *dede* est une forme des environs de

Rome ne diminue en rien son témoignage ; sur le traitement de la dentale finale il y a accord entre la capitale et la campagne immédiatement environnante (Ernout, *M. S. L.*, t. 13, pp. 348-9), et si Rome même ne présente pas de **dede*, c'est que *-t* issu de **-ti* a remplacé déjà le *-d* ancien sur le tombeau des Scipions (p. ex. *C. I. L.*, 32, *dedet* ; cf. Sommer, *Handbuch d. lat. Laut. u. Formenlehre*, p. 525). En tout cas il faut séparer le cas de *dede* de celui de *ama, peria* etc., qui sont beaucoup plus récents et qui sont pour *amat* etc. (Ernout, ibid., p. 349).

Il est assez difficile de déterminer de quelle manière les implosives finales indo-européennes se sont évanouies. Généralement les langues sont attestées non pas sous les formes instables qu'elles revêtent en leurs périodes critiques, alors que s'accumulent les changements phonétiques et les altérations morphologiques et que leurs systèmes entiers se déplacent, mais aux moments de calme relatif et de systématisation. D'ailleurs les phonèmes de transition, essentiellement fugitifs, ondoyants et malaisés à fixer, sont rarement attestés. Cependant il est un dialecte indo-européen au moins, le vieux perse, où apparaît un degré intermédiaire entre l'articulation implosive des consonnes finales postvocaliques et leur disparition totale. Le vieux perse n'est pas seulement, en effet, une forme très évoluée de l'iranien et, si on le compare à l'avestique, par exemple, très moderne déjà, c'est de plus un dialecte peu fixé et en voie de changement ; les documents anciens que l'on en possède, les inscriptions de Darius I et de Xerxès par exemple, en témoignent clairement.

L'orthographe curieuse du vieux perse, assez raffinée sur quelques points, grossière sur d'autres, est très nette pour ce qui est des finales : bien que l'écriture soit syllabique, un groupe comme *-mᵃ* ne vaut simplement que *-m* lorsqu'il termine un mot ; là où il s'agit de noter *-ma* ou *-mā* qui ne sont pas distingués graphiquement à la finale où la brève et la longue sont représentées de la même façon, on met toujours -m^a + a. La règle est sans exception. Dès lors un mot tel que a+b^a+r^a « il a apporté » qui répond à av. *abaraṯ*, skr. *abharat* ne peut être lu que *abara-* avec un élément consonantique final à déterminer : *abɪra* avec finale vocalique serait écrit a + b^a + r^a + a. M. Bartholomae, et à sa suite M. Brugmann et la plupart des linguistes, notent par -[h] l'articulation qui fermait la dernière syllabe des mots vieux perses qui remontent à des formes indo-européennes en *-t*, seule consonne finale qui soit en jeu ici, comme en avestique. Ils supposent en effet que le *-t* ancien est devenu en iranien quelque chose comme un *-θ, une sorte de spirante qui, en vieux perse, s'est changée en *-h à la pause et a passé de là dans la phrase (v. *Grundriss d. iran. Phil.*, t. 1, p. 39). Ils retrouvent d'ailleurs le -θ iranien dans le -ṯ avestique, ce qui est peu vraisemblable, ainsi qu'on l'a vu p. 92 et s. ; quant au passage de *-θ à *-h il aurait son pendant dans le changement plus récent de -θ- à -h- entre voyelles à l'intérieur des mots tels que v. p. *xšāyaθiya*, pehlvi *š(ā)h-pur*, pers. *šāh*. Cette dernière comparaison n'a guère de valeur : les deux phénomènes sont d'âge différent, et de nature diverse ; l'ouverture d'une spirante intervocalique et l'amuïssement d'une consonne finale, à la pause, relèvent difficilement du même ordre de faits. En réalité tout ce dont on est sûr, c'est qu'en vieux perse les finales indo-européennes en *-ot *-et étaient encore senties et notées comme fermées.

On ignore par contre si *-ōt *-ēt l'étaient de même : en effet l'on a côte à côte v. p. $p^as^a a$ « après » (cf. skr. *paçcā*), $d^iid^a a$ « forteresse » (nom. sg. fém.) et $d^ar^aug^a a$ « du mensonge » (abl. sg. masc.). M. Bartholomae, et la majorité des comparatistes et iranisants transcrivent *pasā*, *didā* mais *draugā* ; or sans revenir sur la question du -[h], il est douteux évidemment que l'-$\bar{a}$ long soit suivi dans le cas présent d'un phonème quelconque.

Car le germanique pour les monosyllabes, le latin de façon générale montrent comment la disparition de l'occlusion finale tend à se produire plus tôt après une longue qu'après une brève. Mais ce qui est plus grave, l'ancien *-t* n'a pas laissé en vieux perse la même trace de survivance derrière **i* que derrière **e : *o* : l'ancien **-it* de **kit*, skr. *cit*, av. *čiṭ* est noté par *-iyᵃ* c'est-à-dire *-iy* tout comme les anciens **-i* de la désinence *-tiy* de troisième personne du singulier ou de *apiy* « sur », skr. *api*, av. *aⁱpi* pour ne citer que ceux-là.

Tous ces faits sont assez surprenants dans l'ensemble, et l'on manque de point de comparaison pour en estimer la portée, et pour en retrouver le sens exact. Tant que le caractère implosif des occlusives finales n'atteint pas leur existence propre, il reste facile de se rendre compte de la manière dont elles sont articulées : ainsi M. Kirste a pu (*M. S. L.*, t. 5, p. 97) invoquer la comparaison avec l'allemand moderne. Whitney a été plus loin : il a cité en exemple certains parlers actuels de la Chine où les occlusives finales échappent presque à l'audition, tant elles sont réduites, *pīḍitas* comme dit le subtil orthoëpiste hindou (*The Atharva-Veda Prātiçākhya*, p. 37). Mais le vieux perse offre des implosions finales qui ne sont pas même attestées directement et dont il ne subsiste, dans certains cas, aucune trace écrite.

Pour un pareil état de choses, nous ne possédons jusqu'ici qu'un seul point de comparaison largement attesté et bien étudié : celui que nous fournissent le finnois et ses dialectes. En effet, il ne repose pas sur des faits historiques, mais avant tout sur des phénomènes contemporains, directement observables et notés avec le plus grand soin par plusieurs linguistes finlandais différents. Le dialecte finno-ougrien qui est représenté aujourd'hui par le finnois, le karélien, le parler d'Aunus (Olonets), le vepse, le vote, l'este (celui à qui appartenait le live) possédait deux occlusives finales sourdes *-t* et *-k* ; l'une et l'autre ont tendu à disparaître, mais elles ont résisté de façon fort inégale et le finnois littéraire moderne ne possède par exemple plus de -*k*, mais présente très fréquemment un -*t*. L'amuïssement du -*k* lui-même est dialectal car en Ingrie il s'est maintenu de façon générale et en Estonie occidentale il est représenté encore par une occlusion du larynx : ainsi à un infinitif ancien du type *antaðak* « donner » répondent finn. *antaa*, ingr. *antaak* et est. occ. *nāra'* « rire ».

En Finlande même on ne rencontre plus de -*k* à la fin des mots que sur quelques points du territoire central, dans le Savo (Savolaks), et en des cas spéciaux. Dans une étude très serrée de la phonétique du parler de Juva, M. Tarkiainen a donné des renseignements précis sur l'évolution du -*k* final dans les dialectes du type le plus conservateur ; les vieillards, ceux qui ont environ 60 ans, le prononcent encore normalement, *à la fin de la phrase*, tandis que les jeunes ne font plus entendre aucune fermeture des syllabes anciennement terminées par -*k*, dans cette position (v. Tarkiainen, *Äänneopillinen tutkimus Juvan murteesta*, p. 34 ss. et cf. O. Hyyryläinen, *Tutkimus Hirvensalmen kielestä*, p. 8). Dans la phrase c'est l'occlusion laryngale qui représente le -*k* terminal devant initiale vocalique, de façon régulière chez les personnes âgées, facultativement chez les plus jeunes qui la remplacent souvent par un simple rétrécissement du larynx (*loc. laud.* p. 10). Enfin devant un mot commençant par une consonne ou une semi-voyelle, tous articulent une implosive de même nature que l'explosive qui suit (*ibid.*, p. 35). En fin de compte le phonème qui représente le -*k* final du finno's commun est défini par une série d'alternances telle que :

tulek (chez les vieux), *tule(c)* (chez les jeunes) « viens » à la pause : *tule' ite'* et *tule' ite(')* « viens toi-même » : *tulek huǫmena* « viens demain » : *tulet tänne* « viens ici » : *tulep pas* « viens donc » : *tulev vuą* « viens seulement » etc.

Dans les parlers du type de celui de Juva, le -*t* final est conservé ; ceux qui sont plus évolués le perdent à leur tour et de
la même manière. L'implosion est réduite à un rétrécissement
laryngal à la pause, et, devant une consonne initiale, à un mouvement de fermeture assimilé complètement à celui de l'occlusive qui suit. Les dialectes de la Finlande proprement dite,
c'est-à-dire de l'extrémité sud-ouest du Grand-Duché en fournissent des exemples nombreux et précis. M. Toivonen a noté
le fait pour le parler de Halikko (*Tutkimus Halikon kielestä,*
p. 21) et M. H. Ojansuu a réuni dans un travail d'ensemble
les données acquises sur ce point (*Suomen lounais murteiden
äännehistoria, konsonantit,* p. 9). Ainsi l'on se trouve à nouveau
en présence d'une série d'alternances :

poja' « les fils », à la pause et devant initiale vocalique :
poja' *tuli* « les fils vinrent » : *poja*' *hene huomasi* « les fils le
remarquèrent » : *poja*' *kotin tuli* « les fils vinrent à la
maison » etc.

Sauf la différence d'âge, les occlusives dentale et gutturale
sont définies dans les deux cas cités exactement de la même
façon, ainsi que l'a fait remarquer déjà M. Setälä (*Yhteissuo-
malainen Äännehistoria,* p. 220). Il est évident, bien que cela
n'ait pas été enseigné encore, que c'est la réduction des occlusives finales à leur élément implosif qui est cause de cette
identité dernière. En effet une implosion finale est avant tout
un mouvement d'occlusion et d'arrêt ; ce qui en elle est l'essentiel, ce n'est pas le mode d'occlusion, ni le lieu où elle s'opère
dans la cavité buccale, c'est uniquement la fermeture en elle-
même. M. Rosapelly a montré (*M. S. L.,* t. 10, p. 352 s.) que
la partie caractéristique, distinctive d'une consonne est son
explosion, et il a fait voir comment c'est l'explosion qui l'emporte aussi bien chez le sujet parlant que chez l'auditeur. Or
rien n'illustre mieux cette prépondérance de l'explosion que le
traitement des consonnes finales implosives : elles s'assimilent

régulièrement à l'explosive suivante parce qu'elles ne sont que de simples implosions isolées, et par là-même sans individualité et sans résistance.

Bien entendu il n'est pas nécessaire que la consonne finale soit réduite à une occlusion laryngale complète ' ou imparfaite ', pour que l'implosive soit à la merci de l'explosive qui se trouve en contact avec elle et qui la suit. Là-même où le *-t* ancien subsiste à la pause et devant voyelle, c'est-à-dire où la fermeture se fait encore à la place primitive quand n'intervient aucun facteur particulier, il subit la prépondérance de l'explosion. Ainsi dans le parler d'Urjala et des environs (A. Kannisto, *Äänneopillinen tutkimus Urjalan ..... murtcesta*, p. 21) où l'on a, par exemple, *tule^{k} ka^{J}* « tu viens certes » pour *tulet kai* ; dans ce même dialecte les *-t* qui ne se trouvent à la finale que par suite de la chute récente d'une voyelle et qui, par conséquent, ne sont pas encore réduits à leur implosion, gardent leur individualité en toute position et l'on dit *mut kun* « mais quand » qui est pour *mutta kun*. La conséquence attendue de ce parallélisme dans l'évolution des occlusives finales soit dentale soit gutturale est que là où l'altération précoce de la seconde n'a pas amené sa disparition complète, les consonnes en question ne sont plus différenciées que par endroits à la pause et devant voyelles surtout ; et de fait l'on a, par exemple, dans le dialecte de la région de Kemi (Cannelin, *Tutkimus Kemin kielenmurteesta*, p. 37), les deux séries suivantes :

	*-k	*-t
à la pause : .	ʻ	-^{t}
devant voyelles :	ʻ	-^{t}
devant *p-* :	-^{p}	-^{p}
devant *t-* :	-^{t}	-^{t}
devant *k-* :	-^{k}	-^{k}
devant *n-* :	-^{n}	-^{n} etc.

C'est, comme on voit, un état singulièrement proche de la confusion. Celle-ci s'est produite d'ailleurs dans les districts où le -*t* s'est trouvé un peu plus altéré (en Finlande occidentale) et où les circonstances étaient favorables ; M. Setälä signale (*Yhteissuomal. äännehist.*, p. 22) des impératifs tels que *tulet* « viens » au lieu de *tule* d'un ancien **tulek* ou des infinitifs comme *mennät* « aller » au lieu de *mennä* de **menδäk*.

Toutes ces observations précises permettent de retracer l'évolution normale des implosives finales. Entre le mode d'articulation attesté pour le sanskrit et sans doute aussi pour la langue de l'Avesta, celui qui sans doute a existé en latin, et l'amuissement total tel qu'il apparaît par exemple en grec, il a dû exister une série de prononciations intermédiaires, de fermetures plus ou moins complètes, qui par leur instabilité, leur fragilité et leur caractère en quelque sorte exceptionnel, puisqu'elles ne jouent par ailleurs aucun rôle dans les langues où elles apparaissent, échappent à l'écriture. C'est ainsi que l'on n'a pas plus noté directement de consonnes finales dans v. p. *abara'* « il a porté » que dans finn. *tule'* « viens ».

Ce qui est plus important encore, c'est qu'à cet étage de leur évolution les implosives finales sont, par essence, assimilables à l'élément consonantique devant lequel elles se trouvent placées. Pourvu que le mouvement d'occlusion soit sauf, il est pour ainsi dire indifférent qu'il se produise à une place ou à une autre, au moyen de tel ou tel organe : aussi est-il d'une mobilité déconcertante au premier abord, d'une variabilité qui dépasse de beaucoup tout ce qu'aucune langue présente en fait d'assimilations régulières à l'intérieur des mots. En finnois même l'opposition entre le traitement de l'implosive affaiblie qui n'apparaît qu'à la finale et celui de l'implosive intérieure est radicale : on a par exemple dans le dialecte de Juva *pięˢ sūs kī* « ferme ta bouche », en finnois littéraire *pidä suusi kiini* avec *pięˢ* resp. *pidä* d'un ancien **piδäk* mais *maksan*

« je paie » de *maksam, kävellä* toęsa* toęsa « se promener en allant et venant » c'est-à-dire *kävellä toisa toisa* de *kävelδäk toisak toisak* mais *mahtā* « pouvoir » c'est-à-dire *mahtaa* de *maktaδa.* La divergence n'est pas moins grande entre le -*t* final et le -*t*- intérieur : le même dialecte qui a *poja* kotin tuli* « les fils vinrent à la maison » c'est-à-dire *pojat kotiin tuli(va)t* de *poiyat kotihin tulit* présente *pitk* « long » de *pitkä.*

On aperçoit dès lors ce qui doit se produire dans les langues et dialectes qui, au cours de leur histoire et aux différentes étapes de leur développement, ont fait avec des groupes syntactiques variables des mots fixes, parfaitement unis, et qui ont soudé des enclitiques à des mots dont la finale était débilitée. On se trouve dans des cas de ce genre en présence d'altérations phonétiques et surtout d'assimilations tout à fait surprenantes, qui paraissent à première vue représenter des traitements de phonèmes en contact à l'intérieur, mais qui ne s'expliquent en réalité que comme des produits de l'altération propre aux implosives finales. C'est ce qu'illustrent à nouveau de façon excellente les dialectes finnois ; ceux d'entre eux qui ont perdu toute trace du -*k* terminal par ailleurs présentent le traitement que la comparaison des parlers voisins atteste comme normal en fin de mot à l'intérieur d'unités relativement récentes.

Dans l'île de Tytärsaari, non seulement l'ancien -*k* est tombé, mais encore souvent la voyelle brève qui le précédait et l'on y entend par exemple *ümpär* « autour » anciennement *ümpärik, eį̄ ol tarvis* « il n'est pas besoin » de *ei olek tarvis, menc tichęs* « va ton chemin » de *menek tichęnsi* (cf. F. Äimä, *Äänneopillinen tutkimus Tytärsaaren murteesta*, p. 18) ; mais on y trouve en même temps *üheppäįn* « d'un (seul, même) côté », *toiseppäįn* « de l'autre côté » comme composés, *annappas* « donne donc », *en annakkā* « je ne donne pas », *älä menekkā* « ne va pas » comme formes élargies au moyen de particules encliti-

ques (*-pas : -päs, -kā : -kā*). Les consonnes doubles (ou longues)
de ces expressions restent inexplicables si l'on admet qu'elles
sont modernes : à l'époque actuelle on fait avec le renforcement *-kā : -kā* qui est resté vivant l'infinitif *mennäkā* dans *ei̯
el tarvis mennäkā* « il n'est pas besoin d'aller » par exemple
et non pas **mennäkkā*, ou bien avec le second élément de
composé *-päin-*, *itsepäi̯ne* « qui a sa propre tête, têtu » et non
**itseppäine(n)* (F. Äimä, *loc. laud.*, ibid.). On a vu d'autre part
que si le groupe *-kp-* ne se trouve pas à l'intérieur en finnois
commun, l'assimilation de la première consonne à la seconde
ne se produit dans aucun des cas similaires, en particulier
pour *-kt-*. L'existence à un moment donné d'occlusives finales
implosives très réduites à la finale est donc attestée dans ce
dialecte qui n'en présente plus aucune aujourd'hui, par ces
assimilations anormales à l'intérieur d'anciens groupes syntactiques et de formes à enclitiques.

L'état d'un dialecte finnois tel que celui de Tytärsaari est
immédiatement comparable à celui de certaines langues indo-
européennes. Ainsi le grec a perdu, comme on sait, les occlusives finales indo-européennes ; mais hom. ὅττι « que » est à
ὅτι ce que dans le parler finnois que l'on vient de voir *ühep-
päi̯n* est à *itsepäi̯ne* : il ne représente pas un traitement normal d'intérieur de mot et s'oppose à ἴστε « vous savez » de
la façon la plus nette, mais il atteste une forme disparue
*σϝοδ ou *σϝο' à implosion terminale réduite qui s'assimilait à
la consonne initiale suivante, d'où *σϝοτ τι et ὅττι.

C'est encore ce qui s'est produit dans ὅππως où se cache
bien, ainsi que l'a enseigné M. Brugmann (v. p. ex. *Gr. Gram.*[3],
pp. 110 et 145), un traitement de « sandhi », c'est-à-dire de
finale, mais où se révèle aussi un état particulier de la consonne
qui termine le mot, un affaiblissement de l'implosive indo-
européenne qui annonce la disparition attestée en grec à date
historique. C'est là, en effet, le point important, celui qui

permet de rendre compte normalement des faits ; quant à reconnaître dans ὅππως et ὅττι le traitement de l'intérieur de la phrase et dans celui de ἔφερε τοῦτο « il a porté ceci » et de τὸ τέχνον « l'enfant » celui de la pause généralisé, rien n'y autorise en réalité (Brugmann, *Grundriss* I², p. 905). A l'époque où l'on avait encore *τοτ τεχνον l'article n'était pas encore un proclitique ni un article, comme il l'a été plus tard dans tous les dialectes grecs, mais un démonstratif indépendant, et l'étude du finnois permet de voir comment les anciennes occlusives finales -*t* -*k* sont représentées de la même façon en fin de phrase ou devant initiale vocalique, et comment elles s'amuïssent d'elles-mêmes également, quelle que soit la forme transitoire qu'elles affectent ; elles ne se maintiennent que là où des groupes syntactiques se cristallisent et deviennent des mots. Tel est le cas de ὅττι et de ὅππως.

Le développement des divers proclitiques en grec, joint à la disparition de certaines voyelles finales, a amené par la suite un grand nombre d'assimilations qui ressemblent beaucoup à celles qu'attestent ὅττι et ὅππως, et M. Brugmann dans sa *Griechische Grammatik*³ (p. 110) les place sous une seule et même rubrique. Il est vrai qu'elles sont séparées de ces dernières par un intervalle de temps considérable et qu'elles ne se produisent qu'entre la finale de mots dépourvus d'indépendance et l'initiale de ceux sur lesquels ils s'appuient, tout comme les modifications parallèles des -ν et -ς qui terminent l'article dans presque tous les dialectes, mais il n'est pas douteux qu'elles sont dues à une altération qui n'a pas d'équivalent véritable à l'intérieur. On peut rapprocher le changement de *ἀπ τᾶς « de la » en ατ τας, de *ἐπ τοῖ « sur le » en ἐτ τοι, de celui de Λεπτίναιος en Λεττιναιος, de οἱ πτολίαρχοι « les poliarques » en οἱ ττολιαρχοι, de ἀρχιπτολιαρχέντος en ἀρχιττολιαρχεντος et rattacher à une même tendance générale ceux de κὰτ πάντος en καπ παντος « pour tout », de πὸτ κί en ποκ κι « que » en thessalien, et il est permis de croire que dans le crétois qui présente νυττι « de nuit » pour νυκτί, εγραττai « il est écrit » pour (γ)έγραπται et où l'assimilation du -ς et des sonantes qui terminent les proclitiques est poursuivie avec la plus grande rigueur et poussée plus loin que dans aucun autre dialecte grec, la distinction ne serait pas davantage possible ; mais elle est nette partout ailleurs ainsi que l'a reconnu M. Brugmann dans sa *Griechische Grammatik*[3] (pp. 110, 112).

Le texte d'Homère présente par exemple κάππεσε « (il) se laissa tomber », κάββαλε « (elle) abaissa », κακκείοντες « allant se coucher » de *κατ πεσε, *κατ βαλε, *κατ κειοντες, mais aucune assimilation du même genre à l'intérieur ; en lesbien on retrouve entre autres κακχεω « je répands », κὰκ κεφάλας (Alcée), κὰμ μέν (Sappho) etc., en béotien on a καγ γᾶν και κατ θαλατταν, en arcadien κακειμεναυ « de celle qui s'étend », κακριθεε « il soit condamné » mais les groupes d'occlusives sont conservés intacts dans les mots. Ainsi l'on a lesb. κοπτην « frapper », béot. Ϝανακτι « au roi », θρεπταν (acc.) « nourrie », arcad. νυκτα « nuit ». Une altération pareille à celle qui atteignait les occlusives finales indo-européennes a donc agi à nouveau sur des consonnes qui ne terminaient pas les prépositions et préverbes primitivement et a conduit au même résultat : l'implosive, suffisamment réduite, a subi la prépondérance de l'explosive avec laquelle elle est entrée en contact.

M. Brugmann qui note justement (*Abrégé de Gr. Comp.*, § 320) que l'assimilation du point d'articulation de la première occlusive d'un groupe à celui de la seconde se produit le plus souvent en grec au point de rencontre de deux mots et est rare à l'intérieur, rapproche le traitement latin de termes tels que *quippe* de **quid + pe* de ceux des composés grecs que l'on vient de citer. Il s'agit bien, en effet, du même phénomène : le cas de **quid + pe* qui devient *quippe*, de **hod + ce* qui devient *hocc* est tout à fait comparable à celui de ὅππως et de ὅττι en grec. On y retrouve, ainsi que dans *topper* de *tod + per, *quippiam* de *quid + piam, l'affaiblissement de l'articulation et la plasticité des implosives indo-européennes en voie de disparition. Comme en grec encore les occlusives devenues finales par la suite ont été affaiblies de la même façon que leurs aînées et réduites au même degré d'instabilité : à côté de *appōnō* issu de *ad + pōnō, *accūsā* de *ad + causā on a eu *succurro* de *sub + curro, *occĭdo* de *ob + cĭdo, par exemple. A l'intérieur, des assimilations comparables ne se produisent que bien plus tard, en latin vulgaire et en roman. Il est vrai que MM. Brugmann (*Abrégé de Gr. comp.* § 320) et Sommer (*Handbuch*, p. 249) font état de *siccus* qu'ils comparent à *sitis* et font remonter à un original *siticus et de *peccō* qu'ils tirent de *petcō. Cela rend moins clair et moins probant un exemple comme *hocc*, bien qu'il soit fatal que des traitements d'intérieur et de finale se recouvrent. On doit noter cependant que la syncope dans un mot du type de *siticus est irrégulière (Vendryes, *Recherches*, p. 190 ss.).

Il est intéressant de noter que le caractère implosif des occlusives finales relève si bien d'une loi de phonétique générale qu'on la retrouve à l'époque moderne de l'histoire des sous-dialectes indo-européens. Ceux d'entre eux dont l'évolution a été rapide ont perdu les voyelles finales et ont eu, à un moment donné, des occlusives *explosives* en fin de mot. Mais cela n'a pas duré; l'explosion de ces consonnes a été rapidement altérée. D'abord elle a été diminuée et les occlusives se sont abrégées; puis elles sont devenues nettement implosives, pour finir par tomber. Dans le dialecte iranien très évolué d'Asie Centrale que l'on appelle « langue II », ou « iranien oriental » le mot « loi » qui est dans l'Avesta *dātəm*, en vieux perse *dātam*, en pehlvi *dāt*, en persan *dād* apparaît vers le huitième siècle déjà sous la forme *dā* ; tandis que l'italique disait **kantāti* « il chante », le latin a dit *cantat*, où le -*t* est si bien devenu une implosive que le populaire ne l'écrit plus sous l'Empire que d'une façon irrégulière et que l'on trouve à Pompéi *ama* pour *amat*, *peria* pour *percat* par exemple ; les langues romanes l'ont perdu dès leurs documents les plus anciens (ital. *canta*, esp. *canta*, roum. *cíntă*) sauf le français où *chante* ne remplace *chantet* que vers le douzième siècle. Enfin dans certains dialectes germaniques, comme l'anglais ou le bas-francique, les occlusives finales sont, ou deviennent, implosives à l'époque actuelle. On voit quel temps il faut pour que l'ancienne intervocalique précédant la syllabe finale, dont il a été question dès le début (chapitre 2), devienne réellement une finale elle-même.

CHAPITRE SIXIÈME.

La sifflante finale.

La sifflante est, avec l'occlusive dentale, la consonne de beaucoup la plus fréquente à la fin des mots en indo-européen ; elle apparaît surtout dans les désinences nominales et verbales et semble appelée par conséquent à jouer un rôle des plus importants dans une étude consacrée à l'étude des finales indo-européennes. Mais son importance se trouve réduite, en fait, par un accident assez curieux, qui tient à sa nature de continue et de sifflante sans doute et qui a eu pour effet de réduire singulièrement le nombre des dialectes où il est possible d'en apercevoir le développement normal.

Ce dernier semble bien attesté en indo-iranien : dans ce dialecte anciennement connu l's est fréquente à l'intérieur et s'y maintient de façon remarquable, mais à la finale elle était implosive, sans doute comme en indo-européen et elle était par conséquent assez légère. On avait *-as* devant les initiales sourdes, *-az* devant les initiales sonores. Il y a là déjà un fait singulier, qui caractérise le régime spécial de la fin de mot : la présence d'un z, ailleurs qu'au contact d'une occlusive sonore. Ce premier état de choses s'est compliqué lorsque les dialectes de l'Inde et de l'Iran ont converti en chuintantes les sifflantes qui se trouvaient placées après k, r, i et u : dès lors, on a eu, sans parler du cas de *-kš* dont il sera traité en même temps que des groupes finaux de consonnes, des séries d'alternances nombreuses et diverses selon qu'elles se sont développées en iranien ou en sanskrit. Dans l'Inde les chuintantes sont des cacuminales, et la sonore de *ṣ* est *r* à l'époque historique ; dans l'Iran les chuintantes sont articulées avec la langue moins relevée, et c'est *-ž* qui alterne avec *-z*. D'autre part, *-š* et *-r* participent en sanskrit de la débilité ancienne des *-s* et *-z* dont ils sont issus, tandis qu'en iranien le *-š* et le *-ž* apparaissent comme des phonèmes renouvelés et presque nouveaux, dont la vigueur d'articulation et la résistance sont pour ainsi dire entières.

On peut résumer le résultat de ces divers développements comme il suit :

Inde

à la pause	devant sourdes	devant sonores
-aˢ	*-as*	*-az*
-iˢ	*-iṣ*	*-ir*
-uˢ	*-uṣ*	*-ur*

Iran

à la pause	devant sourdes	devant sonores
-aˢ	*-as*	*-az*
-iš	*-iš*	*-iž*
-uš	*-uš*	*-už*

Pour ce qui est des faits sanskrits le védique donne encore une image sensiblement exacte de l'ancien état de choses : *-aₛ*, *-iˢ*, *-uˢ* ou comme on voudra noter les formes pausales préhistoriques sont représentées également par *-aḥ, -iḥ, -uḥ* ce qui est, au point de vue phonétique, normal et attendu ; *-iṣ* et *-uṣ* alternent régulièrement avec *-ir* et *-ur*. Devant les sourdes, *-as* est conservé, sauf les variations introduites dans le sandhi par analogie aux traitements de l'intérieur des mots ; on connaît, en effet, la tendance du sanskrit classique à traiter la phrase comme un seul mot. On a donc *parás-tāt* « de l'autre côté » sans difficulté, mais quand -*ṣ* s'est trouvé devant un *t(h)*- intial il a fallu choisir entre l'assimilation de l'initiale à la finale et celle de la finale à l'initiale, puisqu'une graphie telle que **duṣ-tára-* « invincible » était impossible. Le védique a *duṣṭára-* ; plus tard on voit apparaître *dustăra-* (cf. Wackernagel, *Altind. Gr.*, t. 1, § 286). Devant d'autres sourdes le védique atteste encore bien l'ancien traitement : *nas kṛdhi, dyáuṣ pitắ* ; mais par la suite la forme de finale absolue s'introduit. Enfin, dès le Ṛgveda l'-*s* finale s'assimile, pour le point d'articulation, à la consonne sourde qui la suit, par exemple dans *deváç cakṛmá*. Dans l'ensemble, on le voit, l'état ancien est conservé. Il en est autrement pour l'ancien **-ăz* ; le sanskrit ne connaissant pas de -*z*, il n'y a rien que de normal à ce que ce phonème, faute de s'adapter, disparaisse à la finale comme à l'intérieure : ainsi, dans le cas de **-āz* qui donne -*ā* de façon tout à fait régulière. On peut comparer ce traitement à celui de *ādhvam* « soyez assis » de *ās-* ou de *çaçādhi* « adresse [la prière] » de *çās-*, tandis que celui de **-iẓ* final qui donne -*ir* n'est pas parallèle à celui de **-iẓ-* intérieur, car **niẓda-* « nid » donne *nīḍá-* et, **miẓdha-*, cf. gr. μισθός, devient *mīḍhá-*. En revanche le représentant de **-ăz* apparaît au premier abord comme surprenant : en védique et en classique il est écrit -*o*, et il vaut une brève devant une voyelle, une longue devant une consonne sonore. Ces valeurs sont exactement celles que présenterait **-az* dans les deux cas, ainsi que **-aˣ*, si l'on désigne par ·ˣ un son quelconque substitut de **-z*. On trouvera chez M. Wackernagel (*Altind. Gr.*, t. 1, p. 338) l'énumération des nombreuses explications données jusqu'ici de cet -*o* et qu'il rejette avec raison ; il faut malheureusement en faire autant de la sienne. Il ne paraît pas légitime de recourir au traitement intérieur pour rendre compte de celui de la finale ; de plus il est difficile d'admettre gratuitement que *-*az* donnait tantôt *e* et tantôt *o* dans le même dialecte, et enfin il semble surprenant que le traitement de *-*ăz* qui a été généralisé soit celui qu'il est censé avoir subi devant les seules occlusives dentales initiales. En fait, il est impossible d'échapper à l'hypothèse que -*o* désigne une nuance vélaire du *-*ă* de *-*ăz*, quelque chose comme *-*ā̊*-, qui serait particulière à la fin de mot. C'est d'ailleurs ce que reconnaît de façon implicite M. Wackernagel lui-même quand il enseigne (*Altind. Gr.*, t. 1, p. 38), et avec juste raison, que l'*o* qui apparaît à la place de *e* devant *bh-, y-, v-,* comme représentant de *-*az*- intérieur est emprunté au traitement de *-*az* final : *ayomaya-* à coté de *ayasmaya-* « fer », *sahovan-* à coté de *sáhasvant-* « puissant » ont des -*o*- analogiques ; *sed-*, c'est-à-dire *sazd-*, thème de parfait de *sad-* « être assis », *edhi* « sois » de *azdhi, médha* « jus, sacrifice » cf. gr. μασθός présentent au contraire le traitement régulier. En revanche le fameux *sū́re duhitā́* « fille du soleil » de R̥gveda, I, 34. 5 (cf. Oldenberg, *R̥gveda,* p. 36 et s.) ne prouve rien pour la finale. Mais c'est M. Meillet qui le premier a affirmé nettement que le védique et le sanskrit classique ont connu un traitement vélaire de l'*ă* final ; si *-*āz* a simplement donné -*ā* c'est que la longueur de la voyelle lui donnait une consistance particulière et une résistance efficace à la tendance qui triomphait dans le cas de l'-*a*- bref (cf. *Mélanges S. Lévi,* p. 29). Tout ceci n'implique d'ailleurs aucun doute sur la légitimité du traitement *-*ăz*>-*e* qui est représenté en Māgadhī et sur l'ancienneté de la tradition qu'il suppose. Dans le passage cité des *Mélanges Lévi,* M. A. Meillet a prononcé à propos de *sū́re duhitā́,* le mot de dialectisme, sans d'ailleurs l'approuver ; mais il convient de le reprendre à propos de la représentation par -*e* de l'ancien *-*az* final en

Māgadhī. Dans son article *Des consonnes intervocaliques en védique* (paru IF. xxxi, 120 s.), M. A. Meillet a établi avec netteté que la langue du R̥gveda d'abord, puis avec introduction d'éléments étrangers de plus en plus nombreux, celle des hymnes tardifs, des autres recueils, des brāhmaṇas et enfin le sanskrit classique reposent sur un dialecte déterminé du Nord-Ouest de l'Inde ; rien ne donne à croire que la Māgadhī n'ait pas conservé un trait propre à un autre groupe dialectal. Plus l'étude linguistique du domaine indien ira se complétant et se resserrant, plus on retrouvera de ces phénomèmes dialectaux étrangers au parler propre du Nord-Ouest de l'Inde qui est à la base de la langue du R̥gveda.

Sur le domaine iranien les faits se présentent sous un autre aspect. Sauf quelques situations particulières dont il a été question à propos de l'alternance entre consonnes sourdes et sonores à la finale, les sourdes sont seules attestées en avestique ; le vieux perse, en voie d'évolution rapide, ne les a plus guère. En vertu de leur renouvellement les chuintantes sont maintenues : on a av. *gāuš* « bœuf », *xratuš* « volonté », *nasuš* « cadavre », *gairiš* « montagne », tout comme *vāxš* « voix », *āfš* « eau » et v. pers. *raučabiš* « par les jours », *hadiš*, « lieu de résidence ». Mais la sifflante est profondément altérée ; on la retrouve seulement dans un tout petit nombre de groupes avestiques : *kasᵊ θwąm* « qui te », *xᵛaēpaⁱθyāsᵊ tanvō* « du propre corps », dont les éléments sont étroiement unis. Ailleurs on a affaire à des formes anciennes *-ah* et *-āh* dont il est difficile de dire l'origine ; MM. Brugmann et Bartholomae supposent qu'il s'agit de finales analogues à celles du sanskrit (*-aḥ* et *-āḥ*) et, par conséquent de formes de finale absolue généralisées (cf. *Grundriss*, t. 1², 1ʳᵉ partie, p. 875 ; Bartholomae, *Grundr. d. iran. Phil.*, t. 1, 1ʳᵉ partie, p. 35 et 39) ; *-aḥ* aurait spontanément donné *-ă et *-āḥ -ā long, et ce dernier seul aurait été conservé

tandis que le premier aurait été remplacé par une forme
« intérieure » -*ō*, et, respectivement, -*aʰ* (cf. Bartholomae, *loc.
laud.*, p. 179 et 183). Cette explication ne va pas sans difficultés : on n'aperçoit pas la raison pour laquelle la forme généralisée aurait été différente dans le cas de *-*ăh* (ou -*ăꞔ*, selon la
graphie adoptée par M. Bartholomae) et dans celui de *-*āh*
(ou *-*āꞔ*) ; on ne voit pas non plus pourquoi la chute de l'élément sourd et très réduit qui suivait la voyelle -*a*- a contribué
à lui donner un timbre vélaire. En revanche les faits iraniens
peuvent s'interprêter, à ce qu'il semble, si l'on part des formes
anciennes *-*ah* et *-*āh*, avec des -*h* finaux, qui peuvent fort bien
représenter d'anciens *-*as* et *-*ās* devant voyelles et en finale
absolue d'après le traitement général de *-*s*- en iranien ; ces
*-*ah* et *-*āh* devaient arriver sans peine, à évincer les *-*as* et
*-*ās* qui se seraient maintenues devant des consonnes sourdes ;
quant aux *-*az* et *-*āz*, on a vu déjà que l'iranien les avait
supprimés au profit des formes sourdes correspondantes conformément à une tendance générale. Cette hypothèse est
d'accord, on le voit, avec le développement général de la
langue ; de plus elle permet d'expliquer la fermeture de *-*a*-
bref en *o*- et de *-*ā*- en -*ā̃* long en avestique. Quoi qu'en aient
dit, en effet, MM. Andreas et Wackernagel (*Die vierte Ghāthā
des Zura*ᵡ*thuŝthro*, p. 3, dans les *Nachrichten* de l'Académie
de Göttingen, 1911), la nasale écrite entre -*a*- et -*h*- répond à
une réalité et à un procès phonétique réel ; il y a eu dans la
langue de l'Avesta une tendance véritable à nasaliser l'*a* qui
précédait -*h*- quand celle-ci n'était pas suivie d'une voyelle
fermée (cf. A. Meillet, *J. A.*, nov.-déc., 1911 p. 641-2). Alors,
en effet, le voile du palais s'abaissait au point de donner
naissance à une nasale. Si, à la finale, cette tendance s'est
réalisée pleinement, on a -*ō* de *-*ah* par les intermédiaires
*-*aʰ* et *-*ǫ* et -*ā* long de *-*āh* en passant par *-*aꞔʰ*, *-*ā̃* selon
une hypothèse émise déjà par M. A. Meillet ; il est remarqua-

ble, à ce point de vue, que la tradition des *Gâthâs*, dont la valeur n'est pas niable, interprète de la même façon la voyelle fermée qui est -ō dans l'Avesta récent, et celles qui sont notées -ą- : on y lit tour à tour *vacə̄* et *vacō* « mot », parce que le sentiment de la nasalisation disparaît, et dans les monosyllabes où naturellement il se maintient plus longtemps, on a régulièrement *yə̄* « qui », *kə̄* « qui ? », *nə̄* « notre, à nous », *və̄* « votre, à vous », mais il a avec la même graphie *tə̄ng* « eux » gr. τους, *də̄ng* « de la maison » skr. *dán*, *jə̄n* « tu es venu » skr. *ágan*, et, avec moins de constance, *tə̄m* « cette » (skr. *tā́m*), *mə̄m* « une » (skr. *mā́m*), *hyə̄n* « qu'il soit » (de ʾ*syān*) où la voyelle nasalisée était suivie d'une résonnance nasale qui s'est perpétuée dans l'Avesta récent, p. ex. *tą*, et enfin dans *sə̄nghāmahī* « nous faisons savoir » (av. *saṅhāmi*), *mə̄nghāi* « je veux penser » (av. *maṅhānō* « pensant »); il y a là une unité ancienne très remarquable, où l'avestique a mis une variété plus récente. La tradition gâthique emploie *ą* pour désigner une nasalisation beaucoup moins profonde et accompagnée d'une moindre altération du timbre que celle qu'elle note par *ə̄*; dans l'Avesta récent *ą* note à la fois des nasalisations récentes et d'autres qui sont anciennes mais qui vont s'atténuant. Il n'est pas surprenant dans l'hypothèse qui vient d'être faite que *-*āh* aboutisse à un autre résultat que *-*ăh*; la quantité de la voyelle l'empêchait d'être affectée au même degré, et dans un certain sens on pourrait comparer la différence entre gâth. -*ā̆* et -*ə̄*, av. -*ā̆* et -*ō* à celle qui se montre entre skr. -*ā* et -*o*. La longue est beaucoup plus résistante à l'altération par la nasalisation, et l'*-*ā* iranien n'est guère représenté dans les Gâthâs par *ə̄* que devant une nasale finale; encore n'est-ce pas de façon constante; mais il est noté précisément par *ā̆* à l'intérieur devant -*h* non suivi de *i* ou de *u* comme devant *-*h* à la finale : ainsi on y lit *yā̆ṅhąm* « desquelles », avec un *ṅ* d'ailleurs irrégulier. Le seul cas clair où l'on ait *ə* est *vivəṅghatū* « qu'il s'efforce de dépasser ».

Quant aux finales du vieux perse il est très malaisé d'en faire état parce que des difficultés considérables s'opposent à une interprétation un peu assurée de leur valeur. On a -*a* suivi d'un mouvement de fermeture absolument inconnu pour *-*as* ou *-*ah* anciens, et -*ā*, suivi ou non d'un élément analogue, pour *-*ās* ou *-*āh*. Cela est déjà obscur ; mais il faut ajouter que l'écriture ne permet de noter ni la nasalisation, ni des timbres vocaliques autres que ceux de *a*, *ā*, *i*, *ī*, *u* et *ū*. Il n'y a donc aucun enseignement à tirer du vieux perse, en dehors du fait que la sifflante était presque disparue et avait laissé une trace après *a* bref et peut-être aussi après *ā* ; le timbre exact de ces deux voyelles reste inconnu.

Le latin ancien ne donne guère plus de renseignements que le vieux perse. Lui aussi a conservé une trace de la sifflante finale, mais si légère que, au moins après une voyelle brève, le plus souvent on ne l'écrit pas, ni ne la compte en métrique. Les faits sont connus et il n'y a pas lieu d'y insister. Ce qui est plus important c'est que l'-*s* a été restaurée à un moment donné (Havet, *Mélanges G. Paris*, p. 324 et s.) et, de telle façon, qu'elle a pu se maintenir dans le domaine roman jusqu'à l'époque actuelle. Ce rétablissement a été expliqué de bien des façons (v. en dernier lieu, J. Marouzeau, *M. S. L.*, t. 17, p. 280) ; aucune des raisons données ne paraît suffisante, bien qu'aucune ne soit, sans doute, étrangère au phénomène. Peut-être M. Marouzeau (*M. S. L.*, loc. laud.) a-t-il indiqué le motif profond d'une innovation aussi grave et aussi décisive quand il a émis l'hypothèse que la restitution de l'-*s* provenait de l'entrée en scène de la prononciation urbaine aux lieu et place de celle des campagnes. Le dialecte latin qui avait maintenu l'*s* aurait triomphé de celui qui l'avait déjà presque perdue.

S'il en est ainsi, le parler de Rome se placerait sur le même

pied que le grec, le germanique et le lituanien où, contrairement à ce que l'on attend à en juger par l'indo-iranien et par
le sort général des consonnes finales de l'indo-européen, la
sifflante s'est maintenue, sauf des accidents secondaires, jusqu'à l'époque contemporaine soit sous la forme sourde, soit sous
la forme sonore (v. ci-dessus, p. 83 et s.). La cause de cette
résistance si particulière nous échappe, et il nous est impossible
de décider si, comme pour le -*š* iranien, par exemple, il y a eu
une sorte de rénovation ou renouvellement de l'**-s* ancienne ;
cela est seulement vraisemblable. Les autres dialectes ne
nous apprennent rien : l'-*s* finale des noms gaulois confirme
le caractère archaïque de ce dialecte ; en arménien les syllabes finales ont ou bien disparu de façon générale, ou bien,
selon M. Pedersen laissé dans le -*k'* du pluriel une trace
curieuse et remarquable ; en slave, enfin, l'-*s* n'apparaît
plus, bien que là il y ait des sifflantes implosives intérieures (cf. Meillet, *Etudes*, p. 128), et l'on est réduit à en
constater l'absence, sans pouvoir rien dire de son évolution.
Néanmoins il y a là encore un trait qui sépare le slave du
baltique et qui peut confirmer en une certaine mesure l'hypothèse que la conservation de l'-*s* est due à une restauration, à
une déviation de la tradition. Le voisinage du slave et du
baltique ne fait que souligner le caractère dialectal, tardif, de
la diversité de fortune de l'-*s*, qui apparaît dans les divers
parlers de façon indépendante et parallèle.

CHAPITRE SEPTIÈME.

LES GROUPES DE CONSONNES EN FIN DE MOT.

La situation des groupes d'occlusives placés en fin de mots est curieuse et donne une idée très approximative, mais intéressante néanmoins, de l'articulation d'une consonne implosive finale proprement dite. Des groupes de ce genre n'étaient sans doute pas très fréquents, mais il est incontestable qu'il y en a eu : les troisièmes personnes du singulier d'aoristes de racines se terminant par des consonnes en fournissent des exemples certainement très anciens : le type de i.-e. *émoukt*, skr. *ámok* de la racine *meuk-*, skr. *muc-* est bien indo-européen. Or, dans un mot de ce genre le -*t* était, on vient de le voir, implosif en tant que placé à la fin d'un mot ; mais le -*k*- qui le précédait était implosif aussi parce qu'il était le premier élément d'un groupe formé de deux occlusives. M. Rosapelly a montré depuis longtemps de façon lumineuse comment une consonne qui se trouve dans une pareille position n'existe guère que par son mouvement de fermeture, son implosion, qui reste perceptible tandis que son explosion tombe dans la consonne suivante et est comme étouffée par l'implosion nouvelle (v. Rosapelly, *M. S. L.*, t. 10, p. 345 et suiv.; Jespersen, *Lehrbuch. d. Phon.*, § 167). Dans un groupe intérieur d'occlusives on sait quelle est la conséquence du fait : -*kt*- à l'intervocalique subsiste plus ou moins longtemps, puis, le -*t*- ayant une explosion, c'est-à-dire étant fort, *-kt-* évolue vers *-tt-* et vers *-t-* de façon progressive et variée.

A la finale la débilité de l'occlusive implosive est telle qu'elle tombe et découvre l'occlusive implosive intérieure qui la précède immédiatement : i.-e. **émeukt*, indo-ir. **ámaukt* est représenté en sanskrit par *ámok* «il a lâché», à côté duquel on a encore par exemple *rok* et *ruk* « il a brisé » de **raukt *rukt, dhak* «il s'est étendu jusqu'à » de **dhakt*. Dans aucune de ses formes **k* n'est autre chose qu'une faible implosive ; elle est ce qu'est le *-k-* de skr. *yuktá-* « joint » à quoi répond prākr. *jutta-*, mais par suite de son caractère de finale l'occlusive qui la suivait était plus fragile encore. Ce qui s'est produit en sanskrit, a dû se passer aussi en grec : si l'on a en fin de compte ἄνα à côté de ἄνακτος et γάλα à côté de γάλακτος c'est après avoir passé par des intermédiaires **anakt *galakt* et **ἄνακ *γάλακ*. Les conditions sont, en effet, les mêmes : le grec, comme le sanskrit, ignore les spirantes et, pas plus que dans l'Inde, il n'a existé en Grèce de tendance à supprimer toutes les implosives indistinctement et à ouvrir toutes les syllabes ; on y dit ἄνακτος et γάλακτος et ζευκτός, skr. *yuktáḥ*. En latin où on retrouve ces caractères généraux, on a eu, plus tard mais de façon parallèle, *lac* de **lact*.

Dans ces langues, la finale ne présente rien de la force que l'on attend chez une appuyée, et que M. Grammont a mise en relief au cours de sa *Dissimilation consonantique*. C'est que, selon la définition même de M. Grammont (*loc. laud.* p. 17), une consonne appuyée est une consonne explosive qui suit immédiatement une consonne implosive ; mais que, dans le cas présent, la consonne qui suit immédiatement l'implosive est elle-même, en tant que finale, implosive. On se trouve en face d'une suite d'implosives essentiellement instables et rapidement altérées

Les dialectes qui ont innové ont par là-même porté des

atteintes graves à leur caractère héréditaire ; car l'existence
des groupes d'occlusives et des syllabes fermées, ainsi que
l'absence de spirantes sont des caractéristiques éminentes du
système phonétique de l'indo-européen. Bien entendu, les
langues où les syllabes ont été ouvertes systématiquement, ne
nous apprennent rien sur le traitement de groupes tels que
celui de i.-e. *émeukt ; on n'y observe plus d'occlusives finales,
sauf quelques rares cas spéciaux, dès la date la plus ancienne :
ainsi en slave. Mais les dialectes à spirantes nous présentent
des traitements intéressants : chez eux l'occlusive qui était
implosive et, par suite faible, à cause de sa position de
première consonne d'un groupe, a été altérée avant l'implosive
finale et l'équilibre ancien a été déplacé. L'occlusive qui
terminait le mot s'est trouvée la plus résistante comparativement ; son mouvement de fermeture est devenu comme le
terme d'un resserrement progressif et son implosion s'est
appuyée sur la spirante qui la préparait en quelque sorte. Tel
est le cas avant tout en iranien. On sait à quel point les
spirantes sont fréquentes dans ce dialecte, où elles se développent dans toute circonstance favorable et où elles sont, pour
ainsi dire, recherchées ; en tout cas, et cela suffit en l'espèce,
le type i.-e. *yuktós, skr. *yuktáḥ*, gr. ζευκτός y est représenté
par av. *yuxtō* ; dès lors indo-ir. *(á)yaukt « il a joint » est
devenu *yauxt* noté *yaogᵊt* dans l'Avesta et *parakt s'est changé
en *paraxt*, gāth. *paragᵊt* « à part de, à l'exception de ». Le
celtique, qui a innové dans le même sens que l'iranien pour ce
qui est des spirantes dans les groupes, et qui présente v. irl.
secht skr. *saptá* gr. ἑπτά, *cacht* « servante » latin *captus, ocht*
gr. ὀκτώ lat. *octo, recht* « loi » lat. *rēctus*, a très exactement
comme à la troisième personne de prétérits en -*t* : ·*recht* à côté
de *rigim* « j'élève », ·*siacht* à côté de *saigim* « je vise », *acht*
à côté de *agim* « je pousse devant moi », par exemple ; ces
prétérits sont précisément d'anciens aoristes radicaux (cf.

Thurneysen *K. Z.*, t. 37, p. 111 et suiv.). Les autres dialectes indo-européens sont muets ; mais, si le germanique, par exemple, nous fournissait quelque exemple, il serait sans doute du même type que ceux du celtique et de l'iranien et pour les mêmes raisons.

Des groupes tels que le *-xt* de l'iranien et du celtique appellent immédiatement l'attention sur le seul ensemble comparable que présente l'indo-européen, sur *-*st* ; là aussi on se trouve en présence d'une implosive finale précédée, sinon d'une spirante, au moins d'une sifflante. Dans les dialectes archaïques le *-*t* a disparu dans cette position comme après une consonne ou une voyelle : en sanskrit *ā́s* « il était » répond à *ā*st, ájaiṣ* « il triompha de » à *ájaišt avec un *š* d'origine secondaire ; en grec on a dor. ἦς « il était » qui égale skr. *ā́s*. Le latin n'offre pas d'exemple, car il n'y a rien à tirer de *ōs*, *oss*, dont l'origine est tout à fait obscure ; et les autres dialectes n'enseignent pas davantage. On peut noter seulement que plus tard, dans des conditions pareilles le latin *post* de **posti* a tendu vers *pos*. En irlandais dans une forme relative de 3ᵉ pers. sing. *caris* « aimait » il est impossible de décider ce que l'adjonction du pronom enclitique **is* a conservé de la finale de **garast* + *is*, à supposer que *caris* remonte vraiment à une telle forme (v. Pedersen *Vergl. Gr. d. Kelt. Spr.*, § 151 ; Thurneysen, *Handbuch*, § 504). Ce qui reste acquis c'est seulement que là où la tradition du phonétisme indo-européen est le mieux conservée, une finale -*st* ne forme pas un groupe uni mais apparaît bien comme composée d'une sifflante et d'une occlusive implosive finale du type normal. Sur ce point, l'iranien est d'accord avec le sanskrit et le grec : à un ancien *-*st* final répond un simple -*s*, ainsi dans gâth. *as* « il était », *činas* « il enseigna » de **činast* ; il n'y a désaccord que là où il y a innovation : le sanskrit a appliqué aux groupes nouveaux *-*št* la même règle qu'à l'ancien *-*st* et, comme on vient de le voir il présente *ájaiş* de **ájaišt*, mais l'iranien a fait une différence. Comme dans **yauxt* (av. *yaogᵊt*), **paraxt* (av. *paragᵊt*), la finale *-t* est une appuyée dans gâth. *čoišt* « il a promis », *vaxšt* « il a fait pousser », *dārᵊšt* « il a tenu » parce que dans tous ces mots également les groupes finaux ont été renouvelés. Mais il ne faut pas perdre de vue en tout ceci que *-st* est un groupe spécial dont les deux éléments sont articulés à la même place.

Un type de groupe consonantique singulièrement plus fréquent en indo-européen est celui qui est formé d'une occlusive + *s*. Son sort est lié, en une large mesure, ainsi qu'il est naturel, à celui de l'*s* finale. Il est représenté de façon fort suffisante en grec par un bon nombre de nominatifs de thèmes à suffixe zéro, soit indépendants, soit seconds termes de composés, comme πτώξ « craintif », γύψ « vautour », ἐπίτεξ « qui va accoucher », χέρνιψ « eau pour ablutions » ; de la même façon on a en latin *uōx*, *rēx*, *auspex*, en gaulois *Dumnorix* et d'autres noms pareils ; d'autres exemples assez répandus sont fournis par les formations de mots invariables en *-s* : gr. ἄψ, ἐξ, lat. *abs*, *ex*. Par suite de conditions générales dont il a été traité à part (cf. p. 63 et suiv.) ces monosyllabes permettent de voir comment une langue, qui ne fournit aucun renseignement, se trouve être muette ici encore grâce à un accident : l'intervention d'une des lois fondamentales qui régissent son système phonétique ; car le slave, dans tout groupe consonantique dont le premier élément est une occlusive, supprime cette dernière (Meillet, *Etudes*, p. 127-8), oppose naturellement *jis : jiz* à lat. *ex*, *bes : bez* de **bheks : *bhegz* à skr. *bahíḥ* (v. Meillet, *Etudes*, p. 153) et à *vŭs : vŭz-* de **ups- : *ubz*. Dans les autres dialectes cités, grec, latin et gaulois l'*-s* finale s'est maintenue et la consonne qui précédait était relativement forte puisqu'elle pouvait faire explosion sur la sifflante suivante, ce qu'elle ne pouvait faire sur une occlusive : un groupe tel que *-*ps* ou *-*ks* n'est pas comparable à *-*pt* ou *-*kt* ; ces derniers comportent deux implosives successives ; les premiers une explosive suivie d'une continue. Le cas critique est dès lors celui où l'explosive est articulée à la même place que la sifflante : alors, en effet, ce qui faisait la force du premier élément du groupe, est appelé en quelque sorte à en causer la débilité. Tandis que *-*ps* et *-*ks* sont également résistants dans leur première et dans leur seconde partie, différentes l'une de l'autre, *-*ts* est dans une position singulièrement précaire : à κλώψ « voleur » le grec oppose dor. πώς « pied », à *uōx*, *rēx* le latin oppose *pēs*.

On peut se demander légitimement si l'indo-européen luimême a connu un groupe *-*ts*. A comparer les exemples précédents et ceux où l'on a affaire à un *-*ts* intérieur on arrive à croire que non. La différence qui vient d'être faite au point de vue de leur constitution entre les groupes *-*ps*, *-*ks* d'une part et *-*ts* de l'autre, se confirme : *πύτσνος ne donne pas *πύθνος, mais *πύσνος et πύννος « derrière » *δέτσνος (i.-e. *gᵂ*esthsno-*) ne devient pas *δέθνος, mais *δέσνος puis δέννος « honte », et si l'on a bien *scāla* de **skantslā*, *rēmus* de **rētšmos*, on a d'autre part *uīsō* de **weitsō* et *concussī* à côté de *concutiō*, *dīuīsī* à côté de *dīuĭdō*. Quant aux cas où les représentations de -*ts*- varient avec les dialectes entre la sifflante double de l'épopée δάσσασθαι et du lesbien ἐδίκασσα, le σ simple de l'attique δάσασθαι « partager (aor.) », ἐδίκασε « il a jugé », κομίσας « tu t'es occupé de », les affriquées du genre de *tˢ et *tᶿ du béotien κομιττάμενος et du crétois δάτταθθαι ou ἐδίκαζα, ils sont suspects d'être récents et analogiques.

La tendance sanskrite diffère ici peut-être de la tendance indo-européenne. Dans l'Inde l'occlusive placée devant une sifflante et, par évolution secondaire, devant une chuintante est une consonne forte dont l'explosion est perceptible : skr. -*kṣ*- devient pkr. -*kkh*- comme dans *çikṣati* > *sikkhaï* « vient au secours „ et *-ps-* comme *-ts-* deviennent également *-cch-*, ainsi dans skr. *apsarā,* pkr. *accharā* « nymphe „ et skr. *vatsa-,* pkr. *vaccha-* « petit d'un an „. Aussi n'y a-t-il pas de différence entre le traitement de *p* et de *k* ou celui de *t* devant *s,* resp. *ṣ* ; à la finale, l'occlusive qui est forte reste, et la sifflante-chuintante, qui est une vraie finale implosive, tombe : on a skr. *vā́k* en face de lat. *uōx* ; *rā́ṭ* en face de lat. *rēx,* gaul. *-rīx* ; *saṃyúk* « lié d'amitié „ en face de gr. σύζυξ « lié au même joug „, lat. *coniux* ; *suṣṭúp* « chanteur de louanges „ et de façon tout à fait parallèle *pā́t, marút* à côté de dor. πῶς, lat. *pēs.* L'*-s* a été traitée ici comme une occlusive.

On aperçoit sans peine pourquoi il n'a pas été question dans tout ceci de l'iranien. Ainsi qu'on l'a vu plus haut, les conditions anciennes sont profondément altérées dans ce dialecte par le fait que les occlusives qui figurent au début d'un groupe, sont changées en spirantes quel que soit le phonème qui les suit : indo-iran. **kš* devient **xš* tout comme **kt* devient **xt* ; les consonnes qui se trouvaient devant l'*-s* final des anciennes fins de mots en **-ps,* **-ks* n'ont donc pas été simplement réduites comme en grec ou en latin, mais leur implosion même a été diminuée au point qu'il n'y a plus eu de fermeture complète. On n'a pas eu dans l'Iran comme dans l'Inde **pᵗs* et **kᵏs* ni surtout **tᵗs,* s'il est permis de faire intervenir ici pour plus de simplicité des symboles grossiers, mais **ps* et **ks* avec des -**p-* et -*k-* « faibles „. D'autre part si **ps* et **ks* manifestent leur existence, le groupe **ts* lui n'apparait nulle part. En effet on a oss. *wäss* « veau „ à côté de skr. *vatsáḥ,* av. *masyō* « poisson „ en face de skr. *mátsyaḥ,* gâth. *haᵘrvatās* de **sarvatāts* « perfection „, av. *us-* de **uts.* L'évolution continuant selon sa voie propre, l'iranien a fait **pš* à côté du **kš* qui lui est commun avec le sanskrit, et enfin *fš* et *xš,* par suite de sa « spirantisation „ générale. La conclusion est que l'on a av. *vāxš* (lat. *uōx*), *druxš* « leurre, mensonge „, *āfš* « eau „, mais que les vieux mots racines à finale dentale ne présentent plus en iranien de forme ancienne du nominatif (cf. Bartholomae, *Grundr., d. iran. Phil.*, t. 1, 1re partie, p. 218, 219). Quant à ces formes à -*š* final, elles ont la résistance propre aux innovations : on a *vāxš* contre *vā́k* tout comme l'on a *ažiš* « serpent » contre *áhiḥ*, *bāzuš* « bras » contre *bāhúḥ* tandis que c'est *vəhrkō* « loup » qui répond à skr. *vṛkaḥ*.

La double *s* conservée en vieil irlandais dans le monosyllabe préfixé *ass*- « hors de » représente sans doute un ancien -*ks* ; *ass* : *a* répond à lat. *ex*, gr. ἐξ. Et il est probable qu'en celtique la « spirantisation » déjà observée devant les occlusives s'était produite, comme en iranien, devant la sifflante indo-européenne : *ass*- viendrait de **eks* par **axs*- comme le gallois *chwech* de **sweks* par **hwexs*. Le même phénomène est d'ailleurs abondamment attesté à l'intérieur et le principe est tout à fait vraisemblable : on a v. irl. *uasal*, britt. *uchel* en face de gr. ὑψηλός (le gaulois *Uxellodunum* peut représenter **Uxse-*), v. irl. *ais* « voiture », britt. *echel* « essieu » en face de lat. *axis*. Ici encore **ts* n'apparaît pas : son représentant est également *s* dans les divers dialectes, à v. irl. *ís* « sous » répond britt. *is* (de **pēt-s*). La même remarque s'applique sans doute au germanique bien qu'aucune divergence entre les traitements des groupes *occlusive* + *s* dans les différents dialectes ne permette de datation relative : **seks* donne partout **sexs*, en gotique *saíhs*, en vieux haut allemand *sehs*, en vieux saxon *sehs* (puis *ses*) ; v. isl. *sex* et v. angl. *siex* ont un **-ks* final qui représente le même degré d'évolution que le *sechs* de l'allemand moderne (= **zeks*). Mais **uts* est partout **us-* : **uz* attesté en gotique, en v. isl. *úr* (avec allongement), en v. angl. *or-*, en v. sax. et en v. h. a. *ur-*.

Au point de vue de l'indo-européen les groupes formés d'une sonante *m, n, r, l, y, w* suivie d'une consonne ne devraient pas figurer ici. Dans cette langue, en effet, des finales telles que

-eut, *-eit*, *-elt*, *-ert*, *-ent* et *-emt* sont composées de diphtongues *eu*, *ei*, *el*, *er*, *en* et *em*, c'est-à-dire de tranches
vocaliques, suivies d'une occlusive-dentale terminale. Mais la
plupart des dialectes issus de l'indo-européen ont perdu tôt le
système des sonantes ; et l'on sait que si, par exemple, *ei* et
eu anciens sont restés des diphtongues, *el* et *er* d'une part,
en et *em* de l'autre ont été considérés à des dates diverses
selon les langues comme des groupes formés d'une voyelle et
d'une continue de caractère plus ou moins spécial. Tandis que
-eit et *-eut* sont restés *-ei* + *t* et *-eu* + *t*, *-elt* par exemple a tendu à devenir *e* + *l* + *t* ou même *e* + *lt*, c'est-à-
dire une voyelle suivie d'un groupement de consonnes appuyées
l'une sur l'autre. La valeur phonétique des diverses sonantes
est d'ailleurs assez différente pour que l'on doive admettre
qu'en indo-européen même, quoi qu'elles y soient fortement
groupées ensemble et qu'elles y jouent strictement le même
rôle, elles ne s'équivalaient pas exactement. On ne sait pas,
par exemple, si *ŗ*, *ļ*, *ṃ*, *ṇ* représentent de simples voyelles
comme *i* et *u*, ou des sortes de groupes formés des sonantes
considérées et de quelque élément vocalique très bref ; on sait
aussi que *°y* et *°w* comportent une voyelle brève de timbre
déterminé, tandis que dans *°r*, *°l*, *°m*, *°n* la qualité de *°* est
définie de façon assez lâche et souvent tardive.

En sanskrit la différence entre les sonantes se fait déjà sentir ; après les diphtongues en *w*, soit *o* et *au*, et en *y*, soit *e*
et *ai*, les occlusives sont traitées exactement comme après
voyelles : on a *dŗçét* « qu'il voie » gr. δράϰοι, *bháret* « qu'il
porte » gr. φέροι comme *syắt* « qu'il soit », cf. lat. *siēs*, et *áçrot*
« il a entendu » comme *ádhāt* « il a posé ». Quand la diphtongue est en *r* le traitement de l'occlusive se rapproche de celui
qu'elle présente après une *consonne* : elle tend à disparaître.
M. Wackernagel a très bien montré (*Altind. Gr.*, t. 1, § 261)
à quoi tient la décision dans cette situation ambigue où le pho-

nème qui précède l'implosive finale n'est tenu nettement ni
pour une consonne ni pour un élément vocalique : lorsqu'il
s'agit d'une désinence, d'un élément qui n'est pas maintenu
par le sentiment, si fort en sanskrit, de la forme de la racine, il
y a chute et l'on dit *ákar*, avest. *čōιᵓṭ* « il a fait» ; dans le cas
contraire le système l'emporte sur l'accident et l'on a *ávart*
3ᵉ sg. aor. de *vr̥t* Dans le R̥gveda on trouve conservée encore la
trace de la consonne disparue ; la finale -*ar* est toujours longue
devant voyelle quand elle remonte à un ancien *-*art* 'et
M. Oldenberg a pu proposer d'écrire dans ce cas -*arr* au lieu
de *ar* (*Die Hymnen des Rigveda*, t. 1, p. 424, note). De
même après les nasales ; la chute de l'implosive a eu lieu bien
plus tôt qu'après les anciens*-*y* et *-*w* mais plus tard qu'après
les consonnes proprement dites : on a en védique *prā́ṅ* « pen-
ché en avant » de *prā́ṅk, bharan* « ils portaient » de *bharant*.
Mais dans le R̥gveda on retrouve la trace de la finale ancienne
et les exégètes indigènes interprètent les formes de ce type
comme si l'on avait p. ex. *āpann* « ils ont obtenu » (Oldenberg,
Die Hymnen, t. 1, p. 424 et suiv.). L'iranien s'accorde bien
avec les langues de l'Inde : av. *barən* répond à véd. *bharan,*
barōiṭ à *bháret, staoṭ* « il a loué » à *áçrot;* le seul point difficile
est celui du traitement intermédiaire en quelque sorte, celui
de l'implosive finale placée après la liquide. M. Bartholomae
a enseigné qu'elle est conservée jusque dans l'Avesta et a
opposé *čōrᵓṭ* « il a fait » à skr. *ákar* (*Grdr. d. iran. Phil.*, t. 1,
1ʳᵉ partie, p. 39) ; mais dans son *Altiranisches Wörterbuch*
(col. 942) il fait remarquer que la forme *abarᵓ* « portait » de
Yašt 14, 59 s'accorderait tout à fait avec skr. *ákar* et qu'après
tout la désinence -*ṭ* de *čōrᵓṭ* peut être analogique. Bien qu'elle
s'appuie sur un ἅπαξ cette hypothèse est d'autant moins négli-
geable que les raisons qui pouvaient amener l'extension de la
désinence -*ṭ* sont précisément assez considérables en iranien :
on a vu en effet que l'iranien avait conservé cette finale non

seulement après voyelles et diphtongues au sens étroit du mot (types *staoṭ* « il a loué », *baraṭ* « il portait », *dāṭ* « il a donné, mis ») mais encore après des spirantes et des chuintantes (types *yaogʹṭ* « il a lié » *čōišt* « il a promis »). En tout cas, il est à noter que c'est après la liquide qu'il y a hésitation et flottement.

Le grec ne dénonce plus aucune nuance de traitement : on y trouve φέροι de *φέροιτ à l'optatif, φέρῃ de *φέρῃιτ, *ἔφερον de *ἔφεροντ, κῆρ « cœur » de *κηρδ, ἔαρ « sang » de *εσαρκ (cf. skr. *ásr̥k*). Un phénomène analogue à celui qui atteint l'implosive après la liquide dans l'Iran, après la liquide et la nasale dans l'Inde semble s'être produit en grec pour le groupe -ντ. En grec commun il y a eu à un moment donné un abrègement systématique du premier élément des anciennes diphtongues longues placées devant consonnes, et l'on a ἔμιγεν « ils ont été mêlés » de *ἔμιγεντ pour *ἔμιγηντ, ἔγνον « ils ont connu » de *ἔγνοντ pour *ἔγνωντ et autres pareils, comme on a ἵπποις « aux chevaux » de *ἵπποις (skr. *áçvāiḥ*) tandis que *κηρδ par exemple ou *φερῃιτ ont donné κῆρ et φέρῃ et non pas *κερ ni *φερει. Cela suppose que -ντ s'est maintenu plus longtemps que -ρτ ou -ιτ. M. Solmsen a opposé à ce traitement régulier (*B. B.*, t. 17, p. 329 et suiv.) celui de hom. μιάνθην « ils ont été souillés », crét. διελέγην « ils ont discouru » où l'on retrouve -ην pour *-ηντ comme -ηρ de *-ηρτ dans κῆρ, et il a proposé de voir dans l'une et l'autre forme des doublets syntactiques : -ην représenterait le traitement en finale absolue, avec chute précoce de l'occlusive, -εν, respect. -ον, celui de l'intérieur de la phrase avec maintien plus long du groupe final. Evidemment ce n'est là qu'une hypothèse ; M. Hirt s'y est rallié (*Handb. d. gr. Formenlehre*, § 402), mais M. Brugmann préfère voir dans la longue des formes citées le résultat d'innovations analogiques pareilles à celles qui ont amené la restitution de la longue à la 3ᵉ personne du pluriel au moyen en partant des personnes où la longue s'était conservée (*Gr. Gr.*[3], p. 285). Le fait essentiel demeure : à la finale la différence entre les trois séries de sonantes *y* et *w*, *r* et *l*, *n* et *m* et leur évolution accélérée vers l'état soit vocalique, soit consonantique se fait sentir dès les plus anciens dialectes indo-européens. Mais le cas de *-nt* et de *-rt* soulève des difficultés pareilles à celui de *-st* : tous ces groupes s'écartent de la normale parce qu'ils se composent également de deux dentales.

A ce point de vue il est intéressant aussi de noter que, en arménien, c'est *ekn* « il est venu » qui répond à skr. *ágan*, i.-e. **égʷent* et non pas **ek* ; l'**n* du groupe **nt* a été préservée assez longtemps par la consonne implosive pour être traitée comme l'**n̥* voyelle finale et non comme une nasale finale post-vocalique : *ekn* est *ˊčʿən* de même que *tasn* «dix » est *tasən* (gr. δέκα, lat. *decem*) ou *otn* « pied » *otən* (acc. gr. πόδα, lat. *pedem*), tandis que *khun* acc. « sommeil » répond à gr. ὕπνον. Le latin est malheureusement obscur : on a d'une part sûrement *cor* de **cort* : **cord*, *jecur* de **jecort* : **jecord*, cf. skr. *yákr̥t*, et sans doute *aser* de **aserk* : **aserg* cf. skr. *ásr̥k*, gr. ἔαρ ; mais on connaît mal le traitement de **-nt*. L'opinion de M. Thurneysen (*Archiv* de Wölfflin, t. 5, p. 575, et suiv.) qu'en italique déjà, **-nt* était passé à **-ns* n'est appuyée d'aucun exemple certain : un neutre *ferens* peut fort bien être un aucien masculin, ainsi que l'est *audax*, un numéral tel que *quotiens* peut représenter **quotientis* et non **quotient* (cf. Brugmann, *Grundr.*, t. 1[2], p. 512) ; et dans les troisièmes personnes du pluriel à désinence secondaire osq. *deicans* « dicant », omb. *sins* « sint », M. Ehrlich n'a pas hésité à voir des formes nominales, des nominatifs pluriels de thèmes en *-en-* (*I. F.*, t. 11, p. 299 et suiv.). Cette explication manque vraiment de simplicité et doit paraître forcée ; ce que dit M. Brugmann (*Grundr.*, t. 1[2], p. 912 note) que *-ns* en osco-ombrien doit provenir d'un **-nd* analogique du *-d* de la troisième personne du singulier au lieu

du *-*nt* ancien ne nous avance guère. En fin de compte, on est
amené à se demander s'il n'y aurait pas lieu d'admettre
que, comme en grec par exemple, *-*nt* a été conservé plus
longtemps que *-*rt* et que le mouvement de fermeture de
l'implosive finale a simplement disparu après -*r*- tandis qu'il
en est resté quelque chose après -*n*-, dont le point d'articulation est précisément le même que celui de *t* et de *s* ; en ce
cas, *s* serait en quelque sorte la spirante de *t* et représenterait
son implosion devenue imparfaite, commencée dans le même
sens, mais n'aboutissant plus.

En celtique l'opposition entre les sonantes de caractère
vocalique, c'est-à-dire *y* et *w*, et celles de caractère consonantique, soit *r* et *l*, *m* et *n*, est complète : après les premières les
consonnes finales sont traitées comme après des voyelles,
derrière les secondes comme à la suite de continues, de spirantes. Le vieil irlandais a *bert* « il a porté » de **bhert*, *alt*
« il a élevé » de **alt*, *ar-ro-ét* « il a pris » de **emt*, *dét* « dent »
de **dent* **dṇt* comme -*racht* « il s'est levé » de *-*rext* (cf. Thurneysen, *K. Z.*, t. 37, p. 115 et suiv.). Le germanique est très
pauvre d'exemples ; mais on retrouve le même contraste qu'en
vieil irlandais dans l'opposition qui se manifeste entre l'identité
de traitement de *þái* « ceux-ci » (lit. *të*, ancien *toî*) et got.
baírái « qu'il porte » (lit. *tesukē̃*, skr. *bháret*) d'une part et
l'inégalité du sort de la nasale dans les accusatifs singuliers
de thèmes en *-*n*- comme got. *hanan* « coq » de germ. com.
**xanonun* (cf. gr. ἡγεμόνα) et dans les vocatifs singuliers de
thèmes en *-*nt*- tels que v. angl. *walden*, *sceppen* (de **woltent*,
**skapjant*) (cf. Bülbring, *I. F.*, t. 6, p. 140) ou les troisièmes
personnes du pluriel à désinence secondaire, got. *bērun*, v. h. a.
bārun « ils ont porté » de **bhērṇt* **bērunt*. Après la nasale au
moins, l'occlusive finale a été conservée plus longtemps
qu'après -*i*- et -*u*-, seconds éléments de diphtongues. En letto-
slave, on ne peut guère s'attendre à retrouver la trace de

phénomènes du même genre : d'abord l'archaïsme remarquable de ce dialecte s'est manifesté tout particulièrement par la conservation surprenante du système des sonantes et par conséquent de l'identité d'emploi et de la similitude d'articulation de *y, w, r, l, n* et *m ;* ensuite parce que les implosives y ont disparu *relativement* très tôt. En v. pruss. *seyr* répond à gr. κῆρ, en lituanien on a *vilką* en face de skr. *vŕkam*, gr. οἶκον tout comme *rėžą* en face de gr. φέρον, anciennement *φέροντ.

Les fins de mots qui présentent une sonante suivie de la sifflante en indo-européen se séparent nettement en deux groupes : celui des finales où la sonante est un ancien **y* ou **w* qui ont été étudiés en même temps que la sifflante finale postvocalique d'autre part et celui des terminaisons **-rs*, **-ls*, **-ns* et **-ms.* Des deux premiers de ces groupes il y a peu d'exemples : M. A. Meillet a montré (*Mélanges S. Lévi,* p. 17 et suiv.) comment les thèmes nominaux en *-r-* se trouvent ne présenter en aucun dialecte de désinence **-s* ajoutée à une prédésinentielle **-er-* ou **-or-.* Dans les noms de ce type l'indo-iranien a généralisé le vocalisme prédésinentiel zéro, et au lieu d'un génitif-ablatif en **-arš* que l'on pourrait attendre on se trouve en présence de **-ŕš*, noté dans les Gâthâs *-ərəš* et représenté en sanskrit par *-uḥ* : *-ur*. Ailleurs les thèmes en *-r-* ont au génitif-ablatif une désinence à vocalisme **e* ou **o*, gr. ῥήτορος et πατρός, lat. *auctōris* et *patris*, puis d'une part arm. *hawr* (**patres*), v. irl. *athar* (**patros*), got. *broþrs* (**brōpris*), et de l'autre v. sl. *matere* (**māteres*) et lit. *moteřs* (**mōteres ;* v. de Saussure, *I. F.,* t. 4, p. 456 et suiv.). D'autre part il ne semble pas qu'il y ait trace, en dehors de l'iranien, de désinences verbales en **-rs*, **-rš* : en face de l'optatif avestique *jamyārəš* « puissent-ils venir » on a en sanskrit *gamyuḥ*. Ce qui reste, en somme, ce sont les deuxièmes personnes à désinence secondaire **-s* de verbes radicaux se terminant par **-r ;* ainsi des aoristes tels que skr. *ákar* « tu fis », du moins pour

le sanskrit, car du côté iranien il se trouve qu'il n'y en a pas
d'exemple, et le vieil irlandais n'a conservé de l'aoriste radical
que la troisième personne du singulier qui a servi de thème
temporel et sur laquelle les autres personnes ont été refaites.
Cette pénurie d'exemples permet cependant de voir clairement
que le traitement sanskrit du *-š* issu de *-s* après -*r*- a été ici
comme partout ailleurs conforme aux traditions anciennes :
la chuintante qui a succédé à la sifflante débile est tombée
après la semi-consonne-liquide comme après une consonne. En
iranien, au contraire, conformément d'ailleurs à une tendance
générale bien attestée, la chuintante est traitée comme une
finale neuve bien qu'elle ne soit que renouvelée :'dans gâth.
-*ərəš*, noté -*arš* en avestique, le groupe -*rš* est d'origine secondaire, mais traité exactement comme l'est l'ancien -*rš* de *-*ārš*
dans *jamyārəš* : l'un et l'autre groupes sont maintenus comme
l'est la finale de *vāxš* (lat. *uōx*).

Beaucoup mieux attesté est le traitement du groupe *-*ns*,
qui est la désinence normale de l'accusatif pluriel des thèmes
en *-*i*- et *-*u*- et des mots du type thématique en $^a/_o$.

Le traitement de-*ns* est intéressant parce qu'il diffère de celui
de *-*rs* pour autant qu'on le connaît et qu'il ne ressemble pas
du tout à celui d'un groupe composé d'une consonne ou d'une
semi-consonne suivie d'une sifflante. La nature propre de la
nasale intervient de façon décisive ; d'abord elle sert de point
d'appui à la sifflante qui s'articule précisément au même
point qu'elle ; ensuite elle tend, lorsque son articulation se
résoud, à se fondre dans la voyelle précédente qui se nasalise.
Le premier fait est illustré de façon brutale, en quelque sorte,
en arménien : un *-*s* final y disparaît, un ancien *-*ns* y est
représenté par -*s*, ainsi *khun* « sommeil » répond à gr. ὕπνος,
skr. *svápnaḥ*, mais *gets* « fleuves » à *wedons* (v. Meillet,
Esquisse d'une gr. comp. de l'arm. cl., p. 33-4). Ce traitement
répond d'ailleurs exactement à celui de l'intérieur : *amis*

« mois » cf. lat. *mensis* (v. Meillet, *loc. laud.*, p. 18). En sanskrit la sifflante indo-européenne tend à disparaître fort tôt en finale absolue ; mais le Ṛgveda nous atteste qu'après une nasale elle s'est conservée assez longtemps pour que le traitement de l'intérieur pût s'exercer : c'est-à-dire qu'en fin de mot une ancienne *voyelle + nasale + sifflante* est représentée par *voyelle nasalisée + sifflante* comme dans véd. *máṃsate* « qu'il pense » de la racine **man-, jíghāṃsati* « il désire frapper » de **han-*. La sifflante est elle-même représentée de façon normale de la même façon qu'après voyelle : on a dans les vieux textes devant des initiales sonores *-āṃ, -īṃr, -ūṃr*, c'est-à-dire **-ą̄, *-ī̜r, *-ū̜r* qui représentent correctement de plus anciens **-ą̄z, *-ī̜ž, ū̜ž*, avec lesquels alternaient devant des sourdes initiales **-ą̄s, *-ī̜š, *-ū̜š*. Ces finales sont attestées de façon régulière dans le Ṛgveda devant les voyelles ; M. Oldenberg n'a relevé que cinq exceptions (Oldenberg, *Die Hymnen des Ṛigveda*, t. 1, p. 428 et suiv.) où l'on a *-ān* à la place de *-āṃ* pour un ancien **-āns* ; ce sont là des innovations dues à l'influence de la langue classique (cf. Wackernagel, *Altind. Gr.*, t. 1, p. 330-1). Le même traitement est encore attesté devant d'autres sonores, mais de façon beaucoup plus imparfaite ; c'est ainsi que devant des occlusives et nasales initiales les anciens représentants phonétiques ont été éliminés d'abord (Oldenberg, *loc laud.*, p. 430), sans doute, ainsi que l'a indiqué M. Wackernagel (*Altind. Gr.*, t. 1, p. 332), parce que le souvenir précis de l'existence du groupe **-ns* s'était perdu et que par ailleurs il n'y avait pas place pour un *-ṃ* devant une occlusive ; la règle était qu'une nasale finale était assimilée, en une certaine mesure, à la consonne qui suivait. Devant les sonantes et *h-* les saṃhitas présentent encore quelques exemples du traitement normal des finales en **-ns* (cf. Oldenberg, *Die Hymnen*, t. 1, p. 430 ; Whitney, *Atharva-veda Prātiçākhya*, 2, 28). Pour ce qui est du groupe **-nz* après

-*ŗ*- il n'est attesté qu'une fois dans le R̥gveda ; cela provient, comme l'a vu M. Wackernagel (*Altind Gr.*, t. 1, p. 330) de l'évolution particulière de ces phonèmes en sanskrit : ils aboutiraient forcément à -*ŗ̥mr*, où la suite de l'*r* voyelle longue nasalisée et de l'-*r* finale faisait évidemment difficulté.

Les équivalents de *-ā̃z̆*, *-ĩz̆*, *-ũz̆*, *-ŗ̥̃z̆* devant initiales sourdes sont mal attestés en sanskrit ; mais ils le sont assez pour que l'on soit assuré de leur existence dans la langue qui a précédé de peu celle qui nous est attestée dans les hymnes sacrés. Le redoublement *kā́ṃskān* nous conserve dans sa première partie l'accusatif pluriel de l'interrogatif tel qu'il figurait devant un *k-* : *kā́ṃs*, c'est-à-dire **kā́s̃* est la forme régulière dans cette position de indo-ir. **kāns*. On voit qu'il s'agit ici d'un de ces exemples nombreux de conservation de formes anciennes à l'intérieur d'un groupement de mots particulièrement fixe et traditionnel. Il en est de même pour le bel exemple *nŕ̥ṃḥ pāhi* « protège les hommes » (R̥V. 8, 84, 3) avec -*ḥ* pour **-s* et enfin dans le cas des exemples de sifflante conservée devant les enclitiques *ca* et *cid* et le démonstratif *ta-* (v. Oldenberg, *Die Hymnen des R̥igveda*, t. 1, p. 431 et 432 ; Wackernagel, *Altind. Gr.*, t. 1, p. 331).

Il se trouve qu'en fait on n'a d'exemples du traitement de **-ns* ancien, avec nasalisation de la voyelle précédente, qu'après des voyelles longues, en sanskrit ; mais c'est là un accident dû à la généralisation de la voyelle longue à l'accusatif pluriel (cf. Brugmann, *Abrégé*, § 480, rem. 1). En effet, les cas souvent cités où l'on aurait -*n* de **-ns* après voyelle brève ne sont pas comparables : *ágan* « tu es allé » est un ancien *ágams*, *dán* « de la demeure » un ancien **dáms*, tout comme *praçā́n* « qui ne souffre pas » un ancien **praçā́ms* et rien ne permet de poser que le traitement de **-ms* ait été le même que celui que **-ns* en fin de mot. Il est fort possible et même probable que **-ms* devenait **-ns* tandis que **-ns* se changeait en

-*ṃs*, et qu'au moment où les anciennes nasales dentales avaient ainsi disparu devant la sifflante finale, les nouvelles se maintenaient au contraire grâce à la loi qui a été généralisée en sanskrit et étendue à tous les groupes finaux de la chute du dernier élément. Il est vrai qu'à l'intérieur des mots on a *kraṃsyáte* « il marchera » de **kram-*, *áṃsaḥ* « épaule » à côté de latin *umerus*, got. *amsans* (acc. pl.) ; mais si les traitements de l'intérieur et de la finale peuvent coïncider, il est impossible de conclure de l'un à l'autre, et rien n'autorise à affirmer que **kramsyáte* a passé par **kransyáte* avant de devenir *kraṃsyáte* comme **dams* est devenu **dans*, et puis *dán*.

Sur le domaine iranien les renseignements précis font défaut ; le seul texte qui serait assez archaïque est celui de l'Avesta, mais sa graphie est tout à fait insuffisante : l'*ą* bref n'est pas distingué de l'*ą* long, les voyelles fermées n'apparaissent jamais affectées d'aucun signe indiquant qu'elles sont nasalisées, l'ancien **ṛ* nasal est résolu soit en *rą*, soit plus tard en *rᵐ*. Le premier résultat est que les accusatifs de thèmes en **-i-* et **-a-* ne nous sont pas attestés comme nasalisés : on lit av. *gaⁱriš* « les montagnes », gâth. *xratūš* « lés sagesses » et l'analogie de gāth. *mašyə̄ng* « les hommes » ne permet guère en fait de conclure que l'*-ī-* et l'*-ū-* des formes citées étaient nasalisés. On sait que les voyelles fermées répugnent singulièrement à la nasalisation, tandis que l'*-a-* s'y prête avec la plus grande facilité. Quoiqu'il en soit, la notation de l'*a* nasalisé luimême offre à la finale des variations notables : dans l'Avesta on a tantôt *ą*, tantôt *ą* suivi de *n* ou de *m*, d'une part et de l'autre soit *-ə̄* soit *-ə̄ng* ; la nasalisation et une certaine fermeture de la voyelle sont ainsi mises hors de doute, mais il n'y a là rien qui ne se retrouve à l'intérieur des mots, si ce n'est précisément l'adjonction éventuelle aux signes désignant les voyelles des diverses lettres qui servent à noter les nasales.

Tout ce que l'on peut signaler c'est que probablement la

réduction des finales **-ans*, **-ins*, **-uns* a eu lieu assez tard en iranien, puisque, contrairement à ce qui s'est passé en sanskrit, **dams* et **gams* sont devenus gâth. *dōng* et *jŏn*, tout comme **yāns* est devenu gâth. *yōng*, av. *yą* et **mr̥tiyāns* gâth. *mašyŏng*.

En grec le traitement de la nasale devant sifflante à la fin de mot est très bien attesté et se distingue nettement des phénomènes de l'intérieur. Ceux-ci, en effet, sont de deux sortes : d'une part l'on a **ns* ou **ms* devant consonne réduits dès le grec commun à *s* ou *z* plus consonne, ainsi dans les troisièmes personnes moyennes de l'impératif, lacon. ἀνελοσθω, att. φερόσθων, él. τῑμωστων qui contiennent une désinence -νσθω(ν) faite sur celle de l'actif -ντω. Une loi analogue a continué à agir dans les divers dialectes, et les groupes refaits ont été éliminés de façon pareille jusqu'à date récente (v. Brugmann, *Gr. Gr.*, p. 78) ; mais la voyelle précédente a été traitée diversement et la nasale s'est trouvée ainsi laisser la plupart du temps une trace de son existence. D'autre part **ns* ancien ou provenant de **ms* a été altéré à l'époque commune aussi, en position intervocalique, dans un tout autre sens d'ailleurs que devant consonne ; la sifflante a disparu, la nasale a été redoublée puis, dans certains dialectes, simplifiée avec allongement compensatoire de la voyelle précédente : ainsi l'on a eu ὦμος « épaule » de **ὤμσος*, ion.-att. χηνός, dor. χᾱνός « oie », de **χανσος* (cf. skr. *haṃsáḥ*), génitif lesb. μηννος, thess. μειννος, ion.-att. μηνός « du mois » de **μηνσος* (cf. v. irl. *mí*, nom. pl. *mís*) et des aoristes sigmatiques comme lesb. ἔμεννα, ion.-att. ἔμεινα, dor. ἔμηνα de μένω « je reste ». A la finale, au contraire, -νς s'est maintenu jusque dans les dialectes et se trouve ainsi sur le même étage que les -νσ- intervocaliques secondaires, tels que celui de grec commun **πανσα **παντγα*, **μηνσι **μηνσσι* (dat. plur.), **εχονσι* (3ᵉ pers. pluriel) dor. ἔχοντι.

On trouve donc ce groupe conservé dans les dialectes doriens d'Argos et d'Égine (τονς υιονς, ένς), et sur certains points de la

Crète, tels que Vaxos. Sur la plupart pourtant on a tantôt -νς et tantôt -ς, mais sans aucun allongement compensatoire, ainsi dans αὐτονς, υἰονς, Ϝορτυνς mais τοιουτος ; or, à l'intérieur on observe pour -νσ- intervocalique un traitement différent puisque toute la Crète centrale conserve le groupe et que par ailleurs là où le ν disparaît la voyelle précédente est allongée (Thumb, *Handb. d. gr. Dial.*, § 141). Un contraste analogue se retrouve en arcadien où -νσ- subsiste, tandis que *-νς devient -ς, sans que la voyelle finale soit altérée : on a πανσι, ποιενσι « ils font » mais αὐτος = αὐτούς, φιλος = φίλους. En lesbien tous les groupes νσ sans distinction, c'est-à-dire les groupes ν + σ récent à l'intervocalique et ν + ς ancien à la finale donnent -ισ-, respectivement -ις : *πανσα est représenté par παισα et *ενς par εις qui doit être lu *eys ; on soupçonne une évolution pareille dans les accusatifs pluriels éléens τοιρ ἀλλοιρ, où seul *-nz final aurait été ainsi palatalisé (v. Brugmann, *Gr. Gr.*[3], p. 77 ; Osthoff, *Zur Gesch. d. Perf.*, p. 26 et suiv. et Thumb, *Handb. d. gr. Dial.*, § 187). En ionien-attique et dans divers autres dialectes le -ν- disparaît et la voyelle finale est allongée : dans le parler dorien de Tarente et d'Héraclée « un » se dit ἧς, en Méssénie on a les accusatifs pluriels τως, θεως, en Béotie, d'après Corinne, δομως, auxquels répondent en ionien-attique εἰς, τούς, θεούς, δόμους.

Une innovation grave du grec commun doit être considérée ici : c'est l'introduction de la proclise. On sait que l'enclise est indo-européenne, mais que l'existence de mots secondaires, peu ou point autonomes, appuyés sur un mot plein suivant est étrangère aux langues du groupe à date ancienne. Le mot proclitique capable de flexion le plus important du grec est l'article, auquel on peut ajouter la préposition ἐνς « dans » ; celle-ci, ainsi que l'article à l'accusatif pluriel soit féminin, soit masculin, se trouvent en tant que proclitiques, dans une position particulière. Leur liaison étroite avec le mot suivant, mot avec lequel ils forment en quelque sorte un groupe uni fait qu'ils conservent des traitements syntactiques : on y voit -νς subsister devant voyelle, tandis qu'il est altéré en -σ- devant une initiale consonantique. C'est ce qui apparaît en Crète, à Gortyne, Cnossos, Lyttos, Olus et Latos : τονς et ἑνς se trouvent à la fois devant des mots commençant par consonnes ou par voyelles, τος et ἑς ne figurent, sauf une exception, que devant des initiales consonantiques. L'ionien-attique, où l'on a ἑς qui alterne avec εἰς comme préposition confirme cette alternance dans la mesure du possible : M. Brugmann note le cas de ἑς τοῦτο (*Gr. Gr.*, p. 144) et M. Hirt (*Handb. d. gr. Laut- u. Formenlehre*, p. 177 a signalé un certain nombre de cas d'alternance dans Homère, ainsi ἑς Χρύσην (A 100) et εἰς ᾿Αίδαο (Θ 367).

Les polysyllabes et les mots autonomes ont dû présenter aussi ce double traitement, attesté seulement pour les proclitiques : on aurait ainsi généralisation de la finale antéconsonantique en arcadien et dans quelques parlers crétois (cf. Brugmann, *Gr. Gr.*[3], p. 144), de la finale antévocalique dans tous les autres dialectes sauf le crétois central où les deux traitements seraient encore attestés.

On voit que le traitement de -νς n'est pas en grec un traitement spécial à la fin de mot ; il se retrouve à l'intérieur de façon correcte : *-ensto* y donne -σστο- de façon normale dans κεστός « piqué, brodé » par exemple (cf. κεντέω). Mais un phénomène peut intéresser les finales sans leur être particulier. Leur évolution ne comporte pas seulement des faits spéciaux, elle comporte, comme ici par exemple, des phénomènes que l'on retrouve dans le mot avec des variantes, des différences de date le plus souvent, parfois sans différence. Il n'est guère possible d'en faire état dans ce second cas, mais dans le premier il s'en faut qu'ils soient sans intérêt.

Les faits latins sont bien connus : et peut-être y a-t-il eu

une différence sensible entre le traitement de *-*ns* et celui de
*-*ns*- intervocalique. Comme ailleurs l'-*s* appuyée sur la nasale
dentale précédente se maintient et l'*n* tend à disparaître avec
allongement de la voyelle précédente. Or, en latin le plus
ancien, la finale *voyelle* $+$ *ns* est déjà devenue *voyelle* $+$ *s*,
tandis qu'à l'intérieur on se trouve en présence de voyelles
nasalisées et peut-être suivies d'une résonance nasale : on a
lupōs de **lupons*, *ouīs* de **ouins*, *manūs* de **manuns* ; mais les
inscriptions écrivent tour à tour *cosol* et *consol*, *cesor* et *censor*
ce qui pourrait dénoter des prononciations variant entre
**cosol* et **cǫsol*, entre **cesor* et *cęsor*. L'altération de *-*ns* est
ici, comme ailleurs, de date dialectale : **pedn̥s*, **podn̥s* donnent
respectivement πόδας en grec, **pedens*, **pedęs* et *pedēs* en latin.
Mais elle apparaît naturellement aussi en osque et en ombrien :
on a par exemple, en ombrien *turuf* « tauros », en osque
feíhúss « muros » avec une remarquable différence de traitement entre les deux dialectes.

En celtique le traitement de *-*ns* et, comme en latin, de
*-*n̥s* a dû être très semblable à celui du latin à la finale.
D'abord l'*-*n*- a disparu, tandis que la voyelle précédente
était allongée, peut-être bien par nasalisation d'ailleurs passa-
gère, et ensuite l'*-*s*- finale est tombée : on a en vieil-irlandais
fíru « les hommes » qui suppose un ancien **wirōs* (cf. le voc.
plur. *fíru* de **wirōs*) issu lui-même de **wirǫs*, **wirons* ; de même
bithu, d'un thème en *-*u*- (*bith* « monde ») *suili*, d'un thème en
-*i*- (*súil* « œil ») et *cona* « chiens » d'un thème consonantique.
Le gaulois présente d'ailleurs encore l'-*s*- *finale dans *Lingonas*
par exemple.

En germanique il est impossible de noter aucun détail : là,
comme ailleurs, *-*ns* a été résistant et son évolution est si bien
dialectale que *-*n̥s* est traité comme *-*ns* après voyelle. La
gotique présente encore le groupe dans son intégrité : on a
þans « ces » et *dagans* « jours » (i.-e. *-*ons*), *balgins* « les

astres „ *sununs* " fils „, *fōtuns* " pied „ (i.-e. -*n̥s*), *fadruns*
(i.-e. *pətr̥s*) ; mais dans tous les autres dialectes, attestés il
est vrai beaucoup plus tard, *-ns* a disparu sans plus : en vieil
islandais on a *arma* acc. plur. en face de *armar* nom. pl. ; en
germanique occidental l'accusatif et le nominatif ont été confondus, quoique le Hildebrandslied oppose encore *hringa* " an-
neaux „ et *bouga* " bracelets „ à *helidos* " héros „ (v. Scherer,
H. Z., t. 26, p. 380) ; les faits sont les mêmes pour les thèmes
en *-i-*, en *-u-*, et le vieil islandais a *gêster* et *gêste*, *vender* et
vǫndo : l'*-s* appuyée sur une *-n-* antérieure est tombée avec
elle, tandis que l'ancienne *-s-* non finale du nominatif pluriel a
subsisté. L'opposition avec le traitement intérieur est manifeste : le vieil islandais a *oss* " nous „ en face de got. *unsis*,
áss " poutre „ à côté de got. *anza* (dat. sg.) ; le vieil anglais *ús*
" nous „, *gós* " oie „ de *gans-* ; le vieux saxon *ūs* ; *kusti* " arts,
connaissances „ et moyen bas allemand *gōs* ; le bas-francique
(hollandais) a même *ons*, *gans*, *konste*, comme le haut-allemand
a *uns*, *gans* et *kunst*.

Le baltique a lui aussi conservé le groupe *-ns* jusqu'en
pleine époque dialectale ; le baltique et le slave sont d'accord
avec les autres dialectes pour traiter *-n̥s* devenu *-ins* et *-ⁱns*
comme les anciens *-o-ns*, *-u-ns*, *-i-ns* etc. Le vieux prussien
présente encore les finales anciennes : il a *deiwans* " dieux „,
rānkans " mains „, *ackins* " yeux „. Le lituanien littéraire n'a
plus l'*-n-*, et la voyelle qui précédait la nasale est longue
quand elle n'est pas en finale proprement dite, brève par
ailleurs : on dit *vilkùs* " loups „, *gerùs* " bons „ mais *gerúsius*
" bons „ (déterminé), *rankàs* " mains „ mais *rankosnà* " dans
les mains „, *žčmès* " terres „ mais *žêmêsnà sūnus* " fils „, *žuvìs*
" poissons „, *szunis* " chiens „, *ākmenis* " pierres „. Nulle
part, on le voit, la voyelle qui précède l'*-s* n'apparaît comme
nasalisée ; les monosyllabes *jūs*, *tūs*, *sziūs*, *tàs*, *sziàs* ont des
longues à côté des brèves *tùs*, *sziùs*, *tàs*, *sziàs*, mais nulle

part des nasales ; les dialectes orientaux eux aussi ne dénoncent par aucune altération de timbre une nasalisation quelconque. En fait tout se passe comme si la nasale du groupe final était tombée sans nasaliser complètement la voyelle précédente, mais en provoquant cependant son allongement tandis que la sifflante restait : *-ans est devenu *-oⁿs, *-os, abrégé en -as ; *-ens est devenu *-ēⁿs, *-ēs, -es ; de même *-uns et *-ins (ancien ou issu de *-n̥s) ont été changés en *-ūⁿs, -ūs, -us et en *-īⁿs, *-īs, -is ; quant à *-ons loin d'avoir jamais été confondu avec *-ans (v. Brugmann, *Grundriss*, t. II², 2ᵉ partie, p. 224-5), il est devenu *-ōⁿs, -ōs, avec un *-ō- valant *-n̥- c'est-à-dire isolé, étranger à toute alternance régulière, selon l'hypothèse très juste de M. A. Meillet (cf. *Introduction*³, p. 82), c'est-à-dire *-n̥s et -us. A l'appui de l'interprétation donnée ici on peut citer la forme žémaïte intéressante que l'on entend à Xvejdany (lit. *Kvédarnai*) par exemple : *senúⁿsjus* « les vieux » (Javnis, *Opisanie rossienskago uězdu*, p. 42) ou *gerúnsjus* « les bons » (Baranovskij, *Zamětki o litovskom jazykě i slovarě*, p. 59) qui ont conservé, à l'abri du pronom suffixé une trace de l'*-n- ancienne, ainsi que l'a fait le monosyllabe autonome *triñs* « trois » dans la même région (Javnis, *loc. cit.*, p. 38). A l'intérieur on sait qu'il y a nasalisation franche de la voyelle précédant le groupe *-ns- ancien ; ainsi dans *žąsìs* « oie », *tęsiù* « je tends », *pįsiu* « je tresserai ».

Les faits slaves s'accordent bien avec ceux qui viennent d'être observés dans les différentes langues en ce sens qu'ils supposent eux aussi une survivance prolongée de la finale *-ns, sous une forme d'ailleurs plus ou moins altérée et qu'il est impossible de reconstituer : malgré la chute de *-s en slave et l'ouverture de toutes les syllabes fermées, la voyelle placée devant *-ns n'est pas traitée comme celle qui se trouve devant *-n. Il y a en somme trois cas à considérer ; les deux premiers sont clairs : *-ins et *-uns, des accusatifs pluriels de thèmes en -*i*- et en -*u*-, ont donné *-*ī̆s* et -*ĭ*, *-*ū̆s* et -*y*, qui représente régulièrement *-*ū* en slave ; on a ainsi *pǫti* « routes » et *syny* « fils » de thèmes en *-*i*- et en *-*u*-. Sauf la chute de la sifflante finale en dernier lieu, ces traitements rappellent ceux de l'intérieur ; on a **gnīda*, russe *gnida*, tch. *hnída* de **gninda*, lit. *glínda*, lette *gnida* « lente » ; **žīla*, v. sl. *žila*, s. *žila*, tch. *žíla* de **žinsla*, à côté de lit. *gísla* « aigle » ; et d'autre part, de façon parallèle **lūko*, v. sl. *lyko*, tch. *lýko*, s. *lik* de **lunkon*, lit. *lùnkas*, pruss. *lunkan* « liber » ; **ūk*-, v. sl. *vyknǫti*, s. *viknuti*, tch. *vyknouti* de **unk*-, lit. *jùnkstu* « je m'habitue ».

Le cas de *-*ons* (ancien *-*ŏns* des masculins et *-*ăns* des féminins) se présente différemment ; on a vu plus haut que *-*ŏ*- à la finale tendait à s'abréger, surtout devant *-*n*-, et à devenir, par suite de l'altération de timbre qui accompagnait sa diminution, *-*ŭ*- ; *-*ons* est donc devenu d'abord *-*ŭns* puis, par allongement, *-*ū* et -*y*. Mais lorsqu'il était précédé de *-*j*-, il est devenu -*ę*- en vieux slave, -*e*- en russe et dans les dialectes occidentaux. De thèmes en *-*o*- ou en *-*ā*- on a eu d'une part *plody* « fruits », *ženy* « femmes », *ty* « ceux » et « celles » indifféremment, d'autre part *nožę* « couteaux » (tchèque *nože*), *dušę* « âmes » (tchèque *duše*). Il est tout à fait remarquable que l'on retrouve ici, à propos des représentants de l'ancien *-*ons* final, la différence connue entre le traitement vélaire et palatal des nasales voyelles *-*n̥*- ou *-*m̥*- : ainsi que l'a montré M. A. Meillet, le traitement vélaire de ces sonantes est -*ŭ*- comme dans *sŭto* « cent », leur traitement palatal au contraire -*ę*- comme dans *pamętĭ* « souvenir ». Sauf l'allongement, c'est ce que l'on retrouve dans les accusatifs *plody* « fruits » et *nožę* « couteaux ».

En grammaire comparée il est aussi question de groupes finaux plus compliqués que ceux qui viennent d'être examinés. Mais, à vrai dire, ils n'intéressent guère l'étude du régime des finales, parce que l'on ignore jusqu'à quel point ils ont eu en indo-européen une existence réelle et quelle forme ils y prenaient. Si skr. *áchān* « il parut » représente **achāntst*, on ignore comment l'un est venu de l'autre et jusqu'à quel point même **achāntst* a jamais été réel ; *ábhār* « il apporta » de **abhāršt* à côté de av. *dār°št* « il tint » ne nous enseigne rien que l'examen des groupes composés de deux éléments ne nous dise. Le seul groupe de ce genre qui paraisse être bien attesté et qui ait quelque importance est *-nts* parce que c'est celui que l'on restitue comme finale du nominatif singulier des thèmes en *-nt-* et des participes présents en particulier. En fait là encore le point le plus intéressant nous échappe : d'une part beaucoup des langues considérées ont *-s* pour **-ts*, et l'on peut raisonner comme si le nominatif en question se terminait en **-ns*, avec peut-être une sifflante particulièrement intense, d'autre part l'existence même de représentants d'anciens groupes **-nts* est au moins douteuse. Ainsi il faut écarter d'abord le germanique où les nominatifs got. *frijōnds gibands*, v. h. a. *friunt* sont des innovations analogiques d'après les cas obliques. D'autre part les participes grecs en -ων, φέρων, ἰδών etc., ne représentent pas non plus des formes anciennes en **-onts*, quelle que soit leur origine ; ces finales en -ων sont particulières aux formes à vocalisme *-o-*. On a gr. ὁπόεις de ὁποϜεντς « juteux », δρΐς de **δραντς* « qui court » dont le traitement est exactement celui de **-εντς* et de **-αντς*, et, τιθείς « posant », διδούς « donnant », δεικνύς « montrant » ; cela peut s'expliquer par le fait propre au grec que le -ς final y apparaît toujours comme intense, d'où qu'il provienne.

On retrouve une opposition régulière entre les formes à *voy.* + (*n*)*s* et celles en *voy.* + (*n*)*ts* par ailleurs ; il faut seulement tenir compte avec soin des effets possibles de l'analogie. Dans l'Avesta on a de façon générale gâth. *s^as* « tu as accompli » en face de *tōng, mašyōng* ; gâth. *haurvatās*

« intégrité » en face de *aməšā̊* « immortels ». L'opposition n'est pas moins nette en latin entre *praesēns, nāns, ferēns* et *lupōs, hominēs*, ou en lituanien entre *vežą̃s* « uehēns » (occidental *vežą̃s*, žémaïte *vežõ͂s*, oriental *vežą̃s*) ou *búsęs* « qui doit être » (occidental *búsēs*, žémaïte *búse͂s*, oriental *búsīs*) et *rankàs* « manūs » ou *žémès* « terrās » ; on peut seulement se demander dans chaque cas jusqu'à quel point elle est indo-européenne ; cf. aussi v. irl. *care* « ami » de **qarants* (?) à côté de *cona* « chien » de **qunans*. Seuls v. sl. *vezy* « uehēns » et *znajǫ* « cognoscēns » en regard de *toky* « courants » et *nožę* « couteaux » ne disent exactement rien.

L'évolution exacte du sanskrit est assez difficile à reconnaître. Les formes telles que *mahā́n* « grand », *bṛhā́n* « haut », ont été généralisées et il est difficile de décider si elles remontent à un ancien type **mahā́ns, *bṛhā́ns* ou **mahā́nt, *bṛhā́nt*. La plupart des règles de sandhi n'enseignent rien et ne parlent que de l'assimilation plus ou moins bien poursuivie en pratique de l'*-n* (cf. Whithney, *Skr. Gr.*, p. 69 et s.). Le redoublement de la nasale finale après voyelles brèves et devant initiale vocalique dont parlent les grammairiens indigènes et que M. Oldenberg interprète selon les cas par **-aṃ* (ancien **-ans*) ou par **-ant* (ou **-ant'*) n'est pas très clair au point de vue étymologique (Oldenberg, *Die Hymnen des Rigveda*, p. 424 et s.). D'après le Ṛgprātiçākhya ce redoublement serait la trace d'un ancien **-t* ; après voyelle longue on ne retrouverait que le seul représentant de **-ns*. M. Oldenberg a montré comment cette règle est fondée en grande partie sur la réalité, parce qu'en fait, il se trouve que **-ns* figurait le plus souvent après voyelle longue, **-nt* après voyelle brève (Oldenberg, *loc. laud.*, p. 427-8) ; d'où il ressort que l'interprétation de *bṛhánn a-* par *bṛhán^d a-* doit être proche de la vérité. Le même savant a fait voir que la troisième personne du subjonctif en **-ānt* faisait exception, comme on devait l'attendre (*ibid.*, p. 428). Soit dit en passant, ceci enlève beaucoup de sa valeur à l'exemple de *mahā́n*, trop exposé à l'action analogique ; il n'y a rien à tirer des trois cas où l'on a *mahā́ṃç c-*, des trente et un exemples de *mahā́n̐ a-*, par exemple (Lanman, *Noun-Inflection*, p. 506).

Mais la question n'est toujours pas tranchée : *ā̆* est bien suivi de *-ns* sauf dans la désinence de subjonctif *-ānt* ; mais dans *mahā́n* où l'on attend un ancien *-t* final on a quand même un *-s* ; seuls des traitements parallèles à ceux de la désinence susdite en *-ānt*, c'est-à-dire *présentant des traces de sifflante finale* après voyelle *brève* peuvent nous prouver que la règle sanskrite repose sur des généralisations récentes. Le noyau le plus ancien du R̥gveda ne possède aucun traitement de ce genre, et le dialecte védique au sens le plus étroit du mot, celui du premier fonds, ne permet aucune conclusion. Sans doute sa normalisation a été plus précoce que celle d'aucun autre parler de l'Inde du Nord-Ouest ; en tout cas il est plus proche déjà de la règle classique. L'Atharvaveda au contraire présente *-aṃs* devant *t-* six fois et *-an* devant *t-* seulement trois fois, la Tāittirīyasaṃhitā a *-aṃs t-* trois fois et d'ordinaire *-an t-*, enfin le dernier hymne du deuxième maṇḍala du R̥gveda, reconnu de façon unanime comme une des parties récentes du recueil, contient l'exemple, unique dans le R̥gveda *āvádaṃs* « faisant retentir » devant *tvám*. Ces exemples ne doivent pas être écartés, sans plus, comme tardifs et relativement rares ; ils doivent être interprétés comme l'ont été par M. A. Meillet le passage de *ḍ* et *ḍh* intervocaliques à *ḷ* et *ḷh*, celui de *bh* et *dh*, dans la même position, à *h*, la présence de *l* à côté de *r*, la répartition des désinences d'instrumental *-ebhiḥ* des démonstratifs et *-aiḥ* des substantifs thèmes en *-a-* (cf. A. Meillet, *Des consonnes intervocaliques en védique* dans les *I. F.*, t. 31, p. 120 et s.) ; ce sont, en réalité, des faits relevant d'un autre dialecte et, par suite, des témoignages précieux que la langue des premiers hymnes ne pouvait déjà plus fournir mais qu'un parler voisin, qui a exercé son action sur le Ṛgveda par la suite, avait conservés.

Or, ces témoignages sont défavorables à l'hypothèse d'un ancien *-ant* simple ; c'est exactement par *-ans* ou *-anᵗs* que s'expliquent la finale de véd. *āvádaṃs tvám* et les formes pareilles de la Tāittirīya Saṃhitā et de l'Atharvaveda.

CHAPITRE HUITIÈME.

Des sonantes finales. De la nasale finale et de sa forme.

Les sonantes dont il est traité ici ne sont en réalité qu'une partie des sonantes indo-européennes. D'une façon générale il s'agit de ce que l'on peut appeler les sonantes-consonnes, c'est-à-dire les nasales, la liquide et la vibrante : les autres, en effet, plus proches des voyelles par leur nature même dès l'origine, se sont séparées progressivement de *n, m, r, l* pour se confondre plus ou moins entièrement avec les voyelles ; tandis que *n, m, r, l*, par une évolution opposée, ont tendu à se ranger parmi les consonnes, et leur histoire est, en bonne partie, celle de ce développement.

Les -*y* et -*w* vocaliques, au degré zéro, c'est-à-dire -*i* et -*u* ont été étudiés avec les voyelles. Les -*ṇ*, -*ṃ*, -*ṛ* et -*ḷ* ne l'ont pas été encore, et bien qu'elles soient traitées d'ordinaire à la finale comme à l'intérieur, elles présentent cependant quelques particularités qui valent la peine d'être relevées. Malheureusement il est difficile d'en tirer des conclusions pour l'indo-européen commun, parce qu'elles sont isolées et rares. La plus intéressante peut-être est celle qui a été signalée par M. Meillet à propos de *-*ṛ* en sanskrit (*Mélanges S. Lévi*, p. 17 et s.) ;

il a montré, en effet, comment à la finale *-r̥ est déjà dès le R̥gveda -uḥ : -ur tandis qu'à l'intérieur il est encore -r̥-. C'est un fait particulièrement important que les éléments vocaliques furtifs et très brefs qui entouraient l'r̥ voyelle dès l'époque la plus ancienne que nous connaissions (et peut-être de tout temps) se soient précisés à la finale très tôt, et, en tout cas, beaucoup plus tôt qu'à l'intérieur ; comme l'indique bien M. Meillet, c'est la position où ces éléments ne pouvaient apparaître qu'avant la voyelle et non plus l'environner. Sans qu'il soit possible de le démontrer, il y a lieu d'admettre que des conditions pareilles devaient exister en indo-européen et que le premier point de départ du traitement sanskrit de *pitúḥ* « du père », *vidúḥ* « ils savent », *sanitúḥ* « à part » remonte fort haut. Au point de vue sanskrit il faut noter l'accord, relevé par M. Meillet, du traitement vélaire de *-r̥ donnant -uḥ et de *-az donnant -o (cf. p. 115 et s.), qui est une particularité de la fin de mot dans les dialectes védique et sanskrit classique. Les autres dialectes n'enseignent rien : il n'y a pas d'exemple sûr de *-r̥ en iranien et dans gâth. *ə̊nharə* on peut supposer indifféremment une finale ancienne *-r̥ ou *-ar ; gr. ἀτάρ offre le même traitement de *-r̥ (*sn̥tr̥ ou n̥tr̥?) à la finale qu'à l'intérieur. Le seul point notable est que la finale présente toujours -αρ, tandis qu'à l'intérieur on a pour des raisons mal connues, tantôt -αρ- et tantôt -ρα- ; ceci est, en effet, d'accord avec ce qui vient d'être dit au sujet du traitement sanskrit : à la finale les éléments vocaliques qui *entourent* l'r̥ par ailleurs, sont concentrés uniquement du côté du mot, l'élément consonantique se trouvant ainsi découvert ; cf. encore les neutres ἧπαρ « foie » skr. *yákr̥t* (cf. sur le mot, Grammont, *De liquidis sonantibus*, p. 38-9), πῖαρ « graisse » (*pīwr̥*). Le doublet ἄρ : ϝα à côté de ἄρα ne prouve rien à l'encontre ; il s'agit non pas d'une voyelle mais d'un *r̥* qui était, à lui seul, un mot autonome comme le montre la comparaison avec le

lituanien *iř*. L'emploi de ϸα comme enclitique destiné à ren-
forcer des monosyllabes (cf. Brugmann, *Gr. Gr.*, p. 539) qui
est le plus fréquent chez Homère n'a aucun titre à être tenu
pour ancien.

Les sonantes nasales au degré zéro sont mieux attestées que
**r̥* et **l̥*, et elles offrent aussi quelques particularités. En slave
et en baltique, il n'y a rien à noter : *-*ṇ̊* (*-*ṃ̊*) se développent
comme à l'intérieur, sauf qu'ils ne présentent aucune trace de
traitement vélaire, et donnent *-*in* (*-*im*), diphtongue qui suit
le sort commun : on a v. sl. **materin*, *materĭ* « mère », lit.
**moterin*, *moterį* tout comme **pamętin*, *pamętĭ* « souvenir » et
**ātmintin*, *ātmintį* (cf. v. pruss. *naktin*). En vieil-irlandais, la
nasale qui se trouve après les noms de nombre *secht*, *noi* ou
deich quand ceux-ci sont étroitement joints au mot qui suit et
qui trahit la présence ancienne d'un *-*ṇ̊* ne diffère en rien de
celle que l'on trouve dans les mêmes conditions après des
accusatifs, des génitifs pluriels et autres formes où elle remonte
à *-*n*. Ni le grec (où *-*ṇ̊*, *-*ṃ̊* aboutissent à α), ni le germanique (où *-*ṇ̊*, *-*ṃ̊* sont représentés par -*un*, -*um*) n'enseignent
rien. En revanche l'arménien présente un trait curieux : en
dehors du monosyllabe *khan* « que », les finales en *-*on* (*-*om*),
*-*an* (*-*am*) et autres sont tombées ; c'est *khun* qui répond à
ὕπνον. Mais l'ancien *-*ṇ̊* a laissé comme trace un -*n* : « sept »
se dit *ewthn*, « dix » *tasn*, « pied », à l'accusatif, *otn* (Meillet,
Esquisse d'une grammaire comparée de l'arménien..., p. 33 ;
M. S. L., t. 12, p. 234 et s.) ; c'est-à-dire que le développement
du groupe *voyelle* + *n* qui est issu en arménien de **ṇ̊* s'est fait
de telle façon que cette sonante a été préservée au moment
de la chute des finales. L'-*ṇ̊* a eu un développement ralenti.
Le latin atteste un fait parallèle : on a *nōmen* de **nōmṇ̊*,
decem de **dekṃ̊*, *septem* de **septṃ̊*, *ferentem* de **ferentṃ̊*, alors
que *-*em* ancien devrait régulièrement donner *-*im* comme l'a
indiqué M. Meillet (*M. S. L.*, t. 7, p. 167) ; *-*om* devient bien

-um, et, d'une façon générale, **e* et **i* sont confondus à la finale et donnent tous deux -*i*- devant consonne, -*e* en finale absolue. Ici encore on a la trace d'un développement ralenti.

En indo-iranien le traitement de la nasale voyelle est à la finale le même qu'à l'intérieur. L'enseignement courant est, il est vrai, celui de M. Brugmann qui suppose qu'une forme telle que *pádam* accusatif singulier de *pát* remonte à un **pódṃm* qui aurait été régulier devant voyelles et ensuite généralisé ; il est surprenant qu'une forme de ce genre, si elle a existé, ait été généralisée au détriment de celle qui se trouvait à la fois à la pause et devant toutes les consonnes initiales. Elle n'est d'ailleurs attestée nulle part en dehors de l'indo-iranien, et M. A. Meillet a pu, avec raison, la rejeter pour la nasale finale comme pour l'-*ṛ* (*Mélanges Lévi*, p. 26). Le simple examen des cas où se présente le traitement **-am* en indo-iranien et de ceux où l'on trouve **-a* permet de voir de suite à quoi remonte l'**-m* de **-am*. On a, en effet, **-a* dans toutes les formes isolées ou accompagnées d'une forme parallèle en **-ṇ* ou **-ṃ* : skr. *saptá*, av. *hapta*, lat. *septem* ; skr. *náva*, av. *nava*, lat. *nouem* ; skr. *dáça*, av. *dasă*, lat. *decem* ; skr. *năma*, av. *nạma*, lat. *nōmen*. Au contraire **-am* apparaît là où pouvait s'exercer l'action analogique de formes terminées correctement par -*m*, ainsi que l'ont montré MM. J. Wackernagel (*Altind. Gr.*, t. 1, p. 12) et Meillet (*loc. laud.*) : ainsi à la première personne de l'optatif des verbes en **e/o*, skr. *bháreyam* « que je porte », de l'aoriste sigmatique skr. *ádikṣam* « j'ai montré », av. -*vīsəm* « j'ai appris à connaître », v. pers. *ap(a)išam* « j'ai écrit », à côté desquels on a *syăm* « que je sois », *dadyăm* « que je donne », skr. *ábharam*, av. *barəm*, v. perse *abaram* par exemple, et à l'accusatif singulier des thèmes à consonnes skr. *pádam*, av. *pādəm* « pied », v. perse *patipadam* qui répond, entre autres, à skr. *bāhúm* « bras », av. *vohūm* « bon », v. pers. *magum* « mage », à skr. *ahím*, av. *ažīm* « serpent »,

v. perse *dādaršim* « Dādarši », ou enfin à skr. *vŕkam*, av. *vəhrkəm* « loup », v. pers. *kāram* « armée ».

Enfin, en tant que second élément de diphtongue, la nasale finale indo-européenne soulève deux difficultés particulières et connexes de par son caractère propre. Son élément essentiel et proprement constitutif est ce que l'on appelle la résonance nasale ; contrairement à ce qui se passe pour les autres sonantes, *r*, *l*, *y* ou *w* le point d'articulation est en ce qui la concerne, non pas un caractère primaire mais la marque d'une variété. Ainsi le traitement de la nasale finale en latin aboutit à une simple résonance qui est bien notée -*m* quand la graphie en tient compte, mais qui souvent n'est pas écrite dans les vieilles inscriptions ; cette résonance n'empêche pas l'élision de la voyelle qui la précède, mais elle s'ajoute à elle devant un mot à initiale consonantique et fait position avec elle, c'est-à-dire qu'elle l'allonge. Ce sont là des faits bien connus (cf. Sommer, *Handb. d. lat. Laut- und Formen- lehre*, p. 302 et s.), et sa restauration qui s'est faite paral- lèlement à celle de l'-*s* (cf. p. 120) est l'œuvre de tout un déplacement et d'une réorganisation du latin. Ailleurs cette résonance a tendu, dans une mesure plus ou moins large, à se fondre avec la voyelle de la finale, à la nasaliser : c'est ce qui s'est produit de la façon la plus large en germanique com- mun (Noreen, *Abriss d. urgerm. Lautl.*, p. 169 ; Streitberg, *Urgerm. Gr.*, p. 183 et s.), où la nasalisation a entraîné l'allon- gement des voyelles intéressées. C'est ce que l'on retrouve en lituanien de façon générale aussi et en slave là où la nature de la voyelle ne s'opposait pas à toute nasalisation. En iranien et en sanskrit il ne s'est pas développé de tranches nasalisées à la finale, et en grec la sonante et la voyelle restent indépen- dantes. Il y a même dans cette dernière langue une tendance très nette à traiter -*n* comme une consonne ordinaire ; en grec moderne -ν a disparu sans avoir agi sur la voyelle qui précédait, mais par amuïssement progressif. La nasale finale est devenue d'abord implosive, comme jadis les occlusives indo-européennes ; puis elle a été réduite à un simple mouvement d'occlusion qui a pu n'être pas noté à la pause ou entre voyelles (Brugmann, *Gr. Gr*³., p. 144), mais qui dans les groupes s'assimilait tout naturellement à la consonne initiale qui suivait : on trouve sur des inscriptions ἐρ Ῥόδῳ, ἐλ Λακεδαίμονι, τὸλ λίθον, ἐς Σάμῳ (cf. Brugmann, *lod. laud.*, p. 143 ; Thumb, *Handb. d. gr. Dial.*, p. 130). La seule langue qui paraisse avoir suivi la même évolution que le grec est l'arménien : ce n'est pas que l'on puisse faire état du fait que les nasales finales postvocaliques ont disparu comme l'ont fait les occlusives, car en arménien les syllabes qui terminaient les mots ont été abolies de telle façon qu'il est impossible de distinguer par quels intermédiaires elles ont pu passer. Le monosyllabe *khan* « que ₙ est à part ; il s'oppose bien à lat. *quam* mais on a, comme on l'a vu, got. *hwan, þan*, v. angl. *þon* par exemple. Mais il reste le traitement de *-n̥ qui suppose un développement relativement tardif en *-ᵘn et la chute de l'élément vocalique inconnu noté par *ᵒ, ou son changement en ə non écrit : c'est-à-dire, en tout cas, un *-n* consonne nettement séparé de la voyelle précédente et franc de toute influence nasalisante.

La seconde difficulté que pose la nasale finale indo-européenne, en tant que second élément de diphtongue, est plus irritante encore : c'est celle de sa forme ancienne. Sur la foi du sanskrit et d'un petit nombre de passages réels de *-m* à *-n* en grec, on l'écrit généralement *-m* ; on ne fait d'exception que pour les mots où l'étymologie amène à poser un *-n* ancien (cf. Brugmann, *Grundriss*², t. 1, § 391 et 396). Ainsi toutes les désinences verbales et nominales, d'accusatif singulier et de première personne, sont restituées avec un *-m* final, tandis que l'on suppose un nominatif *k̦(u)wōn

« chien » gr. κύων et des vocatifs *k₁(u)won gr. κύον, véd. ç(u)van
parce que ce sont des thèmes en *-ᵉ/ₒn-. Quant aux formes
pronominales en *-smin il n'est pas possible d'en faire état ni
de les revendiquer sans plus comme indo-européennes, comme
le font M. Sommer (*Glotta*, t. 1, p. 240) et M. Brugmann
(*Grundriss²*, t. 2, 2ᵉ partie, p. 422). En grec elles n'apparaissent que dans les pronoms personnels, en sanskrit que dans
les démonstratifs : ici on a *asmin, tásmin*, et là ἧμιν, ὗμιν ;
d'autre part ces désinences ne sont anciennes ni en sanskrit,
ni sans doute en grec. Comme M. A. Meillet l'a fait remarquer
(*M. S. L.*, t. 9, p 366) c'est *-smi qui est sans doute indo-
européen, *-smin n'est pas même indo-iranien et l'avestique a
ahmi, ahmya. En grec il n'en va pas autrement : le -ν de att.
ἧμιν, ὗμιν, lesb. ἄμμι(ν), ὗμμι(ν), dor. ἄμιν, ὗμιν, des formes en
-ῖν de att.-ion. ἡμῖν, ὑμῖν (cf. béot. ἄμιν οὔμιν) (v. Sommer, *Glotta*,
t. 1, p. 239 et Witte, *Glotta*, t. 2, p. 8 et s.) est comparable
à celui de σφιν, dont l'alternance avec σφι est proprement
grecque (Brugmann, *Grundriss²*, t. 2, 2ᵉ partie, p. 422).

M. Meillet a fait valoir de fortes raisons de douter de cette
conception courante de la forme de la nasale finale en indo-
européen dans un article des *Mémoires de la Société de linguistique de Paris* (t. 9, p. 365 et suiv.). Il a montré que tous les
dialectes, sauf deux exactement témoignent en faveur de la
nasale dentale : le grec, l'arménien, le baltique et, dans la
mesure du possible, le slave et le celtique ne présentent que
des -*n* en fin de mot. On sait que le celtique a -*n* devant
voyelles à la fin des désinences et surtout que le vieil irlandais
présente *con* devant initiale accentuée c'est-à-dire initiale ancienne véritable et *cóm*- seulement en composition (Thurneysen,
Handbuch d. Altirischen, § 174). Le latin et l'indo-iranien ont
-*n* et -*m*, mais -*m* s'est développée phonétiquement. En latin, il
semble bien établi que partout où une -*n* est conservée c'est
grâce à l'analogie, ainsi dans *inguen* à côté de *inguinem, ingui-*

nis ; le traitement normal est celui de *noucm* à côté de *nōnus*. La tendance à convertir l'*-n* en *-m* a dû être forte et agir longtemps puisque même des *-n* finales secondaires y ont cédé (cf. *exim* à côté de *exinde*). En indo-iranien les faits sont pareils à ceux que l'on observe en latin : une *-*n* finale ancienne n'existe que là où elle s'appuie sur une action analogique ; ailleurs on a *-m*, partout en iranien, devant initiale vocalique et à la pause en sanskrit. Mais là aussi il y a eu tendance à convertir en *-m* l'ancienne nasale dentale placée en fin de mot : celle-ci n'a été sauvegardée que là où un élément additionnel est venu la protéger contre l'altération indo-iranienne et sanskrite de la nasale finale. M. Meillet a montré que l'instrumental sanskrit *anā́* « par celui-ci » est sans doute *an* + *ā́*, que la désinence d'instrumental des démonstratifs indo-iraniens *-*anā́*, conservée en iranien dans v. perse *tyanā*, *aniyanā*, gâth. *kanā* et remplacée par ailleurs par la désinence nominale *-ā*, altérée en *-enā́* sous l'influence de *-ebhiḥ -ebhyaḥ*, *-eṣu* et étendue aux noms en sanskrit, représente une désinence ancienne *-*an* élargie au moyen de la particule *-ā́*, selon toute probabilité. Car l'instrumental des thèmes en *-ā* est *-*ą* en lituanien commun, et *-*ǫ* dans les adjectifs déterminés slaves où l'on retrouve *-ǫ -jǫ*. Mais avant tout il a fait voir qu'il n'y a pas moyen d'expliquer le génitif pluriel indo-iranien en *-ānām*, si ce n'est par une ancienne finale *-*ān* augmentée de la même désinence traitée en fin de mot, c'est-à-dire devenue *-ām* (cf. Meillet, *M. S. L.*, t. 9, p. 366 et suiv.), tout comme la désinence du nominatif pluriel *-*ās* a donné *-*āsas*.

Malheureusement, si l'on est obligé de reconnaître qu'en indo-iranien et en latin les anciennes nasales dentales ont été altérées et sont devenues, sauf interventions extérieures, des nasales labiales, il est indéniable que le grec et sans doute l'arménien aussi présentent des exemples du passage de *-m* à *-n*. Parmi les exemples donnés par M. Brugmann dans sa *Griechische*

Grammatik[3] (p. 75), il n'y a évidemment aucun compte à tenir des désinences ; ce sont elles qui sont en cause, et l'opposition du sanskrit et du grec ne saurait rien décider. Mais il y en a deux qui sont sûrs : ἕν représente bien un ancien *sem* puisque l'on a μία de *smiyə*, et χθών un ancien *χθωμ puisque l'on a en grec χθαμαλός et χαμαί (l'accusatif χθόνα et les cas obliques ont le ν du nominatif). En outre il est tout à fait probable que χιών sort de *χιωμ (cf. χειμών, χεῖμα) ; comme l'arménien *jiun* qui est aussi un thème en -*n*- et fait au génitif *jcan* répond sans doute à χιών, on retrouverait en arménien le traitement grec : *jiun* représenterait aussi un ancien *gₑhiyōm (cf. Hübschmann, *Arm. Gr.*, p. 471). On voit comme la question se resserre et comment l'opposition subsiste entière : les dialectes qui ont -*m* ont connu le passage régulier de *-*n* en *-*m* ; dans ceux qui présentent -*n* la nasale labiale est devenue normalement dentale à la fin de mot. On ne peut s'empêcher de songer à propos de ces faits à l'opposition des finales -*m* du sémitique en général et -*n* de l'arabe du Nord (cf. Brockelmann, *Grundr. d. vergl. Gr. d. sem. Spr.*, t. 1, § 48).

Il y a pourtant à ce qu'il semble un moyen de décider si c'est le traitement grec qui est le plus ancien, ou si c'est celui de l'indo-iranien si l'on se reporte à ce qui a été dit plus haut du sort de la nasale finale dans les dialectes indo-européens. Le témoignage du grec, ou de l'arménien et des autres langues, baltique, celtique et germanique, est net : ils ont soit -*n* finale, soit des traces d'-*n* incontestables, avec une articulation dentale bien déterminée. Au contraire l'indo-iranien et le latin présentent une nasale réduite, de façon plus ou moins complète, à son élément vocalique, ou mieux à une résonance nasale. En vieux latin c'est l'état général ; en sanskrit c'est ce que l'on a à l'intérieur de la phrase, sauf devant voyelle ; ou y attribue généralement à la résonance nasale le point d'articulation de la consonne ou même de la sonante suivante, et entre voyelles l'*-m* écrite a dû être singulièrement faible puisque le texte védique présente des exemples de contractions entre voyelle finale suivie de *-m* et voyelle initiale (cf. l'élision d'une finale telle que *-um* en vieux latin). Dans les deux dialectes la nasale finale était une simple implosive réduite ; c'est en finale absolue que l'*-m* existe vraiment et ce n'est que là ; c'est par suite de la généralisation de la forme pausale que l'iranien se trouve avoir partout *-m* et aussi sans doute que le latin renouvelé et urbanisé a rétabli comme nasale finale unique *-m*. Cette coïncidence de la prononciation labiale de la nasale et de sa réduction à une simple résonance sur laquelle M. Meillet a déjà appelé l'attention (cf. en dernier lieu, *Introduction*[3], p. 119) est de première importance. En effet le passage de *-m* à *-n* s'explique, et il s'appuie sur des analogies nombreuses et diverses : on le trouve, entre autres, dans le chinois mandarin où les trois nasales *-ṅ(-ng)*, *-m* et *-n* se sont réduites à deux *-ṅ(-ng)* et *-n* et où **sam* « trois », par exemple, est devenu *san*. On connaît d'ailleurs bien en phonétique générale, la faiblesse essentielle de l'occlusion labiale, et il n'est pas invraisemblable que l'indo-européen ait dit, comme le grec, **sṃ* « un » à côté de **smiyə* « une », **g̑ʰð̥̄* « terre » loc. **g̑ʰðʰomi*, et même **g̑ʰiyōn* « hiver, frimas ». Mais la transformation de *-n* en *-m*, *à la pause*, car c'est de celle-là seulement qu'il s'agit, est, à première vue, surprenante ; ce qui ne l'est pas moins c'est l'alternance de la résonance nasale sans point d'articulation défini dans la phrase et de la nasale labiale en finale absolue. Mais il faut songer que la simple fermeture de la bouche à la pause entraînait, pour ce phonème si particulier et si difficile à déterminer, une limitation précise et une prononciation *labiale*. Si l'on tient compte de cet accident phonétique il devient possible de rendre compte des faits : les dialectes qui ont conservé de façon plus ou moins

complète l'articulation ancienne et précise de la nasale finale
indo-européenne présentent partout -*n* et tendent pendant un
temps plus ou moins long à prononcer comme dentales toutes
les nasales qui se trouvent placées en fin de mot ; au contraire
les dialectes qui ont réduit la nasale, qui est en indo-européen
une sonante bien définie, à une simple résonance quand elle
terminait les mots, se sont trouvés en possession d'un phonème
dont la fin était constituée par le mouvement d'occlusion de
l'initiale suivante dans le corps de la phrase par la fermeture
de la bouche, c'est-à-dire des lèvres, à la pause. Dans ce cas
l'on obtenait une -*m* plus ou moins franche d'abord, caractérisée
plus nettement par la suite, qui était destinée à se généraliser
en même temps que les formes pausales dans leur ensemble.

CHAPITRE NEUVIÈME.

La voyelle brève en finale ouverte.

Le texte indo-européen le plus archaïque que l'on possède, la collection d'hymnes védiques la plus ancienne, le Ṛgveda, offre un tableau singulièrement complexe des voyelles en finale ouverte, au point de vue quantitatif. Même si l'on ne tient aucun compte ici de la question de graphie et du désaccord entre les quantités notées et celles qui résultent de la scansion, les faits sont loin d'être simples.

Les travaux de védisants tels que Benfey, MM. Lanman, Oldenberg et Arnold, de grammairiens tels que M. Wackernagel ou M. Zubatý, ont établi clairement que les hymnes du Ṛgveda connaissent d'abord des longues constantes, employées comme telles dans les pādas et correspondant à des voyelles sûrement longues de l'indo-européen. Ce sont de toutes les voyelles en finale ouverte, celles qui joueront dans notre exposé le rôle le moins considérable de beaucoup, car leurs altérations et abrègements relèvent manifestement de développements dialectaux. Des longues de ce type sont, par exemple, en indo-européen l'*-ā long des noms féminins (nom. sg.), la désinence en *-ō de la première personne des verbes, les finales en *-ə̄, en *-ī et en *-ū du nominatif-accusatif duel féminin et masculin des thèmes en *-o-, en *-i- et en *-u-.

En second lieu viennent un nombre appréciable de voyelles finales dont la quantité est manifestement variable et qui sont utilisées par les ṛṣis tantôt comme des longues, et tantôt comme des brèves sincères et de bon aloi, selon qu'il leur convenait. La comparaison de certains autres dialectes indo-européens (l'iranien, par exemple, n'enseigne rien) confirme souvent leur caractère variable, et permet parfois d'ajouter de nouveaux cas à ceux que présente le védique.

Un dernier groupe comprend des brèves qui ne paraissent susceptibles d'allongement, ni d'après le témoignage des anciens hymnes védiques, ni d'après la grammaire comparée. Ce groupe est relativement peu nombreux.

L'attention des linguistes s'est déjà portée plus d'une fois sur les voyelles finales de quantité variable. Les alternances quantitatives qu'elles présentent ont, en effet, été rattachées par M. J. Wackernagel dans un mémoire classique (*Das Dehnungsgesetz d. gr. Composita*) à des alternances du même genre dont le grec a conservé des traces sous la forme d'allongements possibles de brèves en finale absolue.

M. F. de Saussure avait signalé le premier ces variations de quantité dans son article sur *Une loi rythmique de la langue grecque* (*Mélanges Graux*, pp. 737-748) ; mais c'est M. Wackernagel qui a su discerner que si les adjectifs grecs à pénultième brève présentent au comparatif et au superlatif un -ω- au lieu d'un ο devant les suffixes -τερος et -τατος (type de σοφώτερος, σοφώτατος) et que si l'on a ἱερωσύνη « sacerdoce » en face de δουλοσύνη « servitude », c'est parce que les voyelles thématiques de σοφό-ς et congénères, de ἱερό-ς et de δοῦλο-ς étaient considérées comme finales dans ces cas particuliers, et par suite comme susceptibles d'être allongées là où se faisait sentir le besoin de rétablir un rythme, une alternance quantitative et de rompre une série de brèves (v. *loc. laud.*, p. 5 et suiv.).

Les finales vocaliques correspondantes à quantité variable du védique ont été étudiées, avec un soin particulier, par Benfey d'abord, par M. Zubatý ensuite dans une série de mémoires dont M. J. Wackernagel a donné l'indication exacte dans son *Altindische Grammatik* (t. 1, p. 310), ainsi que par M. Oldenberg dans son ouvrage capital *Die Hymnen des Rigvcda* (vol. 1, p. 393 et suiv.). Plus récemment elles ont été relevées et examinées à nouveau par M. Arnold qui en a dressé la statistique avec une application extrême (*Vedic Metre*, p. 108 et suiv.) et elles ont fait l'objet d'une discussion entre M. Oldenberg (*Zeitschr. d. dcutsch. morgenl. Gesell.*, t. 60, p. 115 et suiv. ; t. 61, p. 478 et suiv.) et M. Arnold (*ibid.*, t. 60, p. 593 et suiv.). C'est donc l'une des questions concernant le R̥gveda dont les spécialistes se sont occupés avec le plus de zèle, et l'une de celles qui peuvent être considérées à juste titre comme le plus complètement élucidées au point de vue de la philologie sanskrite. Néanmoins il est impossible de ne pas l'examiner à nouveau dans un travail sur l'indo-européen. Les dernières recherches en effet, loin d'avoir amené l'accord, ont bien plutôt contribué à le rompre. Il est vrai que les opinions de M. Arnold n'atteignent pas au fond la doctrine linguistique : s'il a été amené à restreindre le nombre des finales variables, à assigner à plusieurs d'entre elles une quantité unique et à enseigner que d'une façon générale il est toujours possible de fixer la valeur normale de chacune, il n'en admet pas moins toujours que les voyelles qui apparaissent tantôt comme longues et tantôt comme brèves sont des brèves capables d'allongement. Il maintient que le « système rigide » (*Zeitschr. d. deutsch. morgenl. Gesell.*, t. 60, p. 595) de la prosodie des poètes du R̥gveda ne connaît que deux quantités, et M. Oldenberg a bien marqué que là où M. Arnold dit que certains sons « occupent une position intermédiaire entre les voyelles longues et brèves » il n'entend pas insinuer qu'ils ne sont ni longs ni brefs mais qu'ils sont tour à tour l'un et l'autre suivant les cas (*Zeitschr. d. deutsch. morgenl. Gesell.* t. 61, p. 479, note 3).

C'est que le témoignage des hymnes védiques est loin d'être net, et que son interprétation correcte ne va pas sans soulever des difficultés. Le texte des chants, si on le considère en lui-même, n'est certes pas, malgré son archaïsme remarquable, le texte original ; il a subi des influences diverses qui ont altéré jusqu'à la forme linguistique et l'on a pu montrer, par exemple, que le Ṛgveda présente des dialectismes. En réalité, on ne possède que la notation tardive d'une longue tradition, c'est-à-dire un document qui doit présenter, et présente en fait, des flottements. Il faut ajouter que la métrique védique n'offre guère de protection contre l'existence de flottements et d'introduction d'altérations touchant la quantité. Il s'en faut de beaucoup qu'elle présente la même rigueur que la métrique, quantitative elle aussi, du grec. C'est ainsi que par exemple, dans les pādas de triṣṭubh (11 syllabes) ou de jagatī (12 syllabes), sauf la clausule dont la forme est nettement arrêtée, on ne peut guère considérer comme déterminée que la quantité brève de la deuxième syllabe après la coupe. Partout ailleurs, on ne peut parler que de préférences, souvent légères, pour l'une ou l'autre quantité.

Malgré tout, il y a des cas où le texte est en désaccord avec la métrique ; la notation ne donne pas ce que la forme du vers exige. Et il reste des divergences qu'aucune correction ne permet d'éliminer. Il faut admettre que le texte écrit représente une tradition altérée. D'ailleurs, par sa nature même le système graphique qui a servi à fixer les hymnes védiques est de nature à fausser bien des détails ; il est constitué de telle façon qu'il ne peut noter en fait de voyelles que des brèves ou des longues ; toute quantité intermédiaire est classée forcément avec les unes ou avec les autres. Il y a là comme une

violence faite à la langue parlée où, surtout, à la finale, des
nuances quantitatives ont dû exister ; mais l'écriture les a
ignorées.

M. Oldenberg, qui se refuse à considérer uniquement la
technique des r̥sis en elle-même, comme le fait M. Arnold,
et qui affirme à juste titre que l'étude des faits védiques
est liée à celle de la grammaire comparée de l'indo-européen et des dialectes de l'Inde de la façon la plus étroite a
été conduit précisément à postuler pour les finales en question
des durées diverses, intermédiaires entre la longue et la
brève ; selon lui le védique aurait connu, au moins en fin de
mot, outre les longues et les brèves, toute une série de
quantités variées et échelonnées, des « presque-brèves »
comme dans le cas des instrumentaux en *-ena* (*loc. laud.*,
t. 60, p. 127) ou des impératifs en *-hi* et *-dhi* (*ibid.*, p. 130),
des « presque-longues » dans celui des premières personnes
du pluriel du parfait en *-ma* (*ibid.*, p. 137). Il est clair
que, si M. Oldenberg a raison, la restitution pour l'indo-
européen d'une règle générale d'après laquelle la brève
en finale absolue était susceptible d'un allongement rythmique
perd son principal appui : le grec n'en présente que des
survivances isolées, et les autres dialectes indo-européens
dont aucun ne conserve plus à date historique le rythme
quantitatif ancien, sont plus pauvres encore ; en latin même
on observe le trouble le plus grave du régime prosodique
des finales, tandis que celui des syllabes intérieures résistait
(cf. Vendryes, *Recherches sur ...... l'intensité initiale en latin*,
passim).

Bien entendu, M. Oldenberg ne heurte pas de front la théorie
de M. J. Wackernagel ; mieux que personne il est en mesure
d'en goûter toute l'ingéniosité et d'en apprécier la justesse qui
est d'ailleurs reconnue très généralement (cf. Brugmann,
*Grundriss*², t. 1, p. 496). Il admet l'allongement possible des

voyelles finales, et cela dans les conditions mêmes que MM. J. Wackernagel et F. de Saussure ont discernées (*Zeitschr. d. deutch. morgenl. Gesell.*, t. 60, p. 120, note 2) ; mais s'il respecte la forme de la loi, il en modifie singulièrement la valeur et en restreint la portée. D'après lui les finales de valeur intermédiaire, qu'il appelle des presque-longues et des presque-brèves, conservent leur quantité propre partout où le mètre le permet (*Z. D. M. G.*, t. 60, p. 126) et ne rentrent pas, par une adaptation plus ou moins arbitraire, dans le système rigide de l'alternance entre longues et brèves uniquement. D'ailleurs s'il est possible de dire de presque-brèves telles que celle de l'imperatif en *-hi -dhi* qu'elles rentrent dans le cadre de la loi formulée par M. Wackernagel, il paraît difficile de soutenir que des presque-longues du genre de celle que l'on a à la première personne du pluriel du parfait en *-ma* soient susceptibles d'être jamais allongées ; elles sont simplement comptées pour brèves là où la scansion l'impose de façon nécessaire. A côté de l'allongement rythmique qui a une portée générale et qui dépasse le sanskrit, il y aurait ainsi en védique des abrègements et des allongements purement métriques. M. Oldenberg a exprimé l'espoir que sur tous ces points la linguistique confirmerait sans peine ses conclusions (*Z. D. M. G.*, t. 61, p. 481) ; mais il semble qu'il se soit fait illusion. L'étude comparative des faits ramène en dernier lieu à la théorie de M. Wackernagel : elle révèle seulement l'existence de longues et de brèves et ne permet à aucun moment de supposer qu'il y ait eu des voyelles de quantité intermédiaire en finale absolue.

M. Oldenberg lui-même a reconnu (*Z. D. M. G.*, t. 60, pp. 119, note 1 ; 115, note 6 ; 157, note 3) que les voyelles qui terminent les premiers éléments des composés, lesquelles se rapprochent beaucoup de finales vraies, et les voyelles qui leur sont assimilées sont indubitablement soit longues, soit

brèves ; il a montré que la différence entre l'*ā* de *áçvāvant-*
« pourvu de chevaux » et l'*a* de *vīrávant-* « pourvu d'hommes »
était complète en védique et qu'ils apparaissaient aussi nettement distincts au point de vue de la quantité que n'importe
quelles voyelles intérieures. Le Ṛgveda est ici d'accord avec
le sanskrit classique, et l'indien, dans son ensemble, avec le
grec. Entre les finales de *sana-* « vieux » dans *sánavittaḥ*
« trouvé dès longtemps » et *sanajā́ḥ* « né depuis longtemps »
d'une part, *sanājúrā* « vieux depuis longtemps » (nom. m. duel)
et *sanājúvaḥ* « mobiles depuis longtemps » (acc. pl. fém.) de
l'autre, — de *pra-* « en avant » dans *prasáham* et *prāsáham*
« victorieux » (acc. sg.), — enfin de *puru-* « nombreux » dans
le superlatif *purutámaḥ* et son doublet *purūtámaḥ*, la séparation est aussi nette qu'entre celles de δουλο- dans δουλοσύνη
et de ἱερω- dans ἱερωσύνη. En effet, cette séparation est essentielle : l'indo-européen comme le sanskrit et comme le grec
oppose les longues aux brèves. Mais, comme il a été indiqué
déjà, il ne suit pas de là que toutes les longues d'une part,
toutes les brèves de l'autre aient des dimensions arrêtées et
constantes. Ainsi le Ṛgveda présente des nominatifs pluriels en
-a, -u et, sans doute aussi en *-i* (cf. Arnold, *Vedic Metre*, § 159)
de thèmes en *-n-, -u-* et *-i-*, à côté des longues normales *-ā,
-ū, -ī* ; d'après M. Oldenberg ces alternances *-a : -ā, u : -ū,
-i : -ī* sont exactement équivalentes à celles qui existent entre
les finales de *avată* « favorisez » ou de *çrudhĭ* « entends » (*Z.
D. M. G.*, t. 55, p. 273-278). Et en fait elles remplissent
exactement le même rôle dans la langue et en métrique. Mais
il ne s'ensuit pas nécessairement que les valeurs exactes des
brèves et des longues de l'un et l'autre type sont les mêmes.
Leur brévité et leur longueur sont relatives ; leur opposition
seule est absolue.

D'ailleurs les variations quantitatives des désinences de
nominatifs-accusatifs neutres ne sont dues ni à des allonge-

ments ni à des abrègements : skr. -*a* représente i.-e. *-*n̥*, skr.
-*u* i.-e. *-*u* et skr. -*i* i.-e. *-*i* tandis que skr. -*ā* est pour i.-e.
*-*n̥* $+$ *ə* comme skr. -*ū* pour i.-e. *-*u* $+$ *ə* et skr. -*ī* pour i.-e.
*-*i* $+$ *ə*, ainsi que l'a montré M. A. Meillet (*M. S. L.*, t. 13,
p. 206). L'élément **ə* était sujet à disparaître devant voyelle,
comme l'a reconnu M. F. de Saussure (*Mémoire*, pp. 203, 247),
il tombait sans doute à la finale quand le mot suivant présentait
une initiale vocalique, en indo-européen : véd. *çárma* ‹ refuges ›
est à véd. *nā́mā* « noms » ce que av. *nāman* « noms », *mížda-*
van « rémunérés » sont à skr. *nā́māni* « noms », *ghr̥távānti*
« pourvu de *ghr̥ta-* », et présente la même forme que av. *manā̆*
« pensées », issu de **manās*. La double quantité des finales de
nominatifs-accusatifs neutres de thèmes en -*n*-, -*u*- et *i*- est
donc déterminée rigoureusement : d'une part ou est en présence de sonantes indo-européennes brèves, de l'autre on est
en face de longues issues de la contraction de *-*n̥*, **u* et **i* avec
**ə*. La ressemblance entre le traitement et le rôle de ces voyel-
les d'une part, des voyelles en finale absolue que l'on rencontre
dans les composés d'autre part, et enfin des brèves susceptibles
d'être allongées est trop bien établie par les témoignages con-
cordants de tous les dialectes intéressés.

Car il n'apparaît pas que l'existence de voyelles finales de
quantité intermédiaire soit probable en elle-même. Il est vrai
qu'en védique le traitement de -*ă*, -*ĭ*, -*ŭ* diffère selon les cas de
la façon la plus déconcertante, et M. Oldenberg a fait ressortir
avec beaucoup de force et de clarté la diversité qui règne sur
ce point. Après M. J. Wackernagel qui avait indiqué en quelques mots que si l'allongement rythmique atteignait la plupart
des brèves placées en finale absolue, il les intéressait de façon
très inégale (*Altind. Gr.*, I, p. 311), il a établi de manière
définitive, avec toute l'autorité que lui donne sa profonde connaissance du R̥gveda, que les diverses voyelles en question se
comportent différemment à la même place dans le vers, et que

les diverses places du vers ne favorisent pas également les
mêmes voyelles (cf. *Z. D. M. G.*, t. 60, p. 141). Il est vrai, on
l'a vu, que le pāda védique n'a rien de la rigueur qui distingue
le vers grec et que sa grande liberté fait qu'il est difficile de
déterminer avec exactitude la quantité des syllabes placées en
dehors de la clausule dont seule la scansion est fixe : dans les
sept premières syllabes des pādas de triṣṭubhs et de jagatīs il
y a place facilement pour des quantités ambigues. Mais le
rythme d'une part, la prosodie de l'autre n'en existent pas
moins. Il est impossible de conclure de la liberté du mètre à
l'imprécision des éléments quantitatifs du langage, de l'obscu-
rité et aussi de l'arbitraire des ṛṣis à une réalité linguistique.
On sait d'ailleurs, grâce surtout aux travaux de **M.** Oldenberg
lui-même, que si la tradition est infiniment précieuse et le
texte de la saṃhitā riche en renseignements de toute sorte, les
défaillances de l'une et de l'autre sont nombreuses ; on sait
aussi que l'on est en présence constamment de l'œuvre de tech-
niciens ou même de versificateurs appliqués à reproduire des
tournures traditionnelles et à perpétuer des formules consa-
crées. Aussi n'y a-t-il rien de vivant dans la manière dont
l'allongement rythmique fonctionne dans le Ṛgveda.

Déjà on y voit s'esquisser le mouvement qui aboutira en
sanskrit classique à l'élimination complète de toute alternance
rythmique en finale absolue et ne laissera subsister qu'un
certain nombre de celles qui se rencontrent en composition.
Une série de mots indéclinables ne présentent plus de variation
quantitative que lorsqu'ils sont premiers éléments de composés : *ápa* « loin de » isolé est rebelle à l'allongement, mais
dans le groupe constitué *ápāvṛdhi* « ouvre » il a une finale
longue (cf. Wackernagel, *Altind. Gr.*, I, p. 311 ; Zubatý, *W.
Z. K. M.*, t. 4, p. 14) ; *pra* « en avant » est toujours bref sauf
dans le redoublement *prápra* et en composition (Zubatý, *W.
Z. K. M.*, t. 4, p. 89), et c'est sans aucun doute l'un des mots

pour lesquels l'existence d'une alternance primitive est le plus solidement établie (Wackernagel, *Dehnungsgesetz*, p. 9 ss.) ; enfin *áti* « au delà », *práti* « vers », *ádhi* « sur », *ní* « vers en-bas », *ápi* « sur », *pári* « autour », *ví* « en s'écartant », *ánū* « après » n'apparaissent que comme premiers éléments de composés, et *abhí* « contre » est à peu près réduit au même état. Quant à *yádi* « si, quand » c'est la forme propre à la partie ancienne du Ṛgveda, tandis que *yádi*, avec une brève appartient aux hymnes récents (Zubatý, *W. Z. K. M.*. t. 4, p. 94 ss. ; Oldenberg, *Z. D. M. G.*, t. 60, p. 144).

D'autre part il n'est pas impossible que ce soit en vertu d'une différenciation systématique que les ṛṣis attribuent de manière constante une brève aux adverbes *de lieu ihá* « ici », *kúha* « où ? » (cf. v. sl. *kŭde*) et à la préposition *sahá* « avec » et au contraire une longue aux adverbes *de temps* qui leur semblent, en quelque sorte, appariés *idā́* « maintenant », *kadā́* « quand ? », *sádā* « toujours ». Le parallélisme des deux séries n'est pas niable, et il est caractéristique que *viçváhā* « toujours » qui se rapproche des adverbes de lieu en -*ha*, par la forme mais qui en diffère par le sens présente normalement une finale longue (Zubatý, *W. Z. K. M.*, t. 4, p. 93-94 ; Arnold, *Vedic Metre*, p. 112). De même l'enclitique *iva* « également » a toujours un -*ă*, bien que sa première syllabe soit brève, tandis que *evá* « ainsi » dont l'initiale est longue présente une finale capable d'allongement rythmique (cf. Zubatý, *W. Z. K. M.*, t. 4, pp. 90 et 93) : il est infiniment probable que cette opposition secondaire et en quelque sorte anormale répond à la différence qui sépare une particule sans existence propre et de valeur atténuée d'un mot plein à sens fort. Enfin les gérondifs en -*ya* et -*tya* apparaissent comme d'anciens instrumentaux, isolés dès le védique par suite de leur emploi spécial, et exposés par là-même à un traitement particulier. Tandis que les gérondifs en -*tvā* se rattachent aux

noms verbaux en *-tu-* d'où sont tirés les infinitifs en *-tum*
(accusatif), en *-tave* (datif), en *-toḥ* (génitif-ablatif) et dont la
vitalité s'est affirmée en sanskrit par le triomphe progressif
de la désinence *-tum* et la persistance des autres formations
(cf. Whitney, *A Sanskrit Grammar*, § 968 ; von Negelein, *Zur
Sprachgeschichte des Veda*, p. 90 ss.), ceux en *-ya* et en *-tya*
rentrent dans le paradigmes de substantifs en *-i-* et en *-ti-* qui
fournissent les infinitifs en *-aye* et *-taye* rares dans le Ṛgveda
même et dont il ne se trouve déjà plus aucun exemple dans
l'Atharvaveda (cf. von Negelein, *Zur Sprachgeschichte des
Veda*, p. 91). Aussi *-tvā* présente-t-il la longue propre à l'instrumental, celle que l'on a par exemple dans *pitrā* « par le père »,
krátvā « par l'habileté », *mádhvā* « par l'hydromel », alors que
-yă et *-tyă* n'arrivent pas à être normalisés dans le Ṛgveda,
quoiqu'ils y apparaissent le plus souvent comme longs ; les
rédacteurs, en revanche, écrivent mécaniquement *-yă* et *-tyă*
à la fin des demies-strophes (Wackernagel, *Altind. Gr.*, p. 311),
l'Atharvaveda ne présente la longue qu'une seule fois dans une
citation du Ṛgveda (Whitney, *A Sanskrit Gr.*, p. 357), et ailleurs on ne rencontre plus que la brève.

En réalité, ce qui nous a été conservé, avec beaucoup de
soin, il est vrai, c'est une série de licences poétiques d'origine
diverse où se reflètent à la fois des règles anciennes et des
tendances récentes, des phénomènes phonétiques et morphologiques, et qui reposent presqu'autant sur des altérations
relativement modernes de la loi rythmique ancienne que sur
cette loi elle-même. M. Oldenberg qui suit l'arbitraire védique
jusqu'à distinguer entre les finales variables des longues, des
trois-quarts de longues, des demies longues, des quarts de
longues, et des brèves se garde bien de pousser jusqu'au
bout le respect de la tradition. Il se refuse par exemple à
séparer les cas de *çrudhĭ* « entends », de *jahĭ* « frappe », de
stuhĭ « loue » d'une part de ceux de *çṛṇuhĭ* « entends » et

kr̥ṇuhĭ « fais » de l'autre. Pourtant les divergences de traitement entre les mots de même forme sont pour le moins aussi considérables que celles qui existent entre les formes mêmes et leurs désinences : sans quitter l'exemple des impératifs en *-dhi* : *-hi*, l'on voit *çr̥ṇudhī* apparaître le plus souvent avec *-ī*, *kr̥ṇuhí* au contraire ne présente qu'une seule fois une finale longue (Oldenberg, *Z. D. M. G.*, t. 60, 131 note). Parmi les dissyllabes *çrudhí* « entends » a normalement *-ī*, et *çrudhī hávam* « entends l'appel » *çrudhī gíraḥ* « entends les louanges » sont de règle, *kr̥dhí* « fais », *jahí* « frappe », *viddhí* « trouve, sache », *çagdhí* « accomplis » ont aussi *-ī*, de façon inégale d'ailleurs, enfin *ihí* « vas », *stuhí* « loue », etc. se terminent toujours par un *-i* bref, tout comme *yāhí* « fais route », *pāhí* « protège » etc. (Oldenberg, *Z. D. M. G.*, t. 60, p. 131 ; Arnold, *Vedic Metre*, § 162).

De même on a de façon normale d'une part *u*, mais de l'autre *ū tú*, *ū sú*, *ū nú* (Zubatý, *W. Z. K. M.*. t 4, p. 99). M Zubatý a pu dire non sans raison (*W. Z. K M.*, t. 2, p. 138) que le rapport des deux quantités des voyelles en finale absolue varie non seulement d'après les morphèmes auxquelles elles appartiennent, les catégories de mots dont elles font partie, mais encore selon les mots eux-mêmes. A suivre de trop près les caprices et les subtilités incompréhensibles pour nous ou sans doute en partie accidentelles de la tradition védique on risque de méconnaître ce qu'elle a conservé de plus précieux ; au lieu de retrouver une loi générale dissimulée sous les apparences multiples et diverses d'un texte composite et artificiel, on ne saisit plus qu'une poussière de faits.

D'ailleurs la grammaire comparée permet d'apercevoir que le R̥gveda qui, dans l'ensemble, reflète si fidèlement l'état indo-européen, a effacé des alternances anciennes. Ainsi l'on sait que l'indo-européen a connu *ʷwĕ* à côté de *ʷwē*, skr. *vā* :

Homère a ἠέ « ou » et le latin a *ue*. La finale du vocatif singulier des thèmes en *e : *o figure en védique au nombre de celles qui ne souffrent pas d'allongement : l'exemple douteux *háriyojanā* « relatif à l'attellement de *hari* » (*R. V.*, I, 31, 16) doit être écarté, ainsi que l'a montré M. Oldenberg (*Abhandlungen d. königl. Gesellsch. d. Wiss. zu Göttingen, phil.-hist. Kl.*, neue Folge XI 5, p. 61) et le *vṛṣabhā* « taureau » qui est répété deux fois dans le même hymne (VIII. 45, 22 et 38) perd à peu près toute valeur probante du fait de son isolement. En revanche, le lituanien atteste un *-*ē* au vocatif singulier des mêmes noms ; l'*è* de *vilkè* « loup » est sûrement une ancienne longue puisque, conformément à la loi posée par M. de Saussure, il a attiré, en sa qualité de rude, l'accent qui frappait à l'origine l'initiale douce : l'ancien *vilkē est devenu *vilkḗ d'abord, et *vilkè* à date relativement récente. En indo-européen on avait donc un vocatif *wl̥kʷĕ, avec une alternance dont le védique même a perdu toute trace. Par suite d'une normalisation dirigée précisément en sens contraire le sanskrit ne présente plus à l'instrumental que la longue -*ā* dès la date la plus ancienne, sauf sans doute dans les gérondifs en -*yă*, -*tyă* dont la valeur casuelle n'était déjà plus sentie à l'époque védique, et qui sont par suite restés en dehors de la règle. En effet, M. A. Meillet a montré (*De quelques innovations de la déclin. lat.*, p. 25) que skr. *çúnā* « par le chien » correspond en réalité à lat. *cane* et qu'il convient de restituer comme forme originale *k̦unĕ, *k̦wonĕ (cf. Ernout, *Les éléments dialectaux du latin*, pp. 71-72) avec une finale de quantité variable. La raison pour laquelle la longue est devenue de règle à l'instrumental en sanskrit a peut-être été l'analogie des noms en *ᵉ/₀ ; il est possible que *pitrā́* « par le père » a été généralisé aux dépens de *pitrá parce que l'on avait exclusivement *yajñā́* « par le sacrifice ». En effet l'on sait que les thèmes en *ᵉ/₀ ne connaissent que les longues *-*ē* et *-*ō* à ce cas ; ce qu'en dit

M. Brugmann (*Grundriss*², t. II, 2ᵉ partie, § 188 rem. 1 et
193 rem.) repose sur l'hypothèse, indémontrable et inutile,
que les gérondifs en -*ya* et en -*tya* se rattachent à des substantifs en -*ya*- et -*tya*- et non en -*i*- et -*ti*-.

Quant au motif pour lequel la brève a triomphé au vocatif,
il semble bien qu'il ressorte de l'opposition de *yajñā́* « par le
sacrifice » et de *Sóma* « ô Soma ! » : c'est le résultat d'une différenciation morphologique secondaire entre l'instrumental et le
vocatif. Par besoin de clarté le sanskrit a été amené à distinguer par la quantité deux cas qu'il ne pouvait comme le lituanien discerner par le timbre vocalique : il a opposé -*a* à -*ā*
comme le lituanien *-*ē* à *-*ŭ* (ancien *-*ō*) dans *vilkè* « loup » et
vilkù « par le loup ». Il est probable, vu la rareté de la désinence en *ā* dans le Ṛgveda, que cette systématisation est antérieure aux premiers documents sanskrits, mais il est curieux
de constater par l'exemple de *hāriyojanā́* à quelles ambiguïtés
elle devait permettre d'échapper (cf. Oldenberg, *Abhandlun-*
gen d. königl. Gesellsch. d. Wiss. zu Göttingen, phil.-hist.
Klasse, neue Folge, XI. 5, p. 61).

Un bel exemple de voyelle finale à quantité variable est
l'augment. On sait que celui-ci était originairement un petit mot
indépendant et qu'il présente en grec comme en sanskrit les
deux quantités : la longue et la brève. Cette dernière est la
plus fréquente : c'est celle que l'on rencontre devant les verbes
à initiale consonantique tels que skr. *ábharam*, gr. ἔφερον (cf.
Brugmann, *Grundriss*, t. II, § 478). Mais devant les sonantes
v-, *y*- et *r*- le védique présente des exemples d'*ā* longs d'origine ancienne, ainsi que l'enseigne M. Brugmann (*loc. laud.*,
§ 479) ; on y trouve par exemple *ā́vṛṇak* « il retournait » en
face de hom. ἤείδεε « il savait » (de *ἤϝειδεε), *ā́yunak* « il atte-
lait » et *ā́rāik* « il lâchait ». Il est reconnu que ce sont là les
dernières traces d'une alternance ancienne *a/ā* et M. Delbrück
a supposé que l'allongement de l'*e*- était dû à la présence de

sonantes après lui (cf. Delbrück, *Das altind. Verbum*, p. 79).
L'influence des sonantes est certaine, mais elle s'est exercée
différemment. Comme l'enseigne M. A. Meillet les alternances
quantitatives de l'augment étaient générales en indo-européen ;
elles ont tendu à se perdre, et la forme brève, skr. *a-*, gr. *ἐ-* a
tendu à l'emporter. Cependant des exemples isolés de i.-e. **ē*,
skr. *ā*, gr. *ή-* ont été conservés devant les sonantes initiales,
parce que c'est là une position particulièrement favorable ; la
voyelle s'enrichit et s'augmente de ce que la sonante qui la
suit contient d'éléments vocaliques (cf. p. 000). Il est probable
d'ailleurs que le grec a conservé dans ἤμελλον « j'étais sur
le point » un exemple d'augment de quantité longue devant
une sonante nasale. M. A. Meillet fait valoir justement que
la forme est très ancienne, elle se trouve chez Hésiode (Theog.
478), et que c'est attribuer une influence singulièrement exagé-
rée à l'influence de ἐθέλω sur θέλω, puis de θέλω sur μέλλω,
que d'attribuer l'ή- de ἤμελλον à une action analogique complexe et forcément tardive (cf. Brugmann *Gr. Gr.*³, § 304).

Sans doute, il est assez délicat de faire intervenir des questions de phonétique ou de morphologie comme celles que l'on
vient de voir dans l'étude de formes qui ne sont connues,
en somme, que par restitution ; mais il est impossible aussi
de les ignorer. L'indo-européen repose sur des parlers vivants,
et il est évident, par exemple, que certains allongements,
bien que possibles, étaient évités parce qu'ils risquaient
d'amener des confusions. La différence de traitement, si
surprenante au premier abord et si nette, qu'atteste le Ṛgveda
entre les deux particules *gha,* qui est allongée très souvent,
et *ca* « et » qui ne l'est en réalité jamais (Zubatý, *W. Z. K.
M.*, t. 4, pp. 12 et 13 ; Oldenberg, *loc. laud.*, p. 78, 185)
repose sans doute sur une distinction, nécessaire en indo-
européen, entre **kʷe,* gr. *τε,* lat. *que* et **kʷē,* got. *hwe,*
gr. (Gortyne) ὅπη, instrumental de l'indéfini **kʷos,* c'est-

à-dire entre skr. *ca* « et » et -*cā* dans *paçcā* « après » (cf. Wackernagel, *Altind. Gr.*, t. 1, p. 169). Comme l'un et l'autre
monosyllabes étaient des enclitiques, qu'ils occupaient comme
tels les mêmes places dans la phrase indo-européenne, il était
indispensable de conserver à chacun sa marque propre, c'est-
à-dire en l'espèce sa quantité : $*k^w\bar{e}$ prêtait à l'ambiguïté du
moment que $*k^w\breve{e}$ (skr. *ca*, gr. τε, lat. *que*) n'était pas excepté
de l'allongement rythmique. Rien de pareil n'existait pour
$*g^wh\breve{o}$, v. sl. *go*, skr. *gha*, ni pour $*g^whe$, v. sl. *že*, skr. *ha*,
gr. -θε (dans αἶθε, εἶθε), dont le premier est généralement long
et le second presque toujours bref dans le Ṛgveda (Zubatý,
W. Z. K. M., t. 4, p. 93).

On voit par ces exemples que les différentes langues indo-
européennes répondent toujours aux variations quantitatives
du védique par des alternances de longues et de brèves. Partout
les voyelles sont réparties en longues et en brèves, sans d'ailleurs que l'on puisse rien en conclure sur la norme des unes ou
des autres. Tout d'abord, à l'intérieur même de l'indien, il y a
la bhāṣā et le sanskrit classique dont il convient de ne pas
négliger le témoignage : ils représentent, en effet, un dialecte
différent de celui sur lequel repose le védique (cf. J. Wackernagel, *Altind. Gr.*, t. 1, p. XXIII-XXVI ; Sörensen, *Om
Sanskrits Stilling, Den Kongl. Danske Vidensk. Selsk. Skr.* 6
Række, hist.-fil. Afd., III. 3, p. 252 ss.), et il est intéressant
de noter que s'ils ignorent la coexistence des deux quantités
longue et brève pour une même finale, ils présentent uniqué-
ment l'une ou l'autre. C'est là une constatation d'autant plus
importante que l'iranien fait défaut : dans les gāthās toutes
les voyelles en finale ouverte sont notées par des longues,
tandis que dans l'Avesta on a de façon tout aussi mécanique
des longues à la fin des monosyllabes, des brèves à celle des
polysyllabes. Quant à la graphie du vieux perse, elle ne permet
pas de distinguer la quantité des voyelles qui terminent les
mots.

En revanche le grec qui a conservé le rythme primitif atteste, comme la bhāṣā, deux quantités seulement et les autres dialectes indo-européens, tels que le latin, si l'on excepte quelques innovations connues, le lituanien et enfin le slave où les anciennes différences de quantité se marquent encore par des distinctions de timbre ou d'accent, répartissent de façon régulière les voyelles en question en deux séries uniquement. Outre le vocatif des thèmes en *^{e}/$_o$ et l'instrumental singulier des thèmes sonantiques et consonantiques dont on a indiqué plus haut les alternances primitives attestées par véd. -*a* : lit. -*è* issu de -*ē* et véd. -*ā* : lat. -*e*, on retrouve dans différentes langues indo-européennes des traces de variations parallèles à celles qui sont conservées dans le Ṛgveda. M. Oldenberg a indiqué que l'existence de la forme -*mā*, avec longue, de la désinence secondaire de première personne du pluriel se légitimait en grammaire comparée (*Z. D. M. G.*, t. 61, p. 480), et il a renvoyé aux formes germaniques, c'est-à-dire sans doute à got. -*ma* de l'optatif (p. ex. *nimaima* « que nous prenions », *nēmeima* « que nous prissions ») dont l'-*a* ne peut remonter qu'à une ancienne longue. Mais celle-ci est attestée bien plus clairement encore en lituanien où le réfléchi *sùkomės* « nous nous tournons » a conservé l'-*ē* qui terminait anciennement *sùkome* « nous tournons ». A l'alternance védique -*ma* : -*mā* répond donc celle de got. -*ma*, lit. -*mé*-[*s*], et de skr. cl. -*ma*, got. -*m* (*nimam* « nous prenons », *nēmum* « nous prîmes ») (cf. Brugmann, *Abrégé de Gr. comp.*, p. 626).

La seconde personne du pluriel est moins claire : en effet la distinction entre désinence primaire (skr. -*tha*) et secondaire (skr. -*ta*) n'est attestée qu'en indo-iranien, et, en dehors du védique, la longue finale ne se rencontre qu'en lituanien où elle est malheureusement ambigue. L'-*e*- de -*tè-s* : -*te* est suspect d'être analogique de celui de -*mè-s* : -*me* (cf. Brugmann, *Grundriss*, t. 2, p. 1359).

Mais si l'on admet avec MM. Bartholomae et Brugmann (*Grundriss*, t. 2, pp. 1357 et 957 ; *Abrégé*, p. 654) que *-thana* et *-tana* sont des désinences proprement dites (*-tha*, *-ta*) élargies au moyen d'une particule et représentent *-tha* + *na* et *-ta* + *na*, on retrouve aisément la correspondance indo-européenne de l'alternance *-na* : *-nā* du védique. Dans le Ṛgveda même la brève se rencontre dans quelques impératifs de verbes de la neuvième classe en *-nā-* dont la désinence est *-āna*, c'est-à-dire *-ā* + *na*, ainsi dans *gṛhāṇá* « saisis », *açāna* « mange », et cette forme s'est étendue par la suite. La longue est contenue sans doute en sanskrit postvédique dans *vinā* « sans » où *-nā* joue aussi le rôle d'une sorte de renforcement et a, très atténuée, la valeur de gr. νή et de skr. *-nā* dans *nā́nā* « différemment ».

Quant aux autres particules, les enclitiques *g^who*, *g^whe*, *u* n'ont plus nulle part en dehors du Ṛgveda la variabilité ancienne que *k^we*, skr. *ca* n'a sans doute jamais possédée ainsi qu'on l'a vu plus haut : le vieux slave a *go* et *že*, le grec -θε, et l'on ne trouve que *-u*, par exemple dans gr. πάν-υ « beaucoup », en gotique dans *-u* particule interrogative, en lituanien dans *ba-u* « est-ce que » et *-g-u*, particule de renforcement. Mais le monosyllabe *nu*, qui est resté capable d'être employé comme mot plein, témoigne de l'alternance ancienne : le sanskrit classique a conservé la dualité *nú* : *nū́*, *nūnám* ; le grec a νυ, νυν : νῦν, le vieux haut allemand *nu* : *nû*, le lituanien *nù* : *nūnaî* auquel répond v. sl. *nynĕ*. Ici encore on a partout soit des longues, soit des brèves.

Mais il reste indéniable qu'il y a une série de voyelles brèves en finale absolue qui sont réfractaires à tout allongement rythmique. Si on laisse de côté le cas surprenant de *úpa* « vers, contre » qui semble bien présenter dès le Ṛgveda l'-*a* régulier en classique et qui n'est même pas noté long dans les clausules de pāda de triṣṭubh *úpa naḥ* et *úpa na* qui reviennent chacune deux fois (cf. Benfey, *Abhandl. d. königl. Gesellsch. d. Wiss. zu Göttingen, phil.-hist. Classe*, XX, 1, p. 54) et dont la scansion est nécessairement $- \smile - \smile$, il est visible que les voyelles qui terminent les mots se répartissent selon leur nature phonétique. Tandis que skr. *-a*, de i.-e. **-e* et **-o* est normalement extensible, l'*-i* sanskrit, représentant de i.-e. **-ə* ne se prête à aucune modification de quantité en fin de mot, comme l'a indiqué M. J. Wackernagel (*Altind. Gr.*, t. 1, p. 313) : en face de l'*-i* bref du nominatif pluriel neutre il n'existe aucun *-ī* long. Il n'y a rien à tirer des formes védiques en *-tárī*, telles que *etárī* de *i-* « aller », *vaktárī* de *vac-* « parler », *dhartárī* de *dhṛ-* « tenir » : leur interprétation est très incertaine et leur étymologie inconnue (cf. en dernier lieu Oldenberg, *Abhandlungen d. kön. Gesellsch. d. Wiss. zu Göttingen, phil.-hist. Klasse*, neue Folge, t. IX. 5, p. 142 et la littérature citée). Il n'est même pas établi qu'elles aient une même origine. En tout cas, si l'on arrivait à reconnaître en l'une d'elles un *-ī* long représentant un **ə* primitif, ce serait un produit tardif, proprement sanskrit, et d'ailleurs remarquablement isolé.

A côté de i.-e. **ə* se placent **i* et **u* qui occupent, en quelque sorte, une position intermédiaire entre *ə* et la voyelle i.-e. **e/o* : ces sonantes au degré zéro apparaissent comme rebelles jusqu'à un certain point à l'allongement rythmique en tant que voyelles terminant des polysyllabes, c'est-à-dire en position finale normale. Les désinences verbales primaires en fournissent un témoignage remarquable : les première et deuxième personnes du singulier *-mi*, *-si*, la troisième du pluriel *-nti* ne présentent jamais d'*-ī* long, et le seul *rakṣatī* « il protège » (*R. V.*, II. 26. 4) ne saurait rien prouver pour la troisième personne du singulier en *-ti* ; les troisièmes personnes de l'impératif en *-tu* et *-ntu* ont aussi partout une finale brève, ainsi que M. Oldenberg l'a montré dans son volume de prolégomènes *Die Hymnen des Rigveda,* p. 395 et suivantes, où il examine la question de façon approfondie.

Dans toute la flexion verbale du sanskrit il n'existe qu'un seul -*i* final capable d'allongement rythmique, celui des deuxièmes personnes d'impératif en -*dhi,* -*hi* ; on peut se demander si ce ne serait pas là une pseudo-désinence, une ancienne particule monosyllabique qui répondrait à av. -δι, gr. -θι. Elle serait comparable en une certaine mesure à *-tōt,* skr. -*tāt,* gr. -τω ; en sanskrit on voit encore alterner *vit-tāt* et *vid-dhí* « sache », *çṛṇutāt* et *çṛṇuhí* « entends » (cf. gr. ὀμνύ-τω et ὄμνυ-θι « jure »). Le cas de *-dhi* n'est d'ailleurs pas comparable à celui des désinences *-mi, *-si, *-ti, *-nti* parce que l'impératif est dans le système verbal une forme à part.

Dans la flexion nominale il n'existe aussi qu'une seule forme en -*i* qui entre en ligne de compte, le locatif : les exemples de longues sont d'ailleurs très rares en védique même. Puisqu'il est impossible de rien fonder sur les formes en -*tárī* (*ĕtárī* de *i-* « aller », *kartárī* de *kṛ-* « faire » et *vaktárī* de *vac-* « parler »), ainsi qu'on vient de le voir, il reste en tout et pour tout celle du nom féminin en -*ū-, tanū́ḥ* « corps » dont on a trois locatifs *tanū́i, tanū́ī* et *tanū́* (Lanman, *Noun-inflection in the Veda,* pp. 411-412), et les prépositions en -*i* du type *párī,* dont l'alternance s'est conservée en composition.

Assurément il est licite de voir dans ce petit nombre d'exemples des traces du flottement ancien de la seule désinence en -*i* qui aurait été variable. Mais il paraît vraisemblable que l'-*i* final en question présente lui aussi le traitement d'une particule. Il ne s'agit pas, bien entendu, de savoir s'il en était vraiment une à l'origine, et il n'est pas question de rechercher ici si l'-*i* du locatif a été ou non un monosyllabe indépendant en indo-européen (cf. Hirt, *I. F.,* t. 17, p. 46 et s. ; A. Meillet, *M. S. L.,* t. 8, p. 242 ss.) ; le point important est de voir si, en sanskrit et aussi à date plus ancienne, il n'apparaissait pas comme un élément isolable et doué, au moins en une certaine nature, d'une existence propre. Or, en védique des locatifs à désinence zéro alternent, comme on sait, avec d'autres en -*i* dans un certain nombre de paradigmes comme peuvent le faire des formes courtes et relativement simples en apparence avec des formes longues : ainsi *rán* « qui réjouit » et *sván̆i* « qui résonne », *mūrdhán* « tête » et *mūrdhán̆i*, *áçman* « pierre » et *áçmani*, *ádhvan* « route » et *ádhvani*, *s(ū)var* « lumière » et *purí* « forteresse », *aktáu* « nuit » et *sūnávi* « fils », et enfin précisément *tanū̆* « corps » et *tanū̆i*. Dans les prépositions les formes en -*i* ont seules survécu, en général, en sanskrit ; mais la dualité a dû exister assez longtemps car l'on a *antár* « entre » à côté de *antári-kṣam* « intermédiaire » en védique même et l'on sait que l'indo-européen avait à la fois **peri* (skr. *pári* zd. *pairi* gr. πέρι) et **per* (lit. *per̃*, v. sl. *prě-*), **eni* (gr. ἔνι) et **en* (gr. ἐν). Dans les doublets de ce genre l'-*i* se montrait dans le même rôle, en somme, que l'-*e* de v. sl. *kamen-e* « dans la pierre », *sloves-e* « dans la parole » qui sont des locatifs à désinence zéro **kamen*, **sloves* renforcés et élargis au moyen de la postposition -*e*.

Or, dans les particules, les prépositions et postpositions de ce genre, dans tous les monosyllabes en général, -*ī* et -*ū* alternent fréquemment avec -*i* et -*u* ; là, en effet, ils se trouvent placés dans des conditions très particulières puisqu'ils forment l'essentiel de mots qui par nature ne sont que trop inconsistants et qui n'ont déjà que trop peu de corps par eux-mêmes (cf. p. 63 et s.). On a déjà expliqué par là les variations de la désinence -*dhi*, -*hi* ; les mêmes alternances se retrouvent dans la particule de renforcement *hí* qui apparaît dans le Ṛgveda sous la forme *hĭ* dans la formule *nahí nú* « non certes maintenant » qui alterne avec *nahí nŭ* et *nahí nŭ* (Zubatý, *W. Z. K. M.*, t. 4, p. 97) et à laquelle répondent gr. χĭ (p. ex. dans οὐχί, μήχι, mais serbe -*zi* (de **gʱī*) employé encore aujourd'hui avec sa valeur ancienne. Les premiers éléments de composés sanskrits *vi-*, préfixe indiquant la séparation, et *ni-* « en bas » qui présentent encore l'alternance quantitative sont aussi des monosyllabes, et le second est à rapprocher de v. h. a. *nidar* d'une part, de v. sl. *nizŭ* (issu de **nĭ-zŭ*) de l'autre. Les monosyllabes en *ŭ* ne sont pas moins clairs. Outre *nŭ* dont il a déjà été question, on a *su* « bien » qui présente encore quelquefois un -*ū* long dans le Ṛgveda (Zubatý, *II'. Z. K. M.*, t. 4, p. 106 ss.), *tū* « mais, si » particule emphatique, et *ŭ*, enclitique, qui se retrouve sans doute dans *ánu* « après, le long de » (cf. gr. ἀνα) dont la finale est longue dans quelques composés comme véd. *anūrút* « qui pousse à la suite » (cf. Wackernagel, *Das Dehnungsgesetz*, p. 20).

A ces premiers exemples il convient de joindre des cas tels que :

**tŭ* « toi » lat. *tū*, v. pr. *toū* (forme accentuée), v. sl. *ty*, irl *tú*, gall. *ti* : gr. σύ, v. h. a. *du*, lit. *tù*, v. pr. *tu* (forme inaccentuée).

**ŭd* « hors » got. *ūt*, v. h. a. *ūz*, v. sl. *vy* (cf. Meillet, *M. S. L.*, t. 14, p. 364) : skr. *ut*, v. irl. *ud- od-*, v. sl. *vŭnŭ* (de **ud-no-*).

**ŭp* « sur » v. h. a. *ūf*, v. sl. *vysokŭ* (de **ūp-s-oko-*) : gr. ὕψι, got. *uf, ubuh*, v. sl. *vŭs-* (de **up-s*). Lit. *už* est pour **uz* d'après *isz, *iž* (cf. A. Meillet, *M. S. L.*, t. 11, 184). On a encore *up* dans skr. *úpa*, gr. ὕπο.

**mŭs-* « mouche » alb. *mīze* (diminutif de **mū-*), v. russe *myšĭca*, lette *mūsa* : gr. μυῖα (de **musyā*), lat. *musca*, v. sl. *mŭšica*, lit. *musẽ* (de **musyē*). Cf. A. Meillet, *Etudes*, p. 208 ; *M. S. L.*, t. 14, p. 364.

**sŭ-* « fils » skr. *sūnúḥ*, v. sl. *synŭ*, lit. *sūnùs* : got. *sunus*, v. h. a. *sunu*, gr. υἱός (de **suwyos* ; cf. tokharien B *soyä*).

Enfin il faut citer l'opposition de la longue et de la brève dans la syllabe de redoublement des aoristes sanskrits tels que véd. *á-dī-dharat* « il a tenu », *á-rū-rucat* « il a brillé » et *á-çi-çvitat* « il a été lumineux », *á-cu-krudhat* « il a été irrité » ; M. J. Wackernagel a montré en effet, qu'il s'agit en l'espèce d'un traitement de finale (*Das Dehnungsgesetz*, pp. 18-19), et il apparaît clairement que l'on a à faire ici encore à des monosyllabes. Cette opposition n'est guère attestée à vrai dire en dehors du sanskrit (Wackernagel, *loc. laud.* ; Bartholomae, *Grundriss d. iran. Phil*, t. I, p, 53), et elle ne portait, sans doute, que sur *i* primitivement (cf. skr. *babhū̃va*, av. *bavāva* « il est devenu ») ; mais il est très probable qu'elle est d'origine indo-européenne.

C'est principalement en composition que l'on rencontre des exemples assurés de -*ī* et -*ū* finaux allongés rythmiquement si l'on laisse de côté les monosyllabes et les locatifs. Encore faut-il faire abstraction du redoublement intensif du type véd. *varī-vartti* « il tourne » : *bhárī̆bhrati* « ils portent » qui est intéressant au point de vue de l'archaïsme de la rythmique quantitative du sanskrit (Wackernagel, *Das Dehnungsgesetz*, p. 18), mais qui n'est attesté que dans ce seul dialecte et dont l'origine est obscure ; un tiers des racines intéressées en védique se présentent comme dissyllabiques. L'iranien ne connaît rien de pareil et la conception d'un *ĭ* de liaison reposant plus ou moins sur l'*i* issu de *ə dans les racines dissyllabiques et disposé selon les besoins du rythme est vraiment un trait caractéristique des langues de l'Inde (cf. A. Meillet, *M. S. L.*, t. 12, p. 19 ss.). Mais on a d'autre part dans le Ṛgveda, avec des longues correctes destinées à rompre des suites de brèves : *urū-nasáḥ* « au nez large » à côté de *urúḥ* « large, vaste » ; *purū-rávaḥ* « qui appelle fort », et *purū̆-rucam* (acc.) « qui brille fort » et *purū-vásuḥ* « riche en bien, généreux » comme *purū̆-támaḥ* « très fort, très nombreux » à côté de l'adjectif *purúḥ*

« fort, nombreux » et de l'adverbe *purú* « très, beaucoup » qui lui-même alterne avec *purŭ*. La forme à longue est bien un doublet rythmique de celle à brève : comme premier élément de composé elle ne peut représenter le nominatif pluriel du neutre *purú* (cf. Arnold, *Vedic Metre*, p. 114).

On a encore *mithū-*, toujours long, dans *mithūkṛtam* (acc.) « actif de part et d'autre », *mithūdṛ́çā* (nom. d.) « visibles (voyant) tour à tour », tandis qu'en sanskrit classique on a *mithu* et *mithū* ; — *makṣū* « rapidement, bientôt » (av. *mošu*, lat. *mox*) qui est inséparable de l'instrumental *makṣūbhiḥ* et du superlatif *makṣūtamaḥ*, et qui présente régulièrement la longue en védique, tour à tour la longue et la brève en classique ; la longue est d'ailleurs correcte dans *makṣūjavastamā* « qui s'approche avec rapidité ». Le *ṛṣŭ* que postule M. Arnold (*Vedic Metre*, p. 114) n'existe en réalité pas, comme l'a montré M. Oldenberg (*Abhandl. d. kön. Gesell. d. Wiss. zu Göttingen, phil.-hist. Kl.*, Neue Folge, XI, 5, pp. 58 et 275). M. J. Wackernagel cite aussi (*Das Dehnungsgesetz*, p. 15) *ṛdūdárah* et le datif *ṛdūpe ;* mais ces locutions sont obscures. Dans *ṛdūdárah* le second terme peut être *udára-* « ventre, corps » et non *dára-* « qui donne », le premier *ṛdū-* et non *ṛdu-* (cf. Johansson, *I. F.*, t. 2, p. 27) ; dans *ṛdū-pe* comme dans *ṛdūvṛdhā* le premier composant est plutôt au pluriel, d'après les commentateurs (cf. Geldner, *Der Rigveda in Auswahl, Glossar*, sub vv.). En fin de compte, il reste comme exemple sûr à mettre à côté de *urūnasáḥ*, de *purūtámaḥ* et aussi de *makṣūtamaḥ*, *vasū-juvam* (acc.) « qui procure des biens ». D'autre part on a dans *carṣaṇī-dhṛt* et *carṣaṇī-ṣáh-* « qui protège (gouverne) les hommes », aux cas obliques (p. ex. *carṣaṇīdhṛtam*, *carṣaṇīṣáham*), un *i* thématique (cf. *carṣaṇíḥ*) correctement allongé ; de même dans l'accusatif *ṛtī-ṣáham* « qui résiste à l'attaque » à côté de *ṛtíḥ*, dans *hiraṇmaçáḥ* (adv. ?) « avec couleur d'or » à côté de *háriḥ* et dans *ahī çuvaḥ* (nom

propre) dont le premier terme est sans doute *áhih* « serpent ».
Dans *tuví-magha* (voc.) « très riche » et *tuví-rávam* (acc.) « très
bruyant », l'*ĭ* peut être celui qui, en indo-européen, termine
les adjectifs en composition et remplace leur suffixe normal.

On voit que l'allongement de **i* et **u* en finale ouverte est
attesté par beaucoup moins d'exemples que celui des anciens
**-e* et **-o*, même si l'on fait la part de la fréquence de ces deux
voyelles à la fin des premiers termes de composés. De plus, il
n'est attesté qu'en sanskrit ; le grec fait défaut et ne présente
rien de comparable pour ι et υ à l'ω de σοφώτερος ou de ἱερωσύνη. Or le sanskrit est précisément le dialecte qui a étendu
l'allongement en composition à l'*i* issu de i.-e. **ə* et à l'*a* représentant un ancien **n̥* ou **m̥* (Wackernagel, *Altind. Gr.*, t. II,
1, p. 133). Dans les désinences, *-i* et *-u* n'apparaissent nulle
part comme variables ; seule l'existence des alternances *-i* : *-ī*,
-u : *-ū* dans les monosyllabes est confirmée par les différentes
langues indo-européennes, et l'on peut dire, en résumé, que la
dilatabilité des sonantes vocaliques **-i* et **-u*, sans être nulle
comme celle de **n̥*, **m̥*, **r̥*, **l̥*, ou de **ə*, était cependant en
indo-européen inférieure à celle de **e* et de **o*, en finale absolue. Les nécessités du rythme amènent normalement l'allongement de ces dernières ; elles se heurtent, au contraire à une
résistance incontestable dans le cas de **i* et de **u*. Là elles
n'aboutissent régulièrement que lorsqu'elles se trouvent ren-
forcées par la tendance bien connue, et qui dans l'espèce agit
de façon simultanée et parallèle, à donner du corps aux monosyllabes et particulièrement à ceux dont la voyelle est brève.

Cette différence de traitement entre la voyelle indo-européenne, quel que soit son timbre, et les sonantes *y* et *w* au
degré zéro se rattache manifestement à une importante distinction de nature. On sait que les voyelles les plus fermées sont,
de façon générale, moins vocaliques et plus brèves que les
autres. M. A. Meillet qui a signalé le fait (*M. S. L.*, t. 15,

p. 265 ss.) a groupé en faisceau les observations caractéristiques parues jusqu'alors et desquelles il ressort que « les voyelles tendent à avoir d'autant moins de durée qu'elles sont plus fermées ». En lituanien occidental *a* et *e* sont longs sous l'accent, *i* et *u* brefs, ainsi que l'a reconnu Kurschat et qu'il a été possible depuis de le vérifier expérimentalement (*La Parole*, 1900, p. 150 ss.) ; en slave commun ĭ et ŭ se sont réduits spontanément à n'être que des jers. M. A. Meyer a noté au moyen d'instruments précis la brévité relative de *i* et de *u* en anglais (*Englische Lautdauer*, p. 39), en allemand du Nord (*Nordisker Studier tillegnade Ad. Noreen*, p. 354) et en hongrois (*Le Monde Oriental*, 1907-8, p. 133). En indo-européen ce caractère phonétique général était renforcé par une distinction morphologique essentielle et caractéristique du système de la langue : **i* et **u* n'y jouaient pas le rôle de voyelles pures et ne se plaçaient pas sur le même rang que **e* et **o*, mais sur celui de **n̥*, **m̥*, **r̥*, **l̥*. Tandis que **ē* et **ō* sont les longues de **e* et **o*, **ī* et **ū* représentent normalement, tout comme **n̥̄*, **m̥̄*, **r̥̄*, **l̥̄*, des combinaisons de sonantes voyelles et de **ə*. Les exemples rares et sporadiques que l'on a de **ī* et de *ū*, issus de **i* et de **u* par allongement, en dehors des monosyllabes, ne changent rien à l'ensemble des faits. Tels sont, entre autres :

**k₁lū-* de **k₁lew-* dans skr. *çrūyáte* « il est entendu », v. h. a. *lūt* « qui s'entend », russe *slyt'* « être réputé », à côté de **k₁lu-* dans skr. *çrutáḥ* « entendu, fameux », gr. κλυτός, lat. *inclutus*, v. h. a. *Hlot- Hlod-* (premier élément de noms propres). Le grec κλῦθι, « entends » est à mettre à part ; c'est un impératif et peut-être, à l'origine, un monosyllabe ; en revanche la longue de skr. *çuçrūṣa-* et de v. sl. *slyšitŭ* représente un ancien **-wə-*. Il s'agit du suffixe **-əs-* des désidératifs (cf. en dernier lieu Magnien, *Le futur grec*, II, p. 296 et s.).

*rūdh- de *(e)rewdh- dans v. sl. *ryždĭ* « rouge de feu », lit. *rūdìs* « rouille », à côté de *rudh-* dans skr. *rudhiráḥ*, gr. ἐρυθρός, lat. *ruber*, v. sl. *rĭdrŭ* « rouge », lit. *rùdas* « rouge-brun » (cf. Meillet, *M. S. L.*, t. 14, p. 363).

uīros « homme » skr. *vīráḥ*, av. *vīrō*, lit. *výras*, à côté de lat. *uĭr*, v. irl. *fer*, got. *wair* (cf. A. Meillet, *Introduction*[3], p. 104). Sur véd. *virāṣáṭ* « qui maitrise les hommes » et *sirāsu* « dans les courants », à côté de *vīráḥ* et de *sīrá* (et aussi de *susiráḥ* « creux », et de classique *sirā* « artère »), cf Wackernagel, *Altind. Gr.*, t. 1, Iʳᵉ partie, p. 47.

D'autres fois, on se trouve en présence de phénomènes spéciaux dus au caractère d'onomatopées des racines intéressées. Ainsi dans le cas des formes :

*mū- dans gr. μυκάομαι (*mū-k-ayo), russe *myčat'* « mugir » et lat. *mūgio*, à côté de gr. μύζω « je soupire, je gémis ».

*bū- dans lat. *būcina* « trompe », v. sl. *bykŭ* « taureau », à côté de skr. *bukkāraḥ* « rugissement » (mot de dictionnaire), gr. βυκάνη « trompette », si ce n'est pas un simple emprunt au latin (cf. Walde, *Lat. etym. Wb.*[2], s. v.).

*ghū- dans skr. *ghūkaḥ* « hibou » à côté de lit. *gegužẽ* « coucou » (v. Meillet, *M. S. L.*, t. 12, p. 213-4).

*krū- dans got. *hrūkjan* « chanter (en parlant du coq) à côté de skr. *akruksat* « il s'est écrié ».

*krī- dans lit. *krykszcziù* « je criaille » à côté de gr. κρίζω « je grince des dents » (cf. Persson, *Zur Lehre v. d. Wurzelvariation*, p. 12 et 114 et s.).

Le caractère sporadique et exceptionnel de tous ces allongements en indo-européen est manifeste. Et l'opposition avec le sémitique le souligne bien : là, en effet, *ĭ* et *ū* alternent de façon régulière avec *i* et *u*, par exemple dans ar. *ḥaẓin* et *ḥaẓīn* « tristesse, triste » dans *rasūl* « qui est envoyé » et *δakur* « qui se rappelle » ; les alternances de *ī*/*ĭ* et de *ū*/*ŭ* ont la même valeur et la même régularité que ce le entre *a* et *ā*, par exemple dans *jabal* « montagne », *jibāl* « montagnes ». On aperçoit à la lumière de tous ces faits combien tout se tient dans le système linguistique de l'indo-européen ou du sémitique, comme d'ailleurs de toute langue : en indo-européen, dont l'un des traits les plus originaux est le système des sonantes, *ĭ* et *ŭ* sont moins des voyelles et plus des sonantes qu'en sémitique et qu'ailleurs. Ni à l'intérieur, ni à la finale ces voyelles extrêmes n'ont l'élasticité que possèdent *e* et *o* et qui est réglée à l'intérieur par la morphologie et le cadre constitutif du mot, à la finale par des raisons de rythme, parce qu'elles y sont, en quelque sorte, livrées à elles-mêmes.

C'est, en effet, au contraste entre l'intérieur et la finale que l'on se trouve ramené pour conclure. A priori des indéterminations quantitatives sont surprenantes en indo-européen où chaque mot est réglé au point de vue de la quantité de la façon la plus stricte, sa forme étant une fois donnée. Et elles sont exclues, pour ainsi dire, de l'intérieur du mot. En effet si la quantité dépend de l'état vocalique, de la présence ou de l'absence de la voyelle *e*/*o*, suivie ou non de sonante, de l'allongement de cette voyelle fondamentale ou de sa combinaison éventuelle avec l'élément *ə*, tous ces divers degrés d'alternance sont exactement définis par la morphologie. Un mot tel que gr. Μέντωρ skr. *mantā́* « penseur » présente forcément deux longues parce que devant le suffixe d'agent *-ter-* la racine contient régulièrement la brève *e*, qui forme ici une longue avec la sonante *n*, et parce que, au nominatif singulier masculin des thèmes terminés par *r* ou *n*, la désinence est zéro, et la voyelle prédésinentielle longue ; les mêmes raisons font que le mot attesté par gr. γενέτωρ, skr. *jánitā* « qui engendre » répond au schème quantitatif ◡ ◡ ‒ et la différence qui le sépare de Μέντωρ, *mantā́* provient uniquement de la nature de la racine qui est dissyllabique : son degré vocalique est le même et au point de vue morphologique i.-e. **genə-* correspond rigoureusement à i.-e. **men-*.

Il en est, bien entendu, des verbes comme des noms : l'opposition de sens et d'emploi entre gr. λείπω, lit. *lëku* (de **lĕkŭ*) « je laisse », v. h. a. *lĭhu* (de **leíaʷō*) « je prête » et gr. λίπες « tu as laissé » (cf. pour l'accent λιπεῖν) v. h. a. *liwi* « tu as prêté » (de **liγwí-*) détermine l'état vocalique et par suite la quantité de chacune des formes. Les alternances dont les verbes forts ont conservé le souvenir dans les langues germaniques et qui répondent à d'anciens changements vocaliques dans l'élément prédésinentiel des verbes du type athématique, fournissent des exemples non moins clairs de la façon dont la morphologie détermine la quantité des mots en indo-européen : cf. skr. *émi* gr. εἶμι » je vais, j'irai » (= ‒ ◡) en face de skr. *imáḥ*, gr. ἴμεν « nous allons, nous irons » (= ◡ ˘).

La finale qui se trouve être placée au point de départ des déterminations successives du degré vocalique, c'est-à-dire de la quantité de la prédésinentielle d'abord, de la présuffixale ensuite, est relativement libre, au contraire. Des allongements rythmiques y sont d'autant plus faciles que ses variations de quantité n'entraînaient pas forcément des changements de sens ou de valeur. Et là où des confusions étaient à craindre, on a vu que la langue tendait à supprimer les alternances de la voyelle finale (cf. p. 177 et s.).

Tous ces faits ne sont attestés dans leur ensemble qu'en sanskrit védique. Là seulement on peut constater, malgré tous les défauts de la tradition (v. ci-dessus p. 167 et s.), l'existence de voyelles finales flottantes. En règle générale les dialectes indo-européens se sont décidés pour l'une des deux quantités possibles et l'ont fixée une fois pour toutes ; alors la grammaire comparée nous renseigne seule. C'est elle qui atteste véritablement l'existence en indo-européen d'alternances telles que celle de la désinence du vocatif (véd. *sóma* : lit. *vilkè* ; cf. p. 177), de la première personne du pluriel (v. p. 180), de la finale de *wīk₁m̥tī* (lat. *uīgintī* : att. εἴκοσι) et de *duwŏ* (hom. δύω, véd. *d(u)vā́*, arm. *erku*, v. angl. *tú* : att. δύο, arm. *erkotasan*, gotique *wit*).

Le contraste entre l'élasticité de la brève en finale ouverte et la rigidité de la longue franche dans la même position est significatif. On a des traces d'altération quantitative de la longue en question : chez Homère des longues et des diphtongues en hiatus se trouvent abrégées, *au temps faible*. On a selon un exemple classique

$$\Xi\acute{\alpha}\nu\theta o\nu \quad \kappa\alpha\grave{\iota}\ B\alpha\lambda\acute{\iota}o\nu \qquad \tau\grave{\omega}\ \ \ddot{\alpha}\mu\alpha \ \ \pi\nu o\iota\tilde{\eta}\sigma\iota \ \ \pi\epsilon\tau\acute{\epsilon}\sigma\theta\eta\nu \ (\Pi\ 149)$$

....Xanthos et Balios qui couraient comme le vent......

Le temps fort ne connaît rien de pareil : il comporte toujours, par définition, une longue et un temps fort. M. Oldenberg a noté des traces d'abrégements comparables à ceux d'Homère ; malgré la liberté prosodique des anciens hymnes il a pu établir que des -*ā* placés devant d'autres voyelles sont abrégés et comptent pour -*ă* (*Die Hymnen d. Rigveda*, t. 1, p. 465 et s.); ainsi dans *anyā-anyā*, finale de triṣṭubh, qui vaut sûrement ⏑⏑⏑. Dans ce cas, à nouveau, la longue se trouve dans un temps faible.

On voit combien est précaire cette cause d'abrégement des longues, et combien les formes syntactiques, celles où la finale se trouvait influencée par l'initiale suivante, parce qu'elles étaient plus ou moins étroitement unies l'une à l'autre, étaient incapables de fournir le point de départ d'un abrègement général des longues et des diphtongues en finale. C'étaient des cas trop exceptionnels que ceux où la longue finale ouverte était rapprochée suffisamment d'une initiale suivante vocalique (et non autre) et se trouvait simultanément dans un temps faible pour que leur traitement pût prévaloir. Et l'on va voir qu'en fait l'abrègement des longues et diphtongues finales ne s'est pas fait par raccourcissement en hiatus.

CHAPITRE DIXIÈME.

DES LONGUES ET DES DIPHTONGUES FINALES.
LEUR MODE D'ABRÈGEMENT.

Si l'on écarte les difficultés spéciales que soulève l'étude de la nasale finale indo-européenne, il y a avantage à ne pas séparer l'examen des faits relatifs aux diphtongues et aux longues qui en indo-européen figuraient à la fin des mots. Les unes et les autres ont, en effet, un trait distinct commun, et elles sont altérées de façon pareille en tant qu'elles sont finales.

Leur caractère commun est l'intonation, qui, en indo-européen, est propre aux finales et dont rien ne décèle la présence ancienne dans les diphtongues ni les longues intérieures. Cette intonation consiste dans le mode d'émission de la longue ou de la diphtongue, qui nous reste inconnu pour ce qui est du corps du mot, mais qui nous est attesté directement ou indirectement pour les tranches vocaliques de quantité longue en fin de mot. En lituanien, ces tranches sont prononcées les unes avec une intensité qui va régulièrement en décroissant du début de la syllabe à la fin, les autres avec une force égale à chaque extrémité et une dépression plus ou moins sensible entre les deux. La première de ces intonations sera appelée ici rude et la seconde douce, d'après la proposition et l'exemple de M. de Saussure qui a rendu ainsi, avec beaucoup de prudence, les termes, en partie incorrects, du lituanien Kurschat *gestossen* et *geschliffen* (aujourd'hui remplacé par *geschleift* ou *schleifend*). C'est à l'observation exacte que Kurschat a faite de sa langue et à la connaissance approfondie qu'il en avait que nous devons de savoir que toute syllabe qui n'est pas brève est intonée en lituanien ; car ce fait général avait échappé à la sagacité d'un Schleicher, et l'on avait oublié l'enseignement de l'*Universitas linguarum Lituaniae* de 1737. Toutes les études faites depuis ont confirmé dans l'ensemble les données et même, dans une certaine mesure, les définitions de Kurschat. On a reconnu ensuite qu'en slave toutes les tranches vocaliques longues avaient été intonables, là même où elles ne le sont plus aujourd'hui. Mais on a vu, en même temps, que les relations qui se sont établies entre l'accent de mot et l'intonation en slave et en lituanien sont des innovations récentes et pure-ment dialectales ; en sorte que le témoignage tout négatif des langues indo-européennes où l'on ne retrouve aucune trace d'intonation à l'intérieur des mots s'est trouvé confirmé de façon positive (cf. Fortunatov, *Kritičeskij razbor* ..., p. 40 s. ; F. de Saussure, *I. F., Anzeiger*, t. 6, p. 157 ; Meillet et Gauthiot *M. S. L.*, t. XI, p. 345 et s. et p. 341 et s.). Mais pour ce qui est des finales, les faits se sont groupés : le slave ne présente aucun effet certain de l'intonation (cf. Meillet, *Recherches*, p. 104), mais en lituanien son influence est mani-feste comme l'a montré d'abord M. Leskien (*Archiv f. sl. Phil.*, t. 5, p. 188 et s.) ; de même en germanique (cf. sur la question Streitberg, *Urgerm. Gr.*, p. 178 et s.), en grec où elle se trahit par son action sur le ton et en indo-iranien où elle se marque par son rôle prosodique.

En comparant les finales du lituanien et celles du germanique on a constaté que les tranches douces résistent mieux à l'usure que les rudes en fin de mot et mettent, toutes choses étant égales, plus de temps à disparaître. On en a conclu que

l'intonation douce était liée à une quantité de trois mores,
tandis que la rude l'était à celle de deux mores : telle est la
doctrine de MM. Hirt (*Der indogerm. Akzent*, passim), Streitberg (*Urgerm. Gr.*, p. 178 et s.), Janko (*Soustava dlouhých
slabik koncorých v staré germanštině*, p. 13 et s. et Brugmann
Grundriss², t. 1, p. 647 et s.), par exemple. Mais c'est là une
théorie à la fois simpliste et aventureuse : c'est faire bon
marché de l'intonation *indo-européenne* que de dire simplement que les tranches qui apparaissent, après abrègement,
comme longues ont été anciennement des ultra-longues, et que
des brèves ont été des longues. L'intonation n'est, en pareil
cas, qu'une étiquette. En même temps, il est singulièrement dangereux d'introduire, à l'abri du nom d'intonation,
une quantité nouvelle en indo-européen alors qu'aucu'e des
langues qui ont conservé le système quantitatif ancien de
façon tout à fait rigoureuse, le grec, et le sanskrit, ne le
permet à quelque titre que ce soit : la désinence de θεῶν
et celle de *vŕkāt* sont des longues ‑, ou comptent éventuellement pour deux brèves ‿, mais jamais pour ‿‿ de quelque
manière que ce soit. M. Meillet a bien montré comment
l'intonation en grec ne peut être considérée qu'au point
de vue de la hauteur parce qu'elle ne se manifeste que
dans les questions touchant au ton, et comment « les seules
longues grecques qui aient une intonation propre sont celles
qui figurent dans la syllabe finale du mot » (*La Parole*, 1900,
p. 193 et s.). S'agit-il de la quantité des diphtongues, οἶκοι
« les maisons » et οἴκοι « à la maison » valent également ‑ + ‑
mais la place du ton diffère dans les deux formes parce que ‑οι
final de οἶκοι est d'intonation rude, n'a qu'un sommet d'intensité et ne compte que pour une more (cf. θεοί, lit. *gerì*), tandis
que la finale ‑οι de οἴκοι est douce et présente deux sommets
d'intensité et deux mores (cf. Ἰσθμοῖ, lit. *namě*). L'idée de
M. Brugmann (*Gr. Gr.³*, p. 152) que le ‑οι final de οἶκοι serait

plus bref que le -οι de οἴκοι ne repose sur aucun fait et suppose
à la fois que la more, unité tonique, est en même temps
une unité de quantité et que la place du ton en grec
dépend de la quantité ; ce qui est sans doute une double
erreur. La seule innovation qui distingue le grec est dans
l'espèce la perte de certaines différences d'intonation : quand
on observe le contraste posé par M. Meillet (*La Parole*, 1900,
p. 193) entre ἄνθρωποι et ἀνθρώπω, on constate d'abord que
la diphtongue -οι finale de la première forme n'a qu'un sommet
et par conséquent ne compte que pour une more, ensuite que
le -ω- intérieur n'a pas d'intonation et ne compte donc lui
aussi que pour une more ; il est à noter d'ailleurs que d'après
les lois posées par M. de Saussure un -ō- intérieur n'aurait qu'un
sommet aussi en baltique, ce qui se traduit par le fait dialectal de l'intonation rude des longues intérieures. Mais d'autre
part, on se trouve en face de ce phénomène singulier que la
longue finale compte toujours pour deux mores, tandis que la
diphtongue n'a cette valeur que lorsqu'elle est attestée comme
douce (ou circonflexe) en indo-européen : en effet, l'-ω de
ἀνθρώπω est rude, c'est-à-dire, selon la nomenclature tonique
du grec, oxytoné ; cf. θεώ. Cette altération de la valeur des
longues finales, cette oblitération partielle des différences
d'intonation a été déjà notée par M. Hirt (*Der indogerm.
Akzent*, p. 38-9) qui s'est borné à la constater. La pauvreté de
nos informations sur l'accentuation grecque, qui remontent
toutes à la seule tradition alexandrine, n'est pas faite pour
nous permettre d'apercevoir quoi que ce soit de l'histoire des
éléments intéressant le ton dans l'ensemble du grec. Mais il
est peut-être possible d'entrevoir pourquoi les différences
d'intonation des longues finales n'exercent aucun effet sur la
place du ton précédent ; les diphtongues forment des tranches
vocaliques qui varient fortement au cours de leur émission, et
où l'opposition des intonations rude et douce était soulignée

et renforcée par la différence très sensible au point de vue du timbre qu'il y avait par exemple entre -οί et -οῖ : dans la première diphtongue l'un des timbres, celui qui portait seul l'unique sommet d'intensité, s'imposait à l'attention de façon prépondérante et s'opposait au second ; dans la seconde les deux voyelles composant la diphtongue apparaissaient en quelque sorte au même niveau, mais sur deux sommets distingués par leur timbre vocalique.

Dans les tranches monophtongues, rien de pareil ; l'opposition de -ώ et de -ῶ était strictement réduite à celle des intonations et ne suffisait probablement plus à exercer une influence sur la place du ton précédent. Ce qui est remarquable au point de vue de la notion que les sujets parlants peuvent avoir eue de la valeur particulière des finales, c'est que le grec a effacé la distinction entre les effets de -ώ et de -ῶ par exemple, non pas au profit de ceux de -ώ, ce qui aurait amené l'équivalence de longues intérieures et des longues finales, mais en faveur des effets de -ῶ, ainsi il a créé une opposition d'un genre nouveau entre la tranche vocalique de quantité longue située dans le mot et celle qui le terminait.

L'indo-iranien a conservé entière la liberté indo-européenne de la place du ton : les différences d'intonation ne se manifestent donc par aucun contre-coup sur le système d'accentuation. En revanche elles apparaissent dans la métrique ; c'est-à-dire que les longues rudes comptent pour une syllabe longue, car elles n'ont qu'un sommet, et leur unité est infrangible, tandis que certaines longues d'intonation douce sont susceptibles de compter pour deux syllabes brèves, parce que chacun de leurs deux sommets peut jouer éventuellement le rôle d'une unité. Comme en grec et comme en germanique, ces faits sont particuliers aux syllabes finales. Dans l'Avesta les exemples ne sont pas fréquents : il y en a cependant d'assurés pour des génitifs pluriels tels que *pantąm* (trisyllabique), *gąm* (dissyllabique), pour le génitif singulier *gōuš* (dissyllabique). Dans les parties anciennes du Ṛgveda surtout, car ces particularités métriques sont en voie de disparition en védique même, les exemples sont beaucoup plus sûrs et nombreux (cf. Wackernagel, *Altind. Gr.*, t. 1, p. 49 et s. ; Oldenberg, *Die Hymnen d. Rigveda*, t. 1, p. 163 et s.) ; ils portent en particulier sur les désinences en -*ām* du génitif pluriel (gr. -ῶν, lit. -*ų̃*), en -*āt* de l'ablatif singulier (lit. -*o*), en -*ās* du nominatif pluriel (lit. -*ōs*), sur la particule *nū̆* (gr. νῠ-ν), le pronom *asmai* (gr. -ῷ) ; les cas où la désinence en -*aiḥ* est comptée pour deux syllabes sont incertains au témoignage de M. Oldenberg (*Die Hymnen*, t. 1, p. 186) mais ils s'accorderaient singulièrement bien avec gr. θεοῖς, lit. *vilkaîs*.

On voit que rien dans les faits que l'on a passés rapidement en revue n'autorise à reconnaître des différences d'intonation ailleurs que dans les tranches finales, ni à les identifier ou à les rattacher à des variations soit dans la quantité, soit dans l'intonation musicale. Les correspondances, qui sont frappantes et relativement nombreuses portent sur le mode d'articulation de la tenue qui a un sommet et compte pour une unité quand elle est affectée de l'intonation rude, mais qui présente deux sommets et est susceptible de compter pour deux unités le cas échéant quand elle est douce. C'est grâce à son caractère archaïque et son développement tardif que le lituanien a conservé jusqu'aujourd'hui ces deux types de prononciation, de façon plus ou moins nette, mais suffisamment pour qu'on ait pu les observer et les enregistrer (cf. Gauthiot, *La Parole*, 1900, p. 52 et s.) ; le slave lui-même n'en a gardé que des traces indirectes (O. Broch, *Slav. Phonetik*, § 230 et s.).

Il faut donc chercher ailleurs que dans des hypothèses arbitraires sur la quantité des douces et des rudes finales l'explication de la résistance relative des premières et de la débilité des secondes à l'usure en fin de mot. Les observations

précises qu'il a été possible de faire sur les finales lituaniennes
fournissent, à ce qu'il semble, le point de départ de cette
explication. On a pu constater qu'en fin de mot les tranches
vocaliques ne s'abrègent pas du tout par leur extrémité,
mais bien par leur partie médiane (Gauthiot, *La Parole*, 1900,
p. 13-4), le commencement et la fin, l'implosion et l'explosion
étant conservés. La conséquence est qu'une voyelle douce en
finale absolue perd d'abord la partie qui sépare les deux
sommets mais conserve ceux-ci et reste intense jusqu'à la fin ;
une voyelle rude au contraire est privée de ce qui réunit son
sommet unique à ses vibrations terminales, et celles-ci n'étant
plus jointes à la partie intense que par une transition très
brusque sont perçues de manière relative comme une sorte
d'occlusion glottale et non comme un prolongement vocalique.
Ainsi s'explique, sans qu'il intervienne aucun autre élément
que l'intonation proprement dite, que l'on ait à côté de θεϝ,
got. *giba*, v. angl. *giefu*, lit. *rankà*, mais à côté de skr. *vr̥kát*,
lit. *vil̃ko* : dans le premier cas *-$a_{a}a$ (longue rude à intensité
décroissante) est devenu *-$a a$, dans le second *-$a_{a}a$ (longue
douce à extrémités intenses) a abouti à *-aa.

Ce mode d'abrègement des finales paraît encore attesté
ailleurs. On sait que les diphtongues longues indo-européennes ne sont pas des tranches vocaliques ultra-longues ; ici,
comme dans le cas des finales d'intonation douce, il faut
renoncer une fois pour toutes à créer une série quantitative
qui n'est attestée nulle part et qui n'est qu'un expédient plus
ou moins ingénieux. Ce sont des tranches où la répartition des
éléments est telle que le premier est proportionnellement
beaucoup plus long que le second, tandis que dans les diphtongues dites brèves la voyelle et la sonante sont à peu près
égales en importance et en quantité (v. en dernier lieu,
Meillet, *M. S. L.*, t. 13, p. 29 et s. et p. 31) ; le fait qu'en
lituanien les anciennes diphtongues longues sont rudes s'ac-

corde à merveille avec cette définition, car il signifie, toute question d'innovation lituanienne mise à part, que ces diphtongues avaient un sommet intense initial et que la sonante y était réduite et faible.

Dans ces conditions on attendrait, dans les dialectes qui comme le germanique et le lituanien ont gardé les intonations anciennes jusqu'au moment de la réduction des finales, un traitement différent pour les diphtongues longues intérieures et celles en fin de mot, si l'abrègement des longues et des diphtongues se faisait en partant de la fin de la tranche vocalique au lieu de se faire comme on l'a vu aux dépens de sa partie médiane. Rien de plus naturel, en revanche, que le traitement intérieur attesté, pareil à celui du grec dans γνόντα de *γνῶντα, ναῦς de *νᾱυς ; la diphtongue encadrée et dont le second élément s'appuyait sur une consonne suivante a été maintenue à tout prix : l'élément sonantique qui était ultra-bref a été renforcé aux dépens de la voyelle proprement dite : *-ooon et *-auau- sont devenus *-oonn- et *aauu-. Cela était d'autant moins grave et d'autant plus aisé que les diphtongues intérieures n'ont pas, pour autant que l'on sache, d'intonation propre en indo-européen. A la finale le grec commun a gardé les diphtongues longues, parce que le régime des fins de mots est particulier.

Le germanique et le lituanien présentent le même traitement pour les diphtongues longues qu'elles soient placées devant des consonnes ou en finale absolue : on a bien lit. *vilkaîs* comme gr. λύκοις, mais on a v. angl. *dómac* (à la date la plus ancienne) et lit. *vilkui* (avec un -*u*- bref répondant à un *-ū̆-* qui représente l'*-ō* ancien non alternant en face de gr. λύκῳ (= λύκωι) ; — on a v. isl. *naust* (de *nāusta*) comme gr. ναῦς, mais on a v. isl. *tuau, þau*, got. *ahtau, sunau* et, parallèlement, got. *gibai*, lit. *raṅkai* en face de gr. θεᾷ (= θεᾱι). Comme la seule différence qui sépare, en l'espèce, les diphton-

gues finales du baltique et du germanique de celles du grec est
le maintien des premières et leur abrègement, il faut admettre,
sauf preuve du contraire, que celui-ci a porté sur la partie
médiane des diphtongues longues c'est-à-dire sur l'élément
vocalique qui était comparativement le plus long et qui
occupait à la fois et l'initiale et le milieu de la tranche vocalique entière. S'il est permis de se servir de notations figurées
approximatives et de rendre chaque diphtongue par quatre
voyelles, on peut dire de manière brève et claire que *oooi
(gr. ωι) n'est pas devenu *ooii (gr. οι) en finale absolue comme
devant consonne intérieure mais qu'il est resté *oooi (= gr. ῳ)
en grec, et qu'il s'est abrégé en baltique et en germanique en
*-ooi et *-oi ; de même *-aaai (= gr. -ᾱι ou -ηι) a abouti à *-aai,
*-ai, *-oouu à *-oou et *-ou. Pas plus que la grande masse des
altérations des fins de mots, celles-ci ne sont très anciennes
dans la vie des langues : la forme -ae du vieil anglais en face de
gr. λύκῳ peut être aussi bien le résultat de l'abrègement d'un
*-ōi germanique que d'un prégermanique, car en tout cas la
brève de *-ō- serait -a- ; mais le lituanien *vilkui* suppose,
comme on l'a vu, un ancien *vilkŭi, où -ŭ- est un traitement
dialectal de *-ō- dans des cas spéciaux.

Les monosyllabes *dau* « deux » (plus tard *dó*) et *mnái* « à la
femme » du vieil irlandais s'expliquent bien si l'on admet qu'ils
ont été abrégés de la même manière que les diphtongues
longues en finale absolue du baltique et du germanique. Quant
à la finale du vieux slave *vlĭku* elle est difficile à interpréter :
on peut y voir entre autres le représentant d'un ancien *-ou
issu de *ōi par influence de l'élément vocalique long sur
l'élément sonantique ultra bref. Mais à vrai dire cette hypothèse, même exacte, n'intéresse que de façon secondaire la
question du traitement des diphtongues finales à premier
élément long en indo-européen.

Comme il faut s'y attendre, puisque les relations quantitatives des éléments vocaliques et sonantiques y sont les mêmes, c'est l'état attesté par le grec qui est ancien. Le sanskrit témoigne dans le même sens : par suite d'une modification profonde, les diphtongues à premier élément bref y sont représentées par des monophtongues et les diphtongues à premier élément long par des diphtongues ordinaires ; c'est-à-dire que l'importance relative des éléments vocalique et sonantique dans les différentes diphtongues est pareille à celle que l'on retrouve ailleurs. Quant à l'iranien il présente de belles conservations, av. *vaṅhāu* « dans le bien », av. *ahmāi*, *ahurāi* au datif singulier ; mais on ignore dans quel sens ces formes ont évolué. On sait seulement que le datif singulier est hors d'usage déjà en vieux perse. Si cependant les formes isolées de datif *aša* et *rasnā* qui appartiennent toutes deux au dialecte des Gâthâs représentaient aussi l'ancienne désinence *-ōi* tout comme la représente lat. *lupō* (Bartholomae, *Grundr. d. iran. Phil.* t. 1, 1e partie, p. 122), l'on aurait, sur un point, le témoignage que l'iranien a connu et continué quelque temps les tendances phonétiques de l'indo-européen. Pour celui-ci, il n'y a pas de doute ; l'élément sonantique très mince et fugitif des diphtongues à premier élément long est sujet à disparaître à l'occasion. Des correspondances sûres et en quelque sorte classiques l'attestent :

On a par exemple :

wl̥k₂ʷōu « deux loups », véd.   à côté de *wl̥k₂ʷō*, véd. *vr̥kā*,
  vrkāv,   gr. λύκω, lit. *vilkù*.

dont l'alternance est peut-être analogique de celle de :

d(u)wōu « deux », véd. *d(u)-*   à côté de *d(u)wō*, véd. *d(u)vā́*
  vāu, v. irl. *dáu*, v. isl. *tuau*   hom. δύω, v. sl. *dŭva* (skr.
  (véd. *úbháv*),   *ubhā́*, lat. *ambō*).
ok̥₁tōu « huit », véd. *aṣṭáu*,   à côté de *ok̥₁tō*, véd. *aṣṭā́*, gr.
  got. *ahtau*,   ὀκτώ, lat. *octō*.

*wesōu « dans le bien », skr. vasáu, av. vaṅhāu, à côté de *domō, v. sl. doma.

*gʷorōi ou *gʷorēi « sur la montagne », hom. πόληι à côté de *gʷorō ou *gʷorē, véd. girá, av. gara (cf. Meillet, *Introduction*³, p. 291)

*-ōi au datif des thèmes en e/o, gāth. ahurāi, gr. λύκῳ, got. gibai, lit. vilkui. à côté de *-ō dans gāthique ᵃšā

*lātōi, gr. Λητῴ, à côté de *lātō, gr. Λητώ (dor. Λᾱτώ) et *sekhō, skr. sákhā, av. haxa,

*mātēr, gr. μήτηρ, arm. mayr, lit. mater, v. irl. mathir, à côté de *mātē, skr. mātá, av. māta, lit. mótė.

*akmōn, gr. ἄκμων, à côté de *ak₁mō, skr. áçmā et *ak₂mō, lit. akmů̃. Cf. lat. homō.

*k₁(u)u̯ōn, gr. κύων à côté de *k₁(u)wō, skr. ç(u)vā́, lit. szů̃, v. irl. cú.

La débilité de l'élément sonantique si menu dans les diphtongues à premier élément long se fait même sentir en dehors de la finale absolue, dans des circonstances favorables. Tel est le cas pour *-w et *-y devant nasale finale : l'accusatif singulier de *dyēu, de *gʷōu, de *rēi est, comme l'on sait, *dyēm (skr. dyā́m, hom. Ζῆν), *gʷōm (skr. gā́m, dor. βῶν), *rēm (skr. rā́m, lat. rem) ; en effet, dans une pareille position des phonèmes fermés tels que *-w- et *-y- formaient un véritable obstacle au passage des voyelles relativement ouvertes *-ē- et *-ō- à la nasale : ils exigeaient un effort vers la fermeture et le relèvement du voile du palais qui était hors de proportion avec leur exiguité, surtout dans une finale. Tel est encore le cas pour la nasale placée entre voyelle longue et sifflante finale : ainsi sans doute skr. mā́ḥ « viande » représente un ancien *mēms (cf. skr. māṃsám, v. sl. męso, got. mims), et la désinence -ās de l'accusatif pluriel des thèmes en -ā une ancienne forme *-āns ; peut-être aussi skr. kṣā́ḥ, av. zå « terre », av. zyå « hiver », skr. mā́ḥ « lune », v. sl. měs-ęcĭ sont-ils pour *g₁ḃōms *g₁hōms (gr. χθών), *g₁hyōms (gr. χιών, arm. jiun), *mēns (gr. μήν, lat. mensis). Il suffit de se reporter à la note que M. Meillet a publiée dans les *Indogermanische Forschungen* (t. 10, p. 61 et s.) sur le groupe -ns pour se rendre compte que le faible mouvement d'occlusion de la nasale constituait une gêne articulatoire hors de proportion avec sa ténuité et sa position en fin de mot.

On voit qu'en indo-européen toutes les sonantes seconds éléments de diphtongues sont traitées de la même façon à conditions égales ; et cela est conforme au système phonétique de la langue. On sait d'autre part que dans les dialectes l'égalité entre diverses sonantes a été s'altérant rapidement ; on a eu déjà l'occasion de s'apercevoir à diverses reprises au cours de ce qui précède que les nasales et les liquides ont subi des traitements différents de ceux de *-y ou de *-w et qui divergeaient entre eux. Il a été traité de façon spéciale des nasales ; le sort de -r et -l doit maintenant être examiné brièvement au point de vue de l'indo-européen. Leur grande résistance est leur marque distinctive : en sanskrit seulement l'-r s'altère à date ancienne de façon régulière à la pause. Il n'y est plus représenté que par un simple souffle, noté par le visarga -ḥ ; ainsi dans antáḥ « à l'intérieur », cf. av. antar', lat. *inter*. En arménien la force particulière de *l et de *-r éclate aux yeux : on y a *hayr* πατήρ, *mayr* μήτηρ, *dustr* θυγάτηρ, *astł* ἀστήρ (pour -t, cf. lat. *stella*). En grec les faits sont pareils ; tous les mots qui viennent d'être cités et d'autres comme νύκτωρ, ancien locatif, ὕδωρ, δώτωρ conservent intactes leurs diphtongues longues, aussi bien que κύων, ἄκμων, ἄρσην, ποιμήν tandis que λύκῳ est devenu très tôt λύκω. En latin, -*r* et -*l* sont maintenus, mais ils sont traités comme des consonnes et ne figurent pas plus qu'aucune autre (-*s* et -*d* mis à part) après des voyelles longues : en effet, en syllabe finale, toute longue suivie de consonne autre que -*s*, s'est abrégée régulièrement Le slave ne fournit aucun renseignement : *voda*, *sestra*, *mati* et *bratŭ* sont obscurs et difficiles à expliquer. Restent le lituanien, le celtique et le germanique où l'-*r* est également bien conservée, à en juger par le petit nombre d'exemples probants que peuvent présenter des langues qui ont éliminé de façon plus ou moins complète la flexion consonantique des noms. Le vieil-irlandais au moins, car le brittonique est incertain, a conservé l'*-*r* ancienne dans *athir* « père », *māthir* « mère », *brāthir* « frère » ; mais il est impossible de rien affirmer directement au sujet de l'-*i*- de -*ir* ; ce peut être une trace de l'ancien *-*ē*-, ou bien aussi une voyelle épenthétique. Mais si l'on tient compte du traitement de **swesōr* où l'*-*r* est conservé dans un monosyllabe récent (cf. ci-dessus p. 75) et où l'*-*ō*- présente le traitement -*ū*-, qui lui est particulier en syllabe finale (cf. Pedersen, *Vergl. Gr. d. kelt. Spr.*, p. 49 et 248), on est amené à supposer que la diphtongue longue qui terminait *athir*, *māthir* et *brāthir* a été conservée jusqu'au moment de l'amuissement de l'-*s*- intervocalique, et que l'ancien -*ē*- y figurait sous la forme d'un -*ī*- qui, par la suite, est devenu -*ĭ*- en finale inaccentuée.

Le germanique est d'accord avec le celtique : l'-*r* est conservée après longue jusque dans les dialectes ; alors seulement la voyelle est abrégée. Comme v. irl. *siur* « sœur » correspond à v. irl. *mnái* « à la femme », got. *fadar* « père » répond à *gibai*. Mais tandis que l'égalité ne vaut plus qu'en vieil irlandais, et pour les monosyllabes seulement, on l'observe encore en vieux germanique dans les polysyllabes eux-mêmes : on a got. *fadar* « père » comme *anstai* « à la faveur » et *sunau*

« au fils » (anciens locatifs) ; mais en vieux haut allemand on trouve déjà *fater* en face de *ensti* « faveur » et *sitiu* « mœurs » et en allemand moderne on est au même point qu'en vieil irlandais : on dit *Vater* mais *der Macht* et *dem Sieg*. A côté de got. *fadar*, nor. run. *faþir*, v. angl. *fader*, v. h. a. *fater* qui ont un ancien *-*$\bar{e}$*r*, on a, avec *-*$\bar{o}$*r*, v. isl. *móðer*, v. angl. *módor*, v. h. a. *muoter*, — got. *dauhtar*, v. isl. *dótter*, v. angl. *dohtor*, v. h. a. *tohter*, — got. *broþar*, v. isl. *bróðer*, v. angl. *bródor*, v. h. a. *bruoder*, — got. *swistar*, v. isl. *syster* (run. *swestar*), v. angl. *swester*, v. h. a. *swester* (cf. Streitberg, *Zur germ. Sprachgesch.*, p. 108-9) et sans doute aussi v. angl. *bealder* « prince », v. h. a. *smeidar* « artisan ». Il n'y a pas en lituanien d'exemple de diphtongue à premier élément long en -*r*. Le seul que l'on puisse invoquer est, en fait, douteux : c'est *kuȓ* « où ». On peut le rapprocher de arm. *ur* qui a le même sens et qui remonte lui-même à **kur* (Meillet, *Esquisse d'une gr. comp. de l'arm. class.*, p. 15) ; et il est licite d'y voir un ancien **k*$^w\bar{o}$*-r* indo-européen (Brugmann, *Grundriss*², t. 1, 1ᵉ partie, p. 938) qui répondrait, avec alternance vocalique à v. angl. *hwǽ-r*, v. sax. et v. h. a. *hwa-r*. En effet **k*$^w\bar{o}$*r* doit donner régulièrement **khur* d'où *ur* en arménien (Meillet, *Esquisse*, p. 20) et l'on aurait alors en lituanien le pendant exact de *paskuî* « ensuite », *vil̃kui* « au loup » : l'**-*$\bar{o}$*-* isolé serait devenu fort exactement **ů* et **kůȓ* se serait abrégé de la façon que l'on a vu (p. 203) en *kuȓ*. Un rapprochement de ce genre entre l'arménien, le baltique et le germanique ne serait pas improbable a priori : d'autre part on sait que pour un mot de ce genre germ. **h*^{w}*arja-*, got. *hwarjis*, v. isl. *hverr* se rattache à baltique **kurja-*, lit. *kuȓs* (de *kurìs*), lette *kuȓsch*. Mais il faut reconnaître aussi que lit. *kuȓ* est bien voisin de ce lit. *kuȓs* lette *kuȓsch*, que son sens n'est pas celui de « ubi » mais de « quo » et que par là même il se rapproche singulièrement de la série des démonstratifs de lieu arméniens

aysr « huc », *aydr* « istuc », *andr* « illuc ». Or ceux-ci présentent tous un -*r* suffixal, ajouté à un démonstratif (Meillet,
Introduction[3], p. 334, et *Esquisse*, p. 63), que l'on retrouve
sans peine dans *ur*, si on le dérive de l'adverbe interrogatif
indo-européen **kʷu*, avest. *kū* (avec longue graphique), skr.
kú-ha (de **kúdha*), gâth. *ku-dā*, v. sl. *kŭ-de*.

CHAPITRE ONZIÈME.

LE SENTIMENT DE LA FINALE. — SA MISE EN ŒUVRE.

La fin de mot en indo-européen se distingue, on l'a vu, par une série de traitements qui lui sont particuliers ; de plus elle joue à plusieurs égards un rôle tout à fait propre.

Elle apparaît d'abord comme le point de départ, tacitement mais universellement reconnu, de diverses règles phonétiques concernant l'accentuation. Dans son travail sur l'accent védique (*Ueber d. Wesen u. d. Werth des wed. Accents*, dans les *Abhandlungen* de l'Académie de Munich, 13, 2ᵉ partie, p. 99), Martin Haug avait indiqué que le sanskrit, « tel qu'il est parlé aujourd'hui par des centaines de pandits », ne présente plus trace de l'ancien ton védique, mais qu'il comporte en revanche un accent d'intensité qui frappe de préférence les longues et recule dans les polysyllabes jusqu'à la troisième syllabe, *à partir de la fin du mot.* Bühler a depuis confirmé le témoignage de Haug ; il dit (*Leitfaden f. d. Elementarcursus d. Skr., Schrifttafel*, au dos, 2ᵉ colonne) que tous les brahmanes de l'Inde prononcent le sanskrit avec un accent d'intensité qui ressemble à celui de l'italien. La place de cet accent est, d'après Bühler, déterminée par des règles tout à fait analogues à celles qui règlent l'accentuation latine. Cette ressemblance est signalée aussi par MM. Brugmann (*Grundriss*², t. 1,

p. 974 note) et Wackernagel (*Altind. Gr.*, t. 1, p. 296). Quant aux règles elles-mêmes, elles ont été formulées en détail par M. Jacobi (*Z. D. M. G.*, vol. 47, p. 574) et se ramènent à ceci : la finale est toujours inaccentuée et l'accent porte sur la première longue à partir de la fin, sans aller jamais au-delà de la quatrième syllabe, quelle que soit sa quantité. MM. Jacobi (*Z. D. M. G.*, t. 47, p. 574 et s. ; *K. Z.*, t. 35, p. 563 et s.) et Grierson (*Z. D. M. G.*, t. 49, p. 395 et s.) ont soutenu que cet accent a joué un rôle essentiel dans la formation des langues modernes de l'Inde. Comme rien n'est moins sûr et que cette thèse est restée indémontrée, il nous suffira d'indiquer que la tradition brahmanique a eu le sens de la finale.

En iranien, le rôle de l'accent d'intensité est de tout premier ordre. Bien que la note de M. Meillet sur *La déclinaison et l'accent d'intensité en Perse* (*J. A.*, mars-avril 1900) ait été généralement passée sous silence, elle contient l'exposé de l'un des principes essentiels de toute linguistique iranienne, celui de la place et du rôle de l'accent (cf. aussi Meillet, *Recherches*, p. 187). Or celui-ci frappe tantôt la pénultième et tantôt l'antépénultième suivant que la pénultième est longue ou brève. La place de l'accent se détermine donc ici *à partir de la finale* ; tout comme se règle en latin et en grec la place du ton. Le régime latin ressemble même de manière frappante à celui de l'iranien : la seule différence est qu'il s'agit ici d'un accent et là d'un ton. La loi est la même, et on se rend compte aisément du mirage dont ont été victimes tous ceux qui ont rapproché la « loi des trois syllabes » du latin de celle du grec. Sans parler des idées de Curtius (*K. Z.*, t. 9, p. 321) et de Hadley (*Curtius-Studien*, t. 5, p. 26) qui croyaient encore à une parenté gréco-latine particulièrement étroite, une hypothèse telle que celle de M. Hirt (*Der indo-germ. Akzent*, p. 30) d'après laquelle les lois grecques et latines seraient dues l'une et l'autre à l'influence de la langue de peuples conquis apparentés de près apparaît comme singulièrement osée : la langue à rapprocher du latin est l'iranien, mais non pas le grec. Et d'autre part une règlementation de la place du ton ou de l'accent à partir de la finale est trop générale et s'est produite de façon indépendante et variée dans trop de dialectes indo-européens pour qu'il soit nécessaire de supposer avec M. Kretschmer (*Einleitung in d. Gesch. d. gr. Spr.*, p. 156 et s. ; cf. Brugmann, *Grundriss²*, t. 1, p. 975) une influence du grec sur le latin.

En tout cas, il convient de le répéter, la loi qui règle la place du ton en grec n'est pas une « loi des trois syllabes », un « Dreisilbengesetz » : pareille loi existe en latin d'une part, en iranien de l'autre et ressemble au « Viersilbengesetz » de la tradition brahmanique. Ce qui règne en grec est une « loi des trois mores », un « Dreimorengesetz » : le ton recule jusque sur la troisième more, c'est-à-dire la troisième unité d'intonation. Le résultat est que les longues intérieures n'ont aucune valeur spéciale et comptent pour autant qu'une brève, par exemple dans ἄνθρωποι ; au contraire les diphtongues finales représentent une ou deux mores selon leur intonation propre, et les longues en fin de mot ont deux mores (cf. ci-dessus p. 197 et s.). Quoiqu'il en soit, ici encore, le point de départ du compte, la base du système est la finale, sentie et utilisée comme telle.

Si l'on met de côté les langues où l'initiale a attiré l'accent, comme le germanique tout entier, le vieil irlandais, le tchèque et le lette, ainsi que celles qui ont conservé, plus ou moins altérée, l'ancienne mobilité indo-européenne du ton devenu accent de façon entière ou partielle, le lituanien, le russe, le bulgare, le serbe et le slovène, il ne reste plus que le brittonique, le polonais et l'arménien où l'accent s'est fixé sur l'avant-dernière syllabe du mot. Il n'est d'ailleurs pas sans intérêt de noter qu'à côté du brittonique figure le vieil irlandais comme à côté du polonais le tchèque et qu'en arménien moderne un contre-accent secondaire frappe l'initiale (cf. Gauthiot, *Banasēr*, 1900). Mais il reste que dans ces langues encore il a été tenu un compte particulier de la finale, qui était « à part ».

En indo-européen même le rôle de la finale comme point d'arrêt du mot et comme base d'une action morphologique et phonétique est singulièrement plus important. Il n'intéresse pas le ton qui est libre, mais la constitution elle-même des mots. Les alternances vocaliques qui caractérisent leurs différentes formes sont commandées toujours par l'élément suivant, jusqu'à la désinence, la finale, d'où part tout le mouvement. La terminologie que M. F. de Saussure a créée de façon définitive dans le *Mémoire* où il a exposé le premier le système vocalique de l'indo-européen (v. p. 185 et s.) exprime ce fait avec une parfaite clarté : les cellules capables d'alternances sont la prédésinentielle, régie par la désinence, et la présuffixale commandée par le suffixe ou partie médiane du mot. Seules, les désinences ou finales ont une forme par elles-mêmes, seules elles échappent aux alternances singulières *e* : *o* : *zéro*, et quand on en observe chez elles, elles ne sont conditionnées par rien et apparaissent comme libres de toute règle ; elles présentent même des formes variées qui ne rentrent aucunement dans les formules du vocalisme indo-européen (cf. Meillet, *Introduction*[3], p. 165-6).

Il y a mieux encore, et la valeur particulière, le caractère propre des finales, est attesté pour l'indo-européen de façon à la fois plus délicate et plus directe. M. Meillet a montré (*Recherches sur l'emploi du gén.-acc. en v. sl.*, p. 184 et suiv. ; *Aperçu d'une histoire de la langue grecque*, p. 151 et s.) que l'accord entre les principes fondamentaux du vers grec ancien et du vers védique permettait de se faire quelque idée de la métrique indo-européenne. En grec ancien comme en sanskrit le rythme repose sur le retour à intervalles réguliers de syllabes longues et brèves. La mesure peut être diverse, l'essentiel reste le même. Comme l'a mis en lumière M. Meillet (*J. A.*, 1897, extr. p. 39), le pāda sanskrit « a une liberté rythmique qui est étrangère au vers grec » et la loi si importante en grec de l'équivalence de deux brèves et d'une longue est inconnue dans le Veda où il suffit d'une suite de deux brèves pour développer une longue rythmique ; mais le vers indo-européen était purement quantitatif, et quand il avait plus de huit syllabes il comportait généralement une coupe. Or, cette coupe est constituée purement et simplement par la présence d'une finale à une place donnée, comme l'a toujours enseigné M. L. Havet.

Sur ce point le témoignage de toutes les langues attestées à date ancienne est précis et concordant. Le seul vers original latin, le saturnien, dont la scansion est controversée, et, sans doute, assez complexe (cf. Vendryes, *Recherches sur ...... l'intensité initiale*, p. 318 et s.) est en tout cas, et c'est tout ce qui importe ici, un vers long avec une coupe ; c'est même là le point le plus clair et le moins contesté. Le saturnien se divise en deux, parce qu'à un endroit déterminé, souvent après la septième ou la huitième syllabe, il y a une fin de mot. Il ne s'agit pas d'une pause, même légère, d'une suspension de sens ou de débit comme dans la césure de l'alexandrin classique français : on a, par exemple :

carnis uinumque quod libabant anclabatur

> (Livius Andronicus)

magnum stuprum populo fieri per gentes

> (Nevius)

MORS PERFECIT TVA VT ESSENT OMNIA BREVIA

> (Epitaphe d'un Scipion)

Sancta puer Saturni filia Regina

> (Livius Andronicus)

Ce dernier vers est en particulier très net : les groupes de
mots sont *sancta, puer, Saturni filia, Regina*, et pourtant la
finale de *Saturni* forme une coupe métrique.

Une autre forme de vers, analogue en cela au saturnien
latin, est restée fort archaïque tout en introduisant un rythme
différent du rythme quantitatif indo-européen ; c'est celle des
gāthās de l'Avesta (v. Geldner, *Zur Metrik d. jüngeren Av.*,
p. VII et s. ; Bartholomae, *Arische Forsch.*, t. 3, p. II et s. ;
Meillet, *J. A.*, mars-avril 1900, p. 270 et s.) Le vers de plus
de huit syllabes comporte dans les gāthās une coupe qui est
tout à fait pareille à celle du saturnien. On disait fort bien

at ə vaočat ahurō mazdā̊ vīdvā̊ vafūš vyānayā

(Yasna 29.6a ; coupe à la 7ᵉ syllabe)

« Lui-même il parla, Ahura Mazda, qui sait les préceptes, [?]...»

xšmākəm vohū mananhā vahmāi dāidī savanhō

(Yasna 51.2c ; coupe à la 7ᵉ syllabe)

« Vers vous par la bonne pensée à celui qui prie donne du profit »

yə spitāməm zaraθuštrəm rādanhā
marᵃtaēšū xšnāuš hvō nā frašrūidyai ᵃrᵃδwō
at hōi mazdā̊ ahūm dadāt ahurō
ahmāi gaēθā̊ vohū frādat mananhā
tə̄m və ašā mə̄hmaidī huš haxaīm

(Yasna 46. 13 ; coupe à la 4ᵉ syllabe)

« Celui qui réjouit Spitama Zaraθuštra par ses libéralités,
parmi les hommes, il est digne de bonne réputation ; Ahura
Mazda lui donnera le monde, il fait grandir le monde pour
lui par la bonne pensée, nous le considérons comme un bon
ami de votre aša ».

On voit que l'arrêt après la coupe n'a rien non seulement
d'obligatoire, mais même d'un peu régulier ; quand il existe il
n'ajoute rien au vers.

Dans le Veda il en est de même. La coupe joue un rôle aussi
important au moins que dans le saturnien latin, mais elle

n'est toujours qu'une finale mise à une certaine place. Ce n'est point du tout, comme le dit en dernier lieu M. Arnold dans son *Vedic Metre* (p. 179) une pause naturelle, une prise de souffle. Selon ce qu'il ajoute en note (*loc. laud.*, p. 180) la coupe proprement dite est souvent suivie d'un léger arrêt dans le sens et dans le débit ; mais il y a des exemples nombreux de coupes constituées soit par la finale du premier élément d'un composé formé de deux duels, celle d'un mot suivi d'un enclitique, ou même la négation ou l'augment quand ils sont rattachés au mot qui les précède par le sandhi. Il cite lui-même entre autres exemples :

> *asmá indrāvaruṇā viçvávāram*   (VII. 84. 4a)
> à nous, ô Indra et Varuṇa, une ..... comprenant tous les biens

Mais ce qui est plus important, c'est que les parties anciennes du Ṛgveda en particulier présentent des exemples assez nombreux où la coupe est la finale du premier terme d'un composé quelconque, c'est-à-dire un élément qui est une finale véritable au point de vue de l'indo-européen mais qui tend à devenir une syllabe intérieure (v. Arnold, *loc. laud.*, p. 191 et s.). Ainsi dans

> *dasmásya cắrutamam asti dáṁsaḥ*   (I. 62. 6b)
> du merveilleux (Indra) est le miracle le plus agréable
> *ádabdhavratapramatir vásiṣṭhaḥ*   (II. 9. 1c)
> (Agni) veillant à l'ordre qu'on ne peut tromper, le meilleur

Mais de vrai arrêt dans le débit, de pause proprement dite, il n'est souvent pas question : ainsi dans les pādas qui suivent, et qui sont pris au hasard, il n'y a aucune raison d'admettre un arrêt après la finale-coupe :

yé stotŕbhyo góagrām áçvapeçasam
ágne rātím upasŗjánti sūráyaḥ

Les puissants qui aux chantres abandonnent, ô Agni, le don commençant par des vaches, orné de chevaux.....

D'après le sens, au contraire. *stotŕbhyo* « aux chantres » se rattache à *góagrām* ..... *upasŗjánti* « abandonnent..... commençant par des vaches » et *rātím* « le don » est joint étroitement à *upasŗjánti* « ils abandonnent ». Des cas analogues, et ils sont fréquents, ne permettent de voir dans la coupe qu'une simple finale.

Il ne faut pas perdre de vue d'ailleurs que les arrêts dans le débit et leur emplacement, que nous exprimons au moyen de la ponctuation, étaient beaucoup moins nets et moins nombreux que nos langues modernes ne nous incitent à le croire. La phrase indo-européenne et, pour une bonne part, encore la grecque et la védique, étaient plus continues que ne peuvent l'être celles du français ou de l'allemand par exemple. Le *Cours élementaire de Métrique*[3] de M. Havet, publié par Duvau, contient à ce sujet d'importantes observations (§ 27) ; il n'y a pas lieu de supposer de ponctuation entre un mot et son apposition, entre le vocatif et son entourage puisque tout se reconnaissait à la désinence et à la place du ton. Quant à l'idée de placer dans la mesure du possible la « coupe » là où il y a un « intervalle », elle va contre les faits et ne saurait s'appuyer sur l'interprétation tardive et erronée de grammairiens qui n'entendaient plus τομή comme une coupe dans le vers mais comme une fissure (*Handb. d. klass. Altertumswissenschaft*[3] t. 2, 3ᵉ partie, p. 116). L'observation des faits n'autorise à aucun titre une pareille interprétation. Dans

'Ατρεῖδαί τε καὶ ἄλλοι ἐυκνήμιδες 'Αχαιοί   (A 17)

(coupe trochaïque)

Αὐτοκασίγνητος μεγαθύμου Πρωτεσιλάου   (Β. 706)
Μῆνιν Ἀπόλλωνος ἑκατηβελέταο ἄνακτος   (Α. 75)
                              (coupe penthémimère)
les coupes sont les finales -οι de ἄλλοι étroitement lié à ἐυκνήμιδες Ἀχαιοί, -ος de αὐτοκασίγνητος « le propre frère » de Pro-
tesilas, et -ος de Ἀπόλλωνος inséparable de son apposition « le
roi qui lance au loin ses traits ».

Mais si la finale joue un rôle aussi important quand elle est
placée à un endroit déterminé du vers, si elle a vraiment une
valeur propre, elle doit pouvoir être employée en d'autres
points de manière plus ou moins facultative, en vue d'effets
infiniment moindres mais perceptibles encore. Il est impossible
de rien affirmer sur un sujet aussi délicat pour l'indo-européen ;
mais la possibilité tout au moins d'usages de ce genre doit être
admise. Dans la séance du 26 janvier 1889 de la Société de
Linguistique de Paris. F. de Saussure a montré que le vers
homérique contient une fin de mot au troisième pied, où ne
tombe jamais la coupe, 99 fois sur 100. Il a fait voir aussi qu'en
moyenne dans la moitié des vers le premier pied finit sur une
fin de mot (type ὣς φάτο...) et, que dans chaque chant, le nombre de vers où le premier pied se termine par une finale est
en raison inverse de celui des vers où le quatrième pied finit
sur une fin de mot.

Ainsi la finale indo-européenne était non seulement traitée
de façon particulière, sentie comme quelque chose de spécial,
mais elle était utilisée, ainsi que tout autre élément de la
langue, comme moyen d'expression artistique.

CONCLUSION.

Les faits exposés dans ce livre montrent que la fin de mot offre un grand nombre de caractères et de traitements propres dans les anciennes langues indo-européennes : les éléments phonétiques qui suivent la consonne initiale de la dernière syllabe des mots sont sujets à des altérations et à des affaiblissements tout particuliers.

Ces phénomènes ne sont d'ailleurs pas spéciaux aux anciennes langues indo-européennes. Sans qu'on l'ait jamais recherchée, la comparaison avec des phénomènes étrangers à l'indo-européen s'est imposée, avec les dialectes finnois à propos de la réduction des implosives, avec les langues sémitiques à propos de la nasale finale ancienne et du sort du -*t*, avec les dialectes indo-européens de l'époque moyenne et moderne à propos du sort des occlusives finales et des implosives. Il aurait été facile de multiplier les rapprochements de ce genre.

Pour donner au présent essai toute sa valeur il est d'ailleurs à souhaiter qu'il soit appuyé de recherches du même genre sur d'autres domaines.

TABLE DES MATIÈRES

ERRATA.

p. 3, l. 11 du haut, lire : *ouverture.*

p. 3, l. 7 du bas, lire : *européen.*

p. 6, l. 1 du bas, lire : *va à la suite.*

p. 7, l. 1 du haut, lire : *cf. Brugmann.*

p. 19, l. 14 du haut, fermer la parenthèse après *nahⁿrōθ.*

p. 22, l. 12 du bas, lire : *Zaydum cecidit.*

p. 28, l. 8 du bas, lire : *ils les comblèrent.*

p. 37, ll. 6 et 12 du bas, lire *māgadhī* à la place de *ardhamā-gadhī.*

p. 38, l. 6 du bas, supprimer le second *et.*

p. 39, l. 15 du haut, lire *Litteratur.* Même page, l. 10 du bas, lire *consacrée* à la place de *sacrée.*

p. 40, l. 2 du haut, ajouter après *J. A.*, 1908, : *t. 2.* Même page, l. 7 du bas, lire *māgadhī* à la place de *ardhamā-gadhī.*

p. 47, l. 7 du bas, lire -*ą,* au lieu de *ą.*

p. 54, l. 3 du haut, lire -*ŭm,* à la place de *ŭm.*

p. 55, l. 11 du haut, ajouter après *siur* : *ancien dissyllabe ainsi que l'atteste la métrique.*

p. 56, l. 8 du bas, supprimer : *montre que.*

p. 61, l. 13 du haut, ajouter l'apostrophe dans *l'Inde.*

p. 69, l. 10 du bas, lire : *ače.*

p. 73, ll. 11 et 12 du haut, supprimer depuis *car ils sont ....* jusqu'à *(cf. Thurneysen ....*

p. 76, l. 5 du haut, ouvrir la parenthèse devant : **gniyō).*

p. 84, l. 8 du bas, ajouter après *dessous* : *p. 125.*

p. 90, l. 10 du bas, lire : *masc.* Même page, l. 9 du bas, supprimer : *en revanche.*

p. 101, l. 6 du bas, lire *véd.* au lieu de *skr.* et *paçcā́* au lieu de *paçcā.*

p. 102, l. 19 du haut, lire *pīḍita-*, au lieu de *pīḍitas.*

p. 105, l. 12 du haut, lire *murteesta*, au lieu de *murtcesta.*

p. 108, l. 9 du bas, ajouter *monosyllabique et accessoire* devant **σϜοδ.*

p. 117, l. 2 du haut, supprimer *paru* devant *IF* et lire *t. 31* au lieu de XXXI. Même page, l. 8 du bas, lire : *étroitement.*

p. 120, l. 1 du haut, lire : *vivṓṅghatu.*

p. 130, l. 10 du haut, lire *a-* au lieu de *a.*

p. 132, 138, 139 et passim, lire *Die Hymnen des Ṛigveda.*

p. 135, l. 18 du haut, lire : **dn̥t.*

p. 136, l. 13 du haut, lire : *et d'autre part.*

p. 138, l. 10 du bas, lire *loc.* au lieu de *loc .*

p. 139, l. 2 du haut, lire *Altind. Gr.*

p. 141, l. 15 du haut, lire *Gr. Gr.*[3] .

p. 142, l. 13 du bas, lire *Messénie.*

p. 143, l. 1 du haut, mettre une virgule à la fin de la ligne.

p. 145, l. 5 du bas, mettre une virgule devant *sūnus.*

p. 149, l. 16 du bas, lire *Whitney.* Même page, l. 10 du bas, lire *Ṛkprātiçākhya.*

p. 157, l. 8 du haut, mettre une virgule après *w.* Même page, l. 4-5 du bas, lire : *il s'est développé des* ...., *mais en grec* ......

p. 159, l. 11 du bas, mettre une virgule après *exactement.*

p. 163, l. 9 du haut, lire : *de la phrase, et par la fermeture....*

p. 175, l. 19 du haut, remplacer *p. 357* par § *993ª.*

p. 179, l. 10 du haut, supprimer : *(cf. p. 000).*

p. 191, l. 7 du bas, lire : *véd. akrukṣat.*

p. 206, l. 9 du bas, lire : *vŗkāv* ; l. 4 du bas, lire : *d(u)váu* ;
l. 8 du bas, lire *úbhāv.*

p. 209, l. 5 du haut, mettre un point à la fin de la ligne.
Même page, l. 19 du haut, lire *55* au lieu de *75.*

p. 220, l. 14 du bas, lire *élémentaire.*

p. 221, l. 18 du haut, lire *quatrième* à la place de *troisième,*
lequel figure d'ailleurs aussi dans les procès-verbaux
de la Société de Linguistique.